日本語「形成」論

The formation of the Japanese language

日本語史における系統と混合

Linguistic genealogy and language mixture

崎山 理…［著］

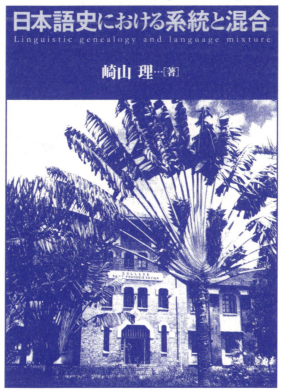

三省堂

日本語「形成」論
日本語史における系統と混合

The formation of the Japanese language

装丁　三省堂デザイン室

まえがき

　日本列島に人類が住み着いた1万数千年前の旧石器時代以降(ただし、それ以前の4万年前から世界最古の磨製石器を製作した人類が居住していたことが知られている)、彼らの共通言語として「日本語」が立ち上がっていたとしても、言語学は経験的実証科学であるから、その現象自体は言語研究の対象にはならない。縄文時代の初期・中期に至っても何の言語データも残っていないから、日本語の発祥の年代を問われても返答に窮するだけである。しかし昨今、広く生物の、そして人種の分類原理であるDNA分析だけを一人歩きさせて、あたかも言語系統に直接の関係があるかのように説く人もいるけれども、そのような論がどれだけ言語系統論に寄与し、方法論としての理解が得られるかは未知数であるし、これについては私は悲観的にならざるを得ない。遺跡や遺物、DNAだけでは言語についての情報源にはならない。そもそもDNAと言語とはまったく異次元の系'system'のまとまりであって、DNAを言語の説明原理とすること自体、背理的である。異なる基準(尺度)を用いて、いったい何を比較しようとするのだろうか。また、両者の関係が因果関係なのか相関関係なのか、そのような基本的なことすら考えられているとは思われない。日本語は、比較言語学の基本的要請である再構形(諸言語の具体的な比較から帰納的に建てられる祖語形であり、単なる虚構(絵空事)ではない)と、残存する古典語、豊かな方言などの言語比較のための資料がそろっている一方で、言語系統論的に言えば、「形成」という概念でしか接近できないような内実があって異端的ではあるが、それも自由な言語変化の痕跡を残す証拠として見るならば興味深いことである。生命体の細胞の深部において維持され続ける(遺伝される)融通のきかない情報とは異なって、言語は人為的な学習と伝承によってしか継承されないという決定的相違がある。そして、言語には、文化的・社会的環境に適合しながら変化して(形を変えて)ゆくという奔放な側面がある。そしてたとえDNAが維持され続けていても、言語力学的な理由によってその人種の言語が絶滅し、新生の言語と取り変わることもまた、十分に起こり得る。

　現在、日本列島に接続する地域の比較言語学的成果として明らかになっているのは、海洋民族であったオーストロネシア語族の数千年間にわたる純正な言

語史で、時間的には日本の縄文時代後期以降にほぼ併行して進行している。したがって、オーストロネシア語族は、日本語との比較研究が極限にまで推し進められるという点では無視することのできない語族であると考えられる。東アジア大陸でも多くの民族集団が興亡したが、数千年の歴史をもつのは漢民族で、その始祖とされる華夏族が紀元前21世紀に遡るとしても、その言語は日本語の構造と相容れるものではない。そもそも漢民族が東南海上に乗り出したのは、15世紀の鄭和の大航海のような例があるものの19世紀の阿片戦争以降のことであって、日本列島には華僑として12世紀の南宋以来渡来しているが、言語的影響力をもつものではなかった。その他、従来主張されてきた他の諸言語との系統関係については、第1章で詳しく触れた。先住民族のアイヌ人については、縄文人の直系と言われる一方、それを否定するようなオホーツク人を巻き込む複雑な独自の形成過程も存在するようである。比較研究を行う前に、まずは長い言語史をもつアイヌ語そのものの祖語の解明がまたれるところである。アイヌ語が縄文時代の言語をそのまま残しているというのは、時代を無視した仮構にすぎない。アイヌ語と日本語との系統関係はいまなお不明であり、今後もその状態は変わらないであろう。日本語の形成に関与したもう一方の有力言語である、北東アジアを拠点とするアルタイ系のツングース諸語については、第2章で従来の説を紹介しつつ述べた。アルタイ（ツングース）諸語と日本語との語彙的対応についてのこれまでの試みには疑わしいものが大変多く、オーストロネシア諸語との対応に比べると信頼するに足る資料数がまだ極端に少ない。そのため、音韻法則についても心もとない点が多々あるのは現状ではやむを得ない。

　本書では、比較言語学での作業成果となるオーストロネシア祖語と古代日本語との音韻対応法則に基づき、第4章で100語近くの語彙、第5章でカテゴリーに分類した民俗語彙、そして第9章では地名の分析を行った。日本語の語源に関心をもつ人をはじめとして、具体的にもっとも興味をもたれるのは、これらの章であろうと思う。ただし、意にかけていただきたいのは、これまでの言語研究でなおざりにされてきた意味変化に対する本書の態度である。語源が同じでも言語間で、そして同じ言語でも時代が異なれば、語の意味に何らかの変異が起こらない方が不思議である。文化的に見た場合、人類に普遍的かつ意味的に中立な基礎語彙というようなものは存在しない。すべての語彙は環境の影響を受けて歴史的に変化する。とはいえ一方で、意味変化の原因を先験的に

考えることの困難さが幻想的、独断的な解釈を生ませる余地を与えてきた。意味変化はそれぞれの民俗文化と民族固有の知識に基づいて考究するしかない。本書における語の意味変化への取り組みの努力を汲んでいただければ幸いである。なお、各章内の語例は、音韻対応の目録順や説明のための番号順、さらには abc 順に便宜的に並べてあるので、読者はどこから読み進まれてもかまわない。また、音韻対応の範例となる語彙、意味的に有機的連関が認められる語彙については、そのつど参照項目を提示した。

崎山　理

日本語「形成」論　日本語史における系統と混合

*

目　　次

まえがき　　　　　　　　　　　　　　　　　　　　　　　　　　iii

第 I 部　　従来の日本語系統論　　　　　　　　　　　　　　1

第 1 章　日本語の形成過程と言語接触　　　　　　　　　　3
1.1.　日本語の系統論と形成論 . . . .　3
1.2.　いくつかの時代錯誤―アイヌ語説、タミル語説など . . . . .　6
1.3.　言語混合とピジン・クレオール . . . .　15
1.4.　日本語の形成とオーストロネシア語族 . . . .　23
1.5.　オーストロネシア語族の特徴 . . . .　30
　　1.5.1.　語構成法とアクセント . . . .　38
　　1.5.2.　接辞法 . . . .　39
　　　　1.5.2.1.　人称接辞の用法 . . . .　40
　　　　1.5.2.2.　派生接辞の用法 . . . .　41
　　1.5.3.　シンタックス . . . .　42

第 II 部　　日本語形成論への展望　　　　　　　　　　　　43

第 2 章　ツングース諸語の言語要素　　　　　　　　　　　45

第 3 章　世界における混合語　　　　　　　　　　　　　　56

第 III 部　　古代日本語におけるオーストロネシア語系　　　
　　　　　　語彙・文法要素　　　　　　　　　　　　　　63

第 4 章　日本語の混合語的特徴　　　　　　　　　　　　　65
4.1.　オーストロネシア祖語から古代日本語へ . . . .　66
4.2.　祖語形の継承 . . . .　68

4.3.	音変化の法則	83
4.4.	オーストロネシア祖語音 *R の変化	85
4.5.	日本語の表記上の問題点—とくに「ハ行転呼音」について ...	87
4.6.	オーストロネシア語系語彙の古代日本語への変化	91
	4.6.1. *R > *y の変化	91
	4.6.2. *q, *h, *S > ゼロの変化	99
	4.6.3. *l-/*r- (語頭), *-l-/*-r- (語中) > *t-, *-r- の変化	101
	4.6.4. *b, *p > *f/*ɸ > *h の変化	102
	4.6.5. *d /*D , *t /*T > *t の変化	112
	4.6.6. *k/*g (語頭), *-ŋ-/*-ŋk-/*-ŋg- (語中) > *k-, *-k-/*-g- の変化	120
	4.6.7. *C, *c, *j, *s, *z > *s の変化	125
	4.6.8. *m > *m (無変化)	128
	4.6.9. *n, *ñ, *N > *n (*m) の変化	128
	4.6.10. *w > *w (無変化)	131
	4.6.11. *y > *y (無変化)	132
	4.6.12. 母音の変化への注	132

第 5 章　民俗語彙例—音変化と意味変化　　134

5.1.	イネ関連の語彙	135
5.2.	風・季節・方位名	149
5.3.	色彩名	157
5.4.	植物名	168
5.5.	ヤドカリ (アマン) 神話の起源	172
	5.5.1. 神話の不完全な子	173
	5.5.2. 島生みの並行性	175
	5.5.3. アマンの語源	179
5.6.	琉球語の場合	184

第 6 章　接辞の起源　　193

第 7 章　人称代名詞の体系　　207

| 第 8 章 | 語彙からみた稲作の歴史 | 217 |

第 9 章	地名に読む渡来の時期	224
9.1.	従来の「南方系言語」語源説	224
9.1.1.	アヅミ・アド、アコ・アゴ	225
9.1.2.	タラ	225
9.2.	ハイ期（縄文時代後期）	226
9.2.1.	ハイ・ハエ	228
9.2.2.	アソ	229
9.3.	ヨネ期（縄文時代晩期〜弥生時代初期）	229
9.3.1.	ヨネ、ヨナ・ユナ	229
9.3.2.	ウル	232
9.4.	ハヤト期（古墳時代）	232
9.4.1.	クシラ	233
9.4.2.	ヒセ・ハシ	233
9.4.3.	トカラ	234
9.4.4.	ヤク	236
9.4.5.	イをともなう地名	237

第 10 章	日本語とオーストロネシア諸語の「特異な対応」	240
10.1.	二重主語文	240
10.2.	音韻	242
10.3.	形態	243
10.4.	意味	247

引用・参考文献	249
上代日本語・現代日本語方言 語彙索引	271
事項名索引	275
人名索引	283
あとがき	286

第Ⅰ部

従来の日本語系統論

日本語の形成過程と言語接触

* 第 1 章 *

1.1. 日本語の系統論と形成論

　ある言語(日本語)がどのようにして生まれたかを問うのが、形成論である。最初から日本語が混合語(詳しくは、1.3.を参照)であると決めつけるのではなく、形成論はそのような結論に至る根拠を探るのである。複数の言語が出会い接触したことで、そこに何が起こったか。最初はピジン化現象の発生であり、さらに進行してクレオールになる場合もある。そして最終的に、混合語になったと判断すべき場合もある。そのような状況が生じた過程を一つの言語の歴史において検証しようとするのが形成論である。ただし、言語接触の仕方にはいろいろな場合がありうるから、発生した現象を直ちにモデル化するのは適当でない。接触したのは、もともと同じ構造をもつ言語どうしではないことがその最大の理由であり、加えて、言語接触の文化的・社会的・時間的背景が異なるのみならず、それぞれの言語が置かれた力関係やバランスも一様ではないからである。したがって、個々のケースをとらえて敷衍しようとしても、それは現象論にすぎず、簡単に一般化してよいというものではない。日本語は、そのような混合化の過程が最終段階に達したと判断し得る言語である。「日本語の形成過程は混成(混合、崎山注)言語という概念を導入することによってのみその解明が可能になる」(板橋 1999:54)という立場を、私も同じくするものである。また、日本語形成論に対して国語学からの言及がないのは腑に落ちないとし、この「形成論」を棚上げしたままでは行きづまった日本語の由来問題に風穴を開ける 'break through' 可能性は望めない(宮岡 2015:316)という冷徹な提言も、重く受け止められるべきであろう。

一般的な系統論の概念では、ある言語の系統とはその言語に全面的な刻印を与えた一つの言語について言われる。つまり、一つの言語の系統が複数の言語に由来することはあり得ないとするのが系統論の「立場」である。この定義でいえば、日本語の実質的な「系統論」はまだないということになる。しかし、系統論に対して、複数の言語要素の存在を前提とする「形成論」が考えられる。私が1987年、国立共同利用機関（国立民族学博物館）で行った国際シンポジウムのテーマを「日本語の形成」としたのは、このような視点を導入することが日本語の系統を考えるうえで不可欠であるという認識に立ったからであった。このシンポジウムの成果は、『日本語の形成』と題して1990年、崎山編で三省堂から上梓された。

　本書は、このような前提のもと、日本列島における言語接触の事例について概観し、ついで日本語の系統、形成の問題を整理し、語の意味変化に焦点を当てながら新たな資料に基づいて問題提起を行う。1987年のシンポジウムの趣旨が、参加者で発表者の阪倉篤義氏の執筆論文（1990:280–281）のなかで簡潔明快に紹介されているので、その文章から引用させていただく。

> 日本語というのは、印欧語にその典型が認められるような、一つの祖語からしだいに枝分かれするかたちで成立してきたものの一つなのではなくて、さまざまな流れが合流して、やがて一つの流れを形成するにいたった言語と考えるのがむしろ適当であろう、という観点に（このシンポジウムは）立とうとするのである。（中略）やはり何らかの意味で核になった流れがまずあり、それにいくつかの流れが次々に合流して、やがてそこに「日本語」と称すべき言語が成立してきたという経緯を考えなければならないだろう（()内は崎山）。

　本書でこれから具体的に述べようとする内容は、ほぼこの主旨を明示することにある。考古学の知見によれば、日本列島は温暖な気候と食料資源に恵まれていたため、いろいろの異なった民族集団が吹きだまりのように集まり住むのに適し、そのことが日本列島の言語の形成にも大きな影響を与えた。逆に言えば、それが日本語の系統をこれまで分かりにくくしてきた。当然、列島にはいろいろな民族の言語が登場し、接触し、絶滅したことが考えられる。アイヌ人は石器時代から日本列島（当時、日本列島はまだ大陸の一部だった）のもっとも古い先住民族である。その後、北海道ではオホーツク文化、擦紋文化が興亡し

た。縄文時代になると栽培植物のソバ、ヒョウタン、アサ、マメ、雑穀類などのほか、石器や土器にも外来の文化要素がすでに認められる。

　また注目すべきは、イネの遺伝子変異の比較調査から、これまで言われてきたイネ(ジャポニカ種)の起源地が長江中・下流域とは限らず、フィリピン、インドネシアにもたどれることが農業生産資源研究所(つくば市)によって明らかにされていることである (Izawa et al. 2008)。縄文時代の人口をシミュレーション計算した小山(1984)によれば、東日本に人口が多く、西日本に少ないという特徴的なパターンがあるという。これは、氷河期が終わり縄文時代になると東日本には北方のシベリアおよび沿海州から比較的容易に民族が渡来できたこと、また縄文時代の後期から晩期にかけて、まだ過疎地域であった西日本に南方からの航海術に長けた民族が定住し始めたことを物語る。この遅れの理由は、南方の民族移動の時期の問題と重なる。南方からの移住はその後も繰り返され、もっとも遅くは古墳時代以降の熊襲・隼人(ハヤトは新しい形)であるが、最初のオーストロネシア系民族の移住からはすでに3,000年近くが経過していた。

　なお、2011年7月、同じ国立共同利用機関(国立民族学博物館)で「アジア・太平洋地域諸言語の歴史研究の方法―日本語の起源は解明できるのか」という国際シンポジウムが開催されたが、私はこれには関係しておらず、報告書も出ていないのでここに記すことは何もない。1987年のシンポジウムと相前後して、日本言語学会が主催した日本語の系統に関する私の関係したシンポジウムについても述べておきたい。1973年10月21日、上智大学を会場とする第68回大会で、「日本語の起源」と題するシンポジウムが行われた。司会は岸本道夫氏で、泉井久之助・江上波夫・大野晋・大林太良・村山七郎の各氏および崎山がパネリストであったが、学会誌『言語研究』にその記録は残されていない。それから四半世紀後の2002年11月26日、名古屋学院大学を会場とする第121回大会でフォーラム「日本語の系統：回顧と展望」が行われた。司会は松本克己氏で、板橋義三・大野晋の各氏と崎山の報告に、それぞれ庄垣内正弘・児玉望・土田滋の各氏からコメントがなされた。この報告は『言語研究』120号、コメントは121号に掲載されている。私の発表に対する土田コメント(2002:107–111)は、当日配布された『大会予稿集』(ハンドアウト)に基づいて書かれているため、私が加筆補訂してそれより先に刊行された修正稿(2001:97–105)と齟齬する箇所がある。いちいちその説明はしないが、本書の必要な箇所で土田コメン

トに言及する。なお、企画物では『岩波講座日本語』の第 12 巻が「日本語の系統と歴史」(1978) にあてられているが、私の担当論文 (99–150) では「形成」に関する考えを述べるにまだ至っていない。

1.2. いくつかの時代錯誤―アイヌ語説、タミル語説など

　言語の比較は、できるだけ古形に基づき、それがなければ再構形によらなければならないとする比較言語学の基本的要請がある。再構形というのは、既知の同系の言語的資料から帰納的方法で導かれた、数学の最大公約数にも似た特徴をもつ理論的音声形式であって、いったん建てられた再構形は、逆にすべての実在形への音韻変化を説明できるものでなければならない。その具体的な所在を経験的に実証することは難しいとはいえ、たんに砂上の楼閣のような虚構の産物ではない。もしまったくの虚構であるならば、現在行われているような世界の語族の概念はことごとく無に帰することになる。

　[DNA の問題]　最近、遺伝学、とりわけ DNA を援用した言語系統の論を多く見受けるようになった。しかし、DNA による人類の分類と言語の系統とが簡単に並行するとは考えられない。例えば、何十、何百世紀か後に DNA 検査されることがあるとして、現在の英語圏、スペイン語圏の話者の DNA は皆同じになるだろうか。現実に、19 世紀以降のヨーロッパ人入植によってポリネシアのマオリ人の Y 染色体遺伝子には、ほかのポリネシア人の数パーセントという低さに対して、50 パーセント以上の外来系 (西ユーラシア系) の男系遺伝子が混入しているという (松本克 2010:694)。18 世紀後半から始まったオーストロネシア語系のフィリピン人社会では、メスティーソと呼ばれる混血児が 9 割に達すると言われるが、そこでも、中国系の男系遺伝子が高い混入率を示す現象のうちに同じ傾向がみられる。また、Y 染色体遺伝子 (O 系統) が多くオーストロネシア系集団に含まれるインドネシア・小スンダのアロル島 (松本克 2010:603) は (この島の海岸部には後来のオーストロネシア語系アロル語を話す集団が点在する)、一方で先住のパプア諸語 B 群 (アブイ語ほか) が話されているということであるから (松本克 2010:191)、遺伝子分類と言語系統が一致しないことを端なくも示している。また、オセアニアの最も古い先住民であるパプア系の遺伝子については、メラネシア系遺伝子というのみで具体的な説明はなされていない。

　フィジー語集団はメラネシアに分類されているが (松本克 2010:603)、ポリネ

1.2. いくつかの時代錯誤—アイヌ語説、タミル語説など

シアでもフィジー語集団が示されており (松本克 2010:694)、それぞれの場所で示された Y 染色体遺伝子の数値はなぜか大きく異なっている。言語系統的には、フィジー語はオーストロネシア語族の下位に分類されるオセアニア諸語に所属するが、その言語構造はポリネシア諸語と種々の点で大きく異なり、ポリネシア諸語よりもメラネシア諸語としての文法的特徴を維持している。したがって、松本氏のように、それらをポリネシア諸集団として一括して扱うことは誤りである。また、明確にされていないパプア系の遺伝子をもつ最古層のパプア系諸言語とオーストロネシア語系メラネシア諸言語とは言語系統が異なるのみならず、言語構造も大きく異なる。DNA と言語の構造が並行するという発想自体が背理的になる例である。遺伝子配列データによれば、東アジアの某民族集団は類を見ないほどの均一な DNA 塩基配列を示し、それは近親相姦が現在の人口動態を形成したため (Cavalii-Sforza 1995) と診断される。その民族のゲノム解析でも修正不能の痕跡が多く見出され、同じ結論が得られている。現在、この民族語は系統不明の孤立的言語とされる。日本語もこれまで孤立的言語として扱われてきたが、日本民族の DNA がこのような異常を示すという報告は聞いたことがない。この事実も、DNA と言語系統には相関関係がないことを如実に示している。

　パプア諸語に対しては、インドネシアのマルク諸島の一部、ニューギニアの内陸部、メラネシアの一部で話される「大語族」として、トランスニューギニア大語族 (約 500 言語) という粗い系統的概念が仮に行われているが、この分類は十分な比較言語学的手順を踏んで立てられたものとはとても言えない。それができないほど各言語間の差異が激しい。しかし、パプア系は太平洋地域における非常に古い先住民であるだけに、民族分類にはさらに精密な DNA の提示が必要とされるとともに、言語研究においても大まかな類型論的研究による解釈だけではその言語史研究は進まないであろう。

　また、数千年の歴史をもつオーストロネシア語系とされる民族集団においても、先史から歴史時代にかけて、その民族構成は大きく見て西から東にかけ、マダガスカルのネグロイド系 (マダガスカルの民族語はすべてオーストロネシア語系である)、台湾の古モンゴロイド系が分布し、またオーストラロイド系には、フィリピン・インドネシア島嶼部のヴェッダ人、マルク諸島・ニューギニアのパプア人、メラネシアのメラネシア人、そしてポリネシアのモンゴロイド系などで異なる遺伝子をもつことが知られている。オーストロネシア語族の

DNAと言うときには、それがどの集団から得たサンプルなのかが明らかにされない限り、必然的に粗雑な理論展開とならざるを得ないであろう。民族移動を論じるに際しても、そのようなあいまいなデータによる解釈からは重大な誤謬が生じるに違いない。一方で、言語系統としてのオーストロネシア語族とはいっても、統一的、包括的な類型は存在しないことにも注意しなければならない。この点では、言語類型論でよく見られる「オーストロネシア語族」という理解の仕方の粗雑さには、私は懸念を表明するものである。

　DNAは、言うまでもなく自然科学的分類原理である。これが文化あるいは言語の形成原理とパラレルにならなければならない必然性はまったくない。しかし、幸いなことに人間の言語や文化は人類史の至るところで創造性を発揮し、また模倣、合併、分離を繰り返して、遺伝的なDNAに反してその解読を混乱させる結果をもたらしている。このような人類の複雑な塗り重ねの構造の解析も、まだ始まったばかりのようである。もしDNAの分類だけが一人歩きして言語の分野の説明原理になると即断している人がいるとすれば、比較言語学、文化伝播論などはもはや無用ということにもなりかねない。

　[アイヌ語説]　これまで日本語と接触した(と主張された言語も含む)いくつかの言語について、その問題点を指摘しておこう。

　アイヌ語について、日本語との同系を主張する人がいまだにいるが、現在のアイヌ語のどの変種を指しているのかあいまいなことが多い。また、アイヌ語が相互理解を欠く複数の変種によって成立していることを鑑みれば、アイヌ祖語の研究という手順をまず踏まなければ、現代アイヌ語との違いが当然ある以上、これは時代の混同ということになる。また、埴原和郎氏の二重構造モデルを前提としたアイヌ・琉球同祖論は分子生物学的な根拠を欠く(崎谷2008a:122)。よくささやかれているのは、アイヌ人と縄文人のDNAが一致するという件である。このこと自体は、アイヌ語が縄文語であったという説を支持する何の証拠にも証明にもならない。縄文語はアイヌ語だと主張するときには、それではなぜ弥生時代に現代日本語につながる言語への大きな取り替えがあったのかを歴史的に説明しなければならない。ただし、北海道から南関東にかけて見出されるアイヌ語起源の地名(山田秀 1982–1983)は、借用語のレベルを超えた言語的古層を物語る貴重な情報である。

　アイヌ語と日本語の比較はこれまで、現代アイヌ語のどの変種(方言)を対象にしているのかも明示されない粗い試論が数多く提出されてきたが、最近よ

うやくそのような研究方法に対する批判が現れ始めた。アイヌ語もいくつかの相互理解不能な変種によって構成されている（崎谷 2008b:137, 298）。したがって、まずアイヌ語比較言語学が成立すべきであり、またアイヌ祖語形の再構成がまず行われなければならない。このような手続きを経ないままでの、現代語（変種）との直接的引き当ては、歴史的にも方法論的にも時代錯誤となるのは当然の成り行きである。要するに、これまでのアイヌ語との引き当ては、比較言語学的な手続きがまったく無視されていたのである。ただし、このアイヌ語の系統問題に関連して板橋氏は、ミトコンドリア DNA 研究、人類学、地域類型論などに基づき、アイヌ語も日本語も「太平洋沿岸言語圏」の北方群に位置づける一方で（ここには朝鮮語、ニヴフ語、オーストロアジア諸語、オーストロネシア諸語も含まれる）、日本語はその後のオーストロネシア諸語などとの言語接触と言語内変化によって、語彙的にも形態的にもアイヌ語と共通するものを失ったとみる。また、言語形成類型（形容詞の形態と統語レベル、名詞の数のカテゴリーと名詞の類別タイプなど）の視点（2014:73–81）から、アイヌ語と西部マライ・ポリネシア諸語そして日本語とは、「本来史的に」同系関係が強いと、比較言語学の範囲を超えるレベルで類似性があることを指摘している（2014:93–96）。そして、アイヌ語自体（とくに人称接辞）に前アイヌ祖語、アイヌ祖語、古代アイヌ語、中期アイヌ語のような過程を具体的に推定する一方で（2014:155–190）、アイヌ語は太平洋沿岸の言語から語彙のみならず形態の借用が多量に行われて形成されたとみて、アイヌ語は祖語が一つでない「混成言語＝混合（言）語」であると結論づけている点は注目される。

［タミル語説］ 1995 年頃、かつて有名になったレプチャ語の場合と同じように世間を騒がせた言語がタミル語である。南インドで南部ドラヴィダ語に属するタミル語が成立したのはせいぜい紀元前数世紀以降のことであり（『言大辞』「ドラヴィダ語族」）、タミル人が東南アジア島嶼部にまで進出した痕跡があるのは西暦 10 世紀以降で、その証拠はフィリピン、インドネシアに残されたタミル語碑文から判明する（Francisco 1973）。そして、そのような地域におけるタミル語の痕跡はサンスクリット語と比較しつつ考古学的、言語的にも慎重に検討すべき課題となっている（Francisco 1985）。大野晋説の言う、それも歴史時代を遡る 2,000 年前の弥生時代にほかの地域、島々を経由せず日本列島に小舟（？）で直行していたなどという状況は歴史的にも言語的にもあり得ないことである。また大野は日本語を現代タミル語と比較しているが、それ以前

に日本列島で日本語が成立していたという自説とは完全に矛盾している。しかも大野は比較言語学で言う再構形を詭弁的に「虚構」とみなし、日本語の方がむしろドラヴィダ祖語の再構成に有力な新資料になると言うが、実際には日本語とタミル語とが同系であることを証明しようとしているのであるから、これは非論理的 (論理学でいう「論点の先取り」'petitio principii') であるという徳永 (1981) の指摘には謙虚に耳を傾けるべきであろう。その後も、大野説の現代タミル語と日本語の比較に対しては、タミル祖語から見て数々の矛盾と難点があることが歴史言語学 (児玉 2002) から指摘され、比較言語学からは同系の証明の手順と音韻法則の不正確さ (松本克 2007:19–41) が非難されている。

　大野による日本語のタミル語語源説の一つに、「田んぼ」がある (2011)。「田んぼ」の田圃は当て字とされるが、奈良時代のタノモ「田能毛＝田の面」『万葉集』(14:3523) という複合語に由来することが明らかで、ほかにも、タつかひ「陁豆歌毗＝田令」『日本書紀』(欽明 17)、タなかみ「多那伽瀰＝田上」『日本書紀』(歌謡) のような田の複合語の用例がある。ただし、「田」そのものの語源は明らかでない。なぜ、大野は「田んぼ」を tamb-o のように恣意的に区切るのであろうか。また、語源とされたタミル語も tamp-al のように勝手に区切っているが、これでは二重の誤りを犯していることになる。まず大野が参照していないファブリシウス (J. P. Fabricius) の『タミル語・英語辞典』第 4 版 (Online version, 1972) によれば、tampal (複合語ではない) は「田を鋤くこと、田に水を引き牛に踏ませること (いわゆる踏耕)」の意味のみで、「田」の記載はまったくない。したがって、「鋤く」を基に「田」について言うのは禅問答 (例えば、「地を鋤くは如何なる為なるや？」「田にする為なり」) である。さらに大野は、このいわば勝手に区切った tamp- の末尾子音 mp が脱落した形が田であるという解釈を述べている。このような荒技に加え、奈良時代の「田の面」が「田んぼ」のような撥音便になったのは平安時代以降とされるから (橋本進 1950:84)、有史以前などというのは甚だしく時代がずれていることになる。

　ここで、タミル語との比較において大野 (1995) が喧伝している基礎語彙の概念についても述べておきたい。そもそも基礎語彙という発想には、語彙統計学 (言語年代学) で世界の言語を共通の土台のもとに比べるために、個別の民族文化の影響を受けても変化しにくい中性的な語彙を選択しようという経緯があった。ただし、言語間の親疎を明らかにするために、それぞれの言語が共通に保持している語のパーセンテージを決める基準が研究者ごとに異なることがしば

しば起こる (Blust 2013:34)。しかも、各地域の民族文化には中立的な基礎語彙などは存在しないというのが言語人類学的立場と言ってもよい。各地域で、それぞれの民族文化から影響を被らない語彙はないと考えられるからである。したがって、タミル語と日本語の基礎語彙の何パーセントが共通しているなどと言っても、それは言語系統論的にはほとんど意味をなさない。

　例えば、オーストロネシア祖語 (PAN)、マライ・ポリネシア祖語 (PMP) の例で言うと、身体語彙のうち多くの言語で祖語が保たれているのは、*maCa (PAN)/*mata (PMP)「目」、*t-al-liŋa (PMP)「耳」、*kuku (PMP)「爪」、*qaCəy (PAN)/*qatay/*atay (PMP)「肝」、*susu (PAN)「胸、乳」ぐらいであろう。それでも、マダガスカル語の masu「目」は例外であり、これはアフリカ東海岸のバントゥー祖語からの借用語である。バントゥー人における邪視はよく知られた風習であり、これに対する怖れに起因するものであろう。日本語の「眼つける、眼とばす」も、隠語で漢語からの借用語である。また、マダガスカル語の sufina「耳」は祖語形 *cupiŋ (PMP)「耳たぶ」に由来し、本来の *t-al-iŋa は tadini「耳穴」へと意味変化している。*qulu「頭」、*taŋan (PMP)「手」にいたっては、各言語で意味変化が著しい。マレー語では *qulu > hulu「川上、上流」のように意味変化し、「頭」kəpala は kəlapa「ココヤシの実」の子音の音位転倒形に由来する。フランス語の tête「頭」がラテン語の testa「壺」に、日本語の「ハチ巻」が「鉢」に起源するのと同じで、形状からの類推である。通常の基礎語彙には属さない生物名がむしろ多く共通しているが、その筆頭は *niyuR (PMP)「ココヤシ」、*qumbi (PMP)「ヤマノイモ属」、*baRu (PMP)「フヨウ属 (ハイビスカス)」で、*niyuR の痕跡は奄美・徳之島のニヨ「ヤシ科ビロウ属の一種」(*Livistona subglobosa*) に残っている。自然界では、*lahud (PAN/PMP)「海側、下方」が、また動物の場合では、*taŋiRi (PMP)「サワラ属」(*Scomberomorus* spp.)、*paRi (PMP)「ガンギエイ科」、*peñu (PMP)「ウミガメ」、*punay (PAN)「ハト科」が広域で維持されていると言ってよい。また特徴的なのは、「魚」に対して祖語形に方言形の *ikan と *iwak があることで、この両形とも *iwak (4.6.91) がより早く、*ikan (4.2.15) はそれに遅れて日本列島に伝わっている。ここで紹介したオーストロネシア系基礎語彙から *mata「目」(4.2.02)、*taŋan「手」(4.2.01)、*qumbi「ヤマノイモ」(4.2.12) のほか、*lahud「遠い (方位)」(5.2.06)、*paRi「南、南風」(5.2.07)、*punay「ハト」(4.6.47) が意味変化をともないつつ日本語にも痕跡を残している。それらについては、本書 (カッコ内に示した項) で触れる。縄文時

代後期からオーストロネシア系語彙として伝承されているものには、渡来のために利用した「筏」(4.6.18)、「海風」(9.4.3.) が知られているほか、雑穀のほかイネに関連する語彙のほとんど (5.1.) をもたらした。日本文化のなかで魚類の代表格となった「鯛」(4.6.22)、木本植物では神が宿る「松」(5.4.05)、縄文時代の櫛 (髪飾り) で知られる木本・草本の両特徴を備えた「竹」(4.6.56)(「櫛」は、隼人語に記載がある [4.6.82])、また精神面では「神々のいる上界」(4.6.73)、「中空、あの世」(5.3.e) を基本にした冥土観など、その後に生まれた新たな価値体系のなかにリセットされながら、その語彙自体は営々として日本語に受け継がれてきた。

[マレー語説] 当然ながら、現代マレー語との比較についてもオーストロネシア比較言語学の成果に依拠しなければならず、日本語との間にたまたま似た語例が見つかり、たとえそれが語源として正当なものと認定されたとしても、それは紀元前から変化しつつ現在まで維持されてきたということにすぎない。したがって、現代マレー語と日本語の単発的一致は、偶然の似かよりかこじつけの可能性が大きい。マレー語と日本語は、国外では Labberton (1924)、国内では堀岡 (1927) 以降、もっとも多く引き比べられた言語である。ラバトンは、現代マレー語 tajam「鋭い」と日本語タチ「太刀」、現代マレー語 nasi「ご飯」と日本語メシ「飯」、現代マレー語 ikan「魚」とイカ「烏賊」などを同系と見るのであるが、tajam は PWMP *tazim/*tazəm からの音韻変化に問題があるうえ、不自然な意味変化 (鋭い物は刀だけに限らない) をしている。また、nasi はマレー語独特の局地的語彙で比較の用に耐えず、ikan は *ikan (PMP)「魚」に由来はするものの、日本語への不自然な解釈 (4.2.j を参照) をしている。島嶼部の共通語としてマレー語が成立したのは紀元後であり、碑文や文献から判明する限り西暦 7 世紀以降である。日本では奈良時代に相当し、現代マレー語だけと直接比較するためには時代のずれが大きすぎる。

[中国語説] 中国語についての、「弥生時代初期の中国的四声をもつ渡来人の言語が縄文語にかぶさって、弥生語のアクセントを作り出した」といううがった見解 (小泉保 1998) も方法論的に問題がある。そもそも紀元前後の弥生時代に中国語が日本列島ですでに広く話されていた証拠はなにもない。小泉のいう四声とは、王力 (1956)、董同龢(どうわ) (1955) らを引用しつつ現代北京語と同じと判断したものである。しかし、日本の弥生時代に相当する周代の上古中国語は、音節音調言語であったことが知られるのみで (『言大辞』「中国語」)、声調体

1.2. いくつかの時代錯誤―アイヌ語説、タミル語説など　13

系の再構成は不可能 (Karlgren 1966) と言われる。比較言語学の方法論としては、広東語や閩南語（潮州語）などにみられる多声調が原声調に近いとみられるであろう。したがって、原声調から日本語へのアクセントの変化は論じようもないことになる。小泉説では、縄文語から連綿と継承されてきた大和言葉までをも、渡来人は中国式の「声調」をつけてわざわざ発音していたことになり（小泉の言では、「渡来人が習得している縄文語にかぶせて」）、つまり倭人社会がこのような発音を真似たことが現代のアクセントのルーツになったというわけである。しかも、影響はアクセントに対してだけで、語彙や文法にはほとんど影響が及ばなかったというのは、言語混合 (1.3. を参照) 現象からも考えにくい。確かに、日本語と中国語との長期にわたる接触は日本語に深刻な影響を与えた。漢語ではなく漢字を用いて書かれた現存する最古の日本語資料は、5世紀半ばとされる稲荷山古墳の鉄剣銘文である。この銘文には、当時（倭国）の地名・人名を記した漢字音もすでに含まれていて、これが奈良時代の万葉仮名へと大きく発展する。しかし、万葉集に含まれる漢語（借用語）は十数語にすぎない。基本的語彙であるモク「木」、スイ「水」、シュ「手」（カールグレンの再構成する上古中国語音は、それぞれ *muk、*śiwər、*śiôg) などが文献上に出てくるのは鎌倉時代以降であり、仏教関係以外の語彙は日常生活にまだほとんどなじみがなかったようである。また、サンスクリット語が梵語という名称で、仏教用語として間接的に伝わった。音韻面では、平安朝以降、開拗音・合拗音が漢語とともに日本語に加わり、漢字音やその影響によって撥音、促音が発生した。また呉音や漢音に続き、その後も仏教とともに唐音、宋音が伝来した。書き言葉の一種として生まれた日本語と漢文の混合による和漢混淆文は、一種の言語混合である。ことに平安時代中期以降の漢文は、「日本人の間にしか通ぜぬ変体の漢文」（橋本進 1946:156) となり、日本漢文という独特のジャンルが形成され、漢詩という形式で貴族、僧、知識人の教養として現代まで維持されてきた。しかし、それは厳密に見れば、見かけ上は本来の漢語（中国語）である言語と日本語の表現形式に影響された言語とがクレオール化した言語である。中国本土の詩作からすると漱石の漢詩すら「いわゆる日本漢詩では断じてない」とことわりつつ、結局のところそれは「素人の漢詩」であるという評価がなされている（吉川幸 1967:6)。

［朝鮮語説］　日本語・朝鮮語同系論は、江戸時代中期の新井白石までさかのぼる。白石は『東雅』（享保 4 [1719]) において両言語の借用関係を論じてい

るにすぎなかったが、白石以降、これまでに多くのアプローチがなされているにもかかわらず、15世紀以降という朝鮮語の文字（ハングル）資料の新しさによって、明確な答えはいまだ与えられていない。清瀬義三郎則府氏は、白石以降の研究においても単に音形の類似したものを選び出し、しかも偶然の相似に加え、「同源語」とみなされた語の多くも借用語にすぎない (1995) と指摘している。朝鮮語の祖とされる新羅語、高句麗語についても、後者には地名・数詞を含む80余語があるのみで音韻法則を確立するには言語資料があまりに乏しく、高句麗語の数詞 mir「3」、uts「5」、nanin「7」、tok「10」が日本語の「ミー」「イツ」「ナナ」「トヲ」に類似すると言われるが、仮に何らかの関係があるとしても、それは借用語である可能性が強い (清瀬 2006)。このうち、イツ「5」については本書 (4.6.29) でも触れる。朝鮮語史的にみれば、遅くとも日本の奈良時代にあたる時代においてさえ、古代朝鮮語と現代朝鮮語の言語的連続性を明らかにし得ないという点も問題になる。かろうじて上代日本語における古代韓族の言語からの借用語かと推定される、シマ「島＝嶋」『日本書紀』(皇極元)、コホリ「郡、大きい集落」、テラ「寺」(河野 1967:14, 1971:313) など、わずかの語彙が指摘されるのみである。清瀬氏の言うように、これだけの語彙からは音韻対応の規則を見つけることなどとうてい望むべくもなく、また将来においても比較言語学的研究に多くを期待することはできないと思われる。

『万葉集』を韓国語で解く説が現れたが、これなどアナクロニズムの典型である。ただし、朝鮮語も日本語と同様、長い形成の歴史をもつ言語であると考えられる。朝鮮語が北東アジアの大陸部で行われた古アジア諸語をも含むような混合語である可能性も否定できない。したがって、系統論的には、日本の縄文時代に、両言語の形成の歴史が根本的に異なるような何らかの現象がすでに発生していたと考えるほうが、より建設的な研究方向と言えるであろう。

[ツングース諸語説]　アルタイ説の最右翼と目されるツングース諸語は、日本列島に連続しつつ、サハリン、アムール川流域、ハバロフスク州、沿海州、シベリア東部および中国東北部の満州語に及ぶ広い地域に分布するが、話者数は非常に少なく総数でも10万人を超えない (津曲 2006)。多くが消滅の危機に瀕しているとはいえ、言語数がまだ多いことは精密な比較研究と再構成が可能なことを意味する。これまでの日本語の系統論で、語彙、形態素についてもっとも実効性のある比較が行われてきたのはツングース諸語であった。民族学の立場からも、オーストロネシア系を主とする南方的な基層をオーガナイ

ズしたのは、ツングース的要素であった可能性が強いことが指摘されている(村山・大林 1973:224-225)。日本語の形成におけるもう一方の旗頭であるツングース諸語との比較は、助詞、動詞・形容詞の活用語尾について、村山・大林(1973:157-175)、池上(1978:83-90)が行っている。この問題は、第 2 章においてまとめて述べる。

1.3. 言語混合とピジン・クレオール

　複数の言語が接触したとき、双方の言語にはなにがしかの影響が現れる。接触した期間、言語相互の政治的・文化的な力関係などにより状況はさまざまであり、一過的なものもあれば、通時的な言語変化におよぶ場合もある。ピジンは一代で消滅するが、クレオールはピジンが文法的に体系化されて母語となった場合である。1859 年、開港後の横浜で出現したピジン英語(Yokohamese)や「アナタ・ペケ・アリマス＝お前は駄目だ」といったピジン日本語は、その後ほどなく消滅した。ピジン化の過程でまず現れるのは語彙、次いで音韻の借用である。

　さらに複数の言語が接触し、接触したそれぞれの言語の文法部分に変化が現われることもあれば、それぞれの言語の文法部分が相手に提供されて、新たな一つの言語が生みだされることもある。後者は混合語と呼ばれ、ピジンあるいはクレオール(母語となったピジン)はその一つのタイプである。ただし、混合にあたって文法のどの部分が提供されるかということは接触した言語ごとに異なるが、あらゆる部分からの供出が起こることが明らかにされている(Thomason and Kaufman 1988)。

　このように、渡来した言語と地元の言語の双方にピジン化は起こり得る。しかも、そのレベルは音韻、語彙に留まらず、形態やシンタックスにも及ぶ。それぞれの言語の文法部分が提供されて、新たな一つの言語が生みだされることすらある。このようにして生まれた混合語は言語の内部構造の問題であるが、ピジンあるいはクレオールは言語使用の社会的現象であって、本来は次元を異にする概念である。これを直接比べて、クレオールと混合語との間には一線が引き難い(Ansaldo 2008)という論は背理的である。クレオールが必ずしも混合語とは限らないし、混合語がすべてクレオールになることも考えられない。メラネシアピジン語は異なる言語の話者が多数集まり、彼らの言語知識を基に共通語として新たに生み出された言語(バベルの塔の逸話と逆)であるが、回輝

語とスリランカ・クレオールマレー語は共通の言語をもってはいたが、異言語の話される地域に移住し、その現地語との二重言語使用を経て彼らのもとの言語が著しく変化した言語として分類することができる。メラネシアピジン語は現代の沖縄大和言葉（ウチナーヤマトゥグチ）の成立過程に、回輝語とスリランカ・クレオールマレー語は日本語の形成過程に似ている。

　繰り返すが、複数の言語からそれぞれの文法部分が提供され、一つの言語として形成されたその言語を混合語というのである。混合語 'mixed language' を混成言語と異音同義に扱う（『言大辞』「混合語」）のは避けた方がよい。混成語（＝かばん語、2つの単語からその一部を削除して生まれた1語、思う＋計る＞慮（おもんぱか）る）'porte-manteau word' という術語もあり、それと紛らわしいからである。日本語の「ザ・めしや」「ザ・わたみ」などという飲食店の屋号や、「だべ（駄弁）リングする」「メバ（魚のメバル）リングする」「きれい ing 加工（洗濯店の広告）」などという口語は、英語の冠詞 (the) や現在分詞語尾 (-ing) が用いられてはいても、これをもって日本語は英語と混合したとは言わない。文法というのは、必要な箇所に必ずそれを適用しなければならない・してはいけないという鉄則の体系である。日本語における上のような例は、言葉遊びと呼べる現象である。しかし、もしも日本語で「この場合は必ず語尾にイングを使うべきである」というような使用法が生まれたとすると、これは混合化が始まったことを意味する。ミクロネシアのパラオ語に、言語混合を考えるうえで興味深い例がある。パラオがドイツの植民地支配から日本の委任統治領になったのは 1914 年であるが、以後 1944 年までのおよそ 30 年間、日本語との長い接触が続いた。その結果、パラオ語には日本語から多くの語彙はもとより、日本語の動詞語尾シテイル・シテルを含む派生語が、例えば、kangkei-stér「関係してる＝つながりがある」、komat-tér「困ってる」、dek-stér「出来てる＝（仕事の結果が）よい」、skári-ster「（性格が）しっかりしてる」、skáre-ter「疲れてる」、chat-tér [ʔat-ter]「合ってる＝一致してる」などのように、語幹の意味部分では日本語の本来の用法に制限をともないながら動詞に接尾したままで「借用」された。しかし、語尾 -(s)ter が状態・継続を表す独立した接尾辞としてパラオ語で立ち上がる（言語混合する）直前に世界大戦は終了し、混合へのメタモルフォーゼは沙汰止みとなった。言語混合が起こるためには、深い言語的・文化的な接触が必須であるだけでなく、ロシアの銅島アリュート語（第 3 章を参照）、トクピシンなどの場合を見ても、すくなくとも 1 世紀以上（最短でも 2 世代以上）の醸

成期間が必要ということになろう。

　英語そのものにも、言語史的にみるとノルマンフランス語の深刻な影響が認められる。例えば、現代英語の受動文 He was given a book.「彼は本をもらった」は、古英語ではゲルマン語風に him wearð bōc giefen「彼に本が与えられた」のように受益者は与格「に」に置かれたが、現代語の be+過去分詞はフランス語法 Il a été donné un livre. とパラレルになる（現代ドイツ語では、Er hat ein Buch bekommen.「（直訳的に）彼はもらった本をもつ」と言い、英語とは異なった表現形式になる）。また、現代語で名詞句 a wise man's choise「賢者の選択」（属格の's はゲルマン語由来）は、the choise of a wise man のようにフランス語の前置詞（「起源」の de）をなぞった of を用いた形式で言うことも可能である。これは英語の構造における小規模の言語混合であると、Capell（1976b:530–531）は指摘している。

　なお、混合語の存在を否定する考えは、インド・ヨーロッパ比較言語学の碩学メイエの、「一個の言語の形態法の体系が相異なる二つの言語の形態体系の混合に由来するような言語にいまだ出会ったことがない」（1977:139–140）という見解にも見られるが、上に述べたような英語におけるノルマンフランス語由来の形態法を、メイエはどう解釈するのだろうか。

　言語混合の発生は先住民に匹敵する量の外来者がないと不可能（小泉保 1998）というのも事実ではない。ドイツの古代史学者 T. モムゼンの『ローマ史』によれば、カエサル（紀元前 100〜44）の頃のガリアの人口は 1,000 万人であったが、紀元 2 世紀にはその倍になっていた。しかし、5 世紀末には人口でははるかに少数のローマ人によってガリア語は絶滅する一方、ラテン語がクレオール化したロマンス諸語が広域に出現した。また、Bakker and Mous（1994）の引用する混合語にも、小泉の言うような例は見当たらない。言語混合に否定的なディクソンは、二つの言語が接触した場合、新しい言語は単一の親から文法や語彙項目の大部分を受け継ぐ（2001）と言っているが、これはメラネシアピジン語の例から言っても事実に反する。

　メラネシアの諸言語は、西方から移動してきたインドネシア諸語が先住民の言語と混合することによって生まれた「ピジン化インドネシア語」'pidgin-Indonesian' である、と最初に述べたのは Ray（1926）である。パプア諸語がオーストロネシア語族のなかでメラネシア諸語を生みだす基層語となったとする見方は、その後もカペルによって主張されつづけた（1976b）。現実に、パプ

アニューギニアのマイシン語、マゴリ語、ソロモン諸島のサンタクルーズ島諸語は、パプア諸語との混合語と見なされることもある (Lynch 1998:217) が、*Ethnologue* (Online version, 2015) はオーストロネシア語族に分類している。

　現在、オセアニアで 300 万人以上によって話されるメラネシアピジン語には地域による変種があり、パプアニューギニアの共通語であるトクピシン (Tok Pisin)、ヴァヌアトゥの公用語であるビスラマ (Bislama)、ソロモン諸島では単にピジン (Pijin) と呼ばれる変種が区別される。これらは、19 世紀以降にメラネシア諸語と英語が言語混合し、それぞれの言語から文法の一部が供出されて生れた言語である。しかし、メラネシアピジン語は英語の話者が卑下して言うような「なまった不完全な英語」ではなく、少数言語話者の間ではすでにクレオール化が始まっている。遺憾なことに、メラネシアピジン語の混合要素は言語学者にさえ正しく理解されていないようである。次に具体例を示すように、他動詞化の接尾辞 -im (この形態素そのものは、英語の 3 人称単数代名詞 him を語源とする) はオセアニア諸語の文法体系、すなわち動詞の他動詞性は接尾辞によって示される (Lynch 1998:140) という特徴に由来する。これは混合語としての重要な文法的要素であるが、セバ (Sebba) には -im のこのような文法的起源に対する理解不足があるようで、他動詞化のほか、使役の接尾辞としても用いられるという説明をしているが (2013:178, 193)、これはオセアニア諸語では使役形は状態動詞・自動詞を他動詞形に変えて作られる (Lynch 1998:144) からにほかならない。また、メラネシアピジン語の主語と述語をつなぐ主語接頭辞あるいは連結辞 i も、オセアニアの文法体系を継承するが、セバが i を英語の he から派生したと言っているのも誤解である (2013:178)。メラネシアピジン語では語彙の 9 割は英語から、またシンタックス、テンスなどの文法の一部分も英語から提供された。これは複数の言語から文法要素が提供されて一つの言語が形成されているという点で言語混合という現象に相当し、その言語は混合語と呼ばれる。

　トクピシンでは、Pikinini bilong en i rit-im buk bilong mi. は「彼 (彼女) の子供は私の本を読む」を意味するが、bilong, en, rit, buk, mi は、それぞれ英語の belong, him, read, book, me、また pikinini はポルトガル語の pequeninho「非常に小さい」という形容詞が語源である。しかし、-im という接尾辞は、他動詞化マーカーとしてオセアニア諸語に共通した文法形式に由来する。つまり、動詞の自動詞性・他動詞性は、ヨーロッパの言語のように動詞の意味によって決め

られるのではなく、形態によって規定されるということである。ただし、ソロモンピジン、ビスラマの語彙は英語からの借用が圧倒的に多いが、トクピシンでは約9割に留まり、英語の文法要素の継承はビスラマで一番顕著である。対照のために、「ヨハネ伝」の冒頭部分「はじめに言葉があった。言葉は神とともにあった」を、それぞれの言語の定訳から示してみよう。

Bipo tru Tok i stap. Tok i stap wantaim God.
「(直訳)大昔、言葉があった。言葉は神とともにあった」(トクピシン)

Stat kam long stat blong evrisamting. Toktok hem i stap finis nao. Hem i stap tugeta wetem God.
「(直訳)すべての物事が始まったとき、言葉はすでに存在した。言葉は神とともにあった」(ソロモンピジン)

Bifo we bifo olgeta, taem we wol ya i no stap yet, i gat wan man i stap we nem blong hem "Tok blong God."(ビスラマ)
「(直訳)大昔、世界がまだ存在しないとき、神の言葉という名の一人の人間がいた」

翻訳論の問題とも関わるが、それぞれの方言に、表現や文体上の差異が現われている。しかし、基本的な文法形式はほぼ同じである。語彙の面では、オセアニア諸語の特徴である連結辞iを除くすべてが英語からの借用語である。ビスラマでは、「世界がまだ存在しないとき、[神の言葉]という名の一人の人間が存在した」と、具体的に表現されている点が興味深い。これは、ビスラマでは語の抽象化を嫌う傾向があることに関係がある。なお、第6章06のiを参照されたい。

言語混合という現象を理論的に認めるか認めないかに関わらず、パプアニューギニアのマイシン語、マゴリ語、ソロモン諸島のサンタクルーズ島諸語のほか、ヴァヌアトゥのアネイチュム語、ニューカレドニアのロイヤルティ諸島の諸言語などの言語系統について異なる解釈がなされてきたという現実に対しては、メラネシアにおいて言語混合が起こったと言わざるを得ないだろう(Lynch 1998:217–218)と述べるオセアニア言語学者もいる。このような言語混合や言語の取り替えは、インドネシア東部やメラネシアの多言語地域で民族の

行き来、交流が行われてきた過去の時代からすでに激しく起こっていたと考えられる。

　すでに述べたが、ピジンは言語混合の一つのあり方なのであり、言語混合と同義に論じるべきではない(Holm 2000:11)。ピジンには、横浜ピジンのような一世代的(片言的)な形態から、メラネシアピジンのように約300万人によって使用されるクレオール化した国家語まで、さまざまなレベルがある。しかし、もとの言語の話し手にとって、ピジン化した新しい言語は、彼らの言語が単純化した(舌足らずの)ように聞こえる。ピジンは、もとの言語の非体系的部分の合理化を行っている場合も少なくない。しかし、ピジンは表現可能な内容が限定されている不完全な言語だと信じている人が、言語学者を含め後を絶たない。従来の比較言語学では、一つの言語における歴史的な混合という現象を原則として認めない。混合語を認めることは、一本の系統樹(語族)から枝分かれしながら語派さらに語群に分岐してゆくという、比較言語学がモデルとする語族の概念の成立基盤を揺るがしかねない危険思想であるから、とも忖度できよう。二本の樹木の枝が癒着結合する現象「連理木」は自然界でしばしば観察され、また生物の交雑(異種交配) 'hybrid' は人工的に作ることが可能である。また民族集団の定義においては、個々の民族の文化要素が集まり全体として文化複合 'culture complex' を構成していることが一般に認められている。比較言語学は、人間言語に対して自然の摂理に反する妄想を抱き続けてきたようであり、言語の混合を認めないことに固執するのであれば、具体的な言語事実に即して言語だけが文化要素のなかで特異な特徴をもつことを、原点に戻って明らかにすることが求められるであろう。現在、世界の語族は、ニジェール・コンゴ語族、オーストロネシア語族、トランスニューギニア大語族、インド・ヨーロッパ語族のような大語族から、わずか1言語(従来、孤立的言語 'isolated language' と見なされていたもの)や数言語で語族をなすとされる南北アメリカの先住民言語まで、百数十が認められているが(*Ethnologue* Online version, 2015)、この数を多いと見るか少ないと見るか以前に、500万年という長い人類史において言語が発生した後、それぞれの民族の言語史において語族が混合の過程をまったく経験せずに成立したと信じている人がいれば、それはよほどの「老好人」と言わざるを得ない。

　一方、混合の事実は認めるとしても、「混合はピジン英語や隠語に見られる程度」であるという偏見をもち、「混合語」の成立が安易にうんぬんされるの

は残念であると公言した言語学者もいる (服部 1967:10)。この論者はまた、混合語には言語変化などがなく、文法が非常に簡単なのがふつうである (服部 1960:25) と言うが、はなはだしい誤解である。さらに松本克己氏も、混合語という概念とその実態を正しく理解していないように思われる。混合語は、メラネシアピジンについて紹介したように、言語構造の不揃い部分を合理化する傾向はあっても、決してなにもかもを単純化するわけではない。ピジン・クレオールを混合語と言うのは正しくないことは先に述べたが、松本氏は単音節型声調言語、人称無表示という言語タイプに属する中国語を、クレオール化した混合語 (松本克 2007:209) とみているようである。しかし、中国語も一つの言語タイプであるにすぎず、同じようなタイプ (松本氏のいう中立型 B) は、話し言葉のマレー語においても顕著である。しかもマレー語は、声調言語ですらない。マレー語では、Anjing kejar kucing. (kejar に他動詞化接頭辞を付けて mengejar と言えば、文法的になる)「犬が猫を追いかける」の逆は、Kucing kejar anjing.「猫が犬を…」となる。しかし、マレー語のこのような構文を中国語の勢力拡張による影響とみたり、またマレー語を混合語とみるような突飛な理論は聞いたことがない。松本氏が混成言語 (混合語) とピジン・クレオールを同一に見ているのは誤解であると、板橋氏も批判している (1999:52)。松本氏が、混合論者らの主張するのは、同系関係だけで処理できない余剰部分を説明するための逃げ道にすぎない (松本克 2007:174) と述べている点に、松本氏の言語単系説への偏執がうかがえる。批判されている側の論者の一人としてあえて言えば、その「余剰」部分も「系統的に」処理できると考えているのである。日本語の混合語説に反論するためのさらなる根拠として、松本氏は、カ変、サ変という不規則的動詞がピジン・クレオール化の過程で真っ先に失われる言語現象であると言うが、これも甚だしい事実誤認である。それにこの現象は、混合語の特徴云々とは何の関係もない。セバも言うように、混合語はインプット言語の複雑な形態構造を失っていない点でクレオールとは明らかに異なる (2013:416)。言語使用者は言語生活において、動詞の活用をいちいち意識しているだろうか。もしそうならば、訥訥として片言寸句の会話をすることもままならないであろう。「来ない、しない」を発話するとき、否定形を「こ+ない」「し+ない」といちいち分析して発話しているだろうか。不規則とか規則とかを詮索するのは文法家の仕事であるが、話者が普通にしゃべるとき、「来ない」「しない」「来る」「する」をそれぞれ独立した一語としてしかとらえていないのが日常的状態

であると思われる。だからこそ、真っ先に失われることはないのである。

　言語混合を認めない立場からの、ミラー（1982）、Vovin（1994）らアルタイ語学者の日本語におけるオーストロネシア系統批判説も予断に満ちた論である。従来、「南方」の言語との系統論は、ある特定の現代語（多くの場合は、現代マレー語、またポリネシア語）だけを取り上げた粗い論であることが多かった。それは、論議の対象とすべき言語（語族）の特徴を十分に知り尽くしたうえでの結論ではなく、あたかもアイソーポス（イソップ）寓話の「葡萄はおおいに酸い」のごとくであった。日本語の混合説批判は、最近もヴォヴィン・長田（2003）によって行われているが、オーストロネシア語族に対する十分な理解のもとに論じられているのか大変疑わしい。ヴォヴィン・長田は日本語の系統の今後について、「一番信頼できるのは、日本語と韓国語及び満州・ツングース語の比較だろう」と述べている。これまでの日本語系統論史を顧みても、私にはこのような単系説が「信頼できる」とはとうてい思えない。しかし最近では、Blust（2013:704–705）も *The Austronesian languages* の Austro-Japanese の項において、Kawamoto（1977, 1984）、Benedict（1990）らの「変な語彙」の比較を「空似」'look-alike' として批判しているが、「的外れな」と評価されるラバトン（Labberton）説（村山・大林 1973:115）および祖語の次元が全く異なるベネディクト（Benedict）のオーストロタイ大語族説（タイ・カダイ諸語のほか日本語を含む）を同列に引用して批判するその粗さは理解し難い。また、オーストロネシア語族系統否定論に立つヴォヴィンに荷担するのみで、これまでの日本人研究者の研究、すなわち Murayama（1976）をはじめとする村山の多くの著書、板橋（2000a, 2000b, 2001）、Itabashi（2003）、崎山（1991）、Sakiyama（1996, 1998, 2000）らの混合説をことごとく無視している。単なる空似かそうではない（すなわち、系統的関係がある）か、それを判断するのが比較研究というものではあるまいか。

　日本語系統論におけるオーストロネシア語族の位置は、単なる示唆や言及から具体的内容、実証性、証明方法にいたるまで、その内容は必ずしも同一ではないが、すでに Labberton（1924）、ポリワーノフ、村山七郎らの先人に続くものとして、確実に見直されてきている。具体的な言語事例は示されていないものの、Mühlhäusler and Trew（1996）では、日本語の系統について、従来の単一系統説に対する最近の理論として、①日本語はオーストロネシア語族を基層、アルタイ諸語を表層として形成された言語（重層語）である、②日本語はオー

ストロネシア語族とアルタイ諸語の混淆または混合語であるという二つの仮説があることを紹介し、また最近の言語接触研究の進捗によって、ピジン・クレオールあるいは混合語という現象を説明し得るような理論的規準も整ってきており、日本語の系統についてもこのような分析手段によって再検討することには意義があると結んでいる。さらに、Matthews and Polinsky (1996)、Polinsky and Smith (1996) は、日本語がアルタイ語族（その可能性が高い）とオーストロネシア語族の混合語であると述べている。いずれも日本語の混合語説を再評価していて画期的である。言語の比較は体系的に行なわなければならない。遺憾ながら、従来の日本語の系統研究の多くにはこの原則が守られているとは言いがたい面があった。本書は、オーストロネシア語族との比較による古代日本語との音韻対応はいうまでもなく、接辞法、人称代名詞体系をはじめ、核となる民俗語彙を中心として、その意味変化に十分配慮を払いながら、その具体的肉付けを試みる。

現在、世界の混合語として、*Ethnologue* (Online version, 2015) では 22 言語を承認している。混合の一方の言語としてもっとも関わりが大きいのはロマニー語（ジプシー語）で、ヨーロッパ各地で 10 言語に達する。ロシアではロシア語とアリュート語の混合語（銅島アリュート語）、南アメリカではスペイン語とケチュア語の混合語（メディアレングア）、カクチケル語とキチェ語の混合語、アメリカ合衆国ではフランス語とクリー語の混合語（ミチフ語）、アフリカではバントゥー語とクシ語の混合語（ムブグ語）、ソンガイ語とベルベル語の混合語（タグダル語）、ズールー語とバントゥー語の混合語（チャムト語）、ミクロネシアではヤップ語とウリシー語の混合語（ングルー語）などが報告されている。一部の言語研究者が、混合語が「一つの言語」としての言語構造をもつことを十分に認識しないまま、差別と蔑視に基づいた因襲的言語観のもとで人間言語として認知してこなかった悲劇を顧みると、隔世の感を禁じ得ない。

1.4. 日本語の形成とオーストロネシア語族

日本列島へのオーストロネシア語族の渡来の時期は、現在まで明らかになっているアジア大陸の中国南部からのオーストロネシア語族の移動の時期と分布、および上代日本語に基づいて推定された古代日本語の言語特徴の両者を根拠にして決定することができる。すなわち、オーストロネシア語族は紀元前 4,000 年に中国南部の揚子江流域付近を出発して台湾に至り、爾来その

地に居住し現在に至る集団（台湾諸語）と、紀元前 2,500 年からフィリピンに向けて南下する集団（マライ・ポリネシア諸語）とに分かれた。さらに紀元前 1,500 年には、フィリピンから西方のインドネシア方面と東方のオセアニアへの民族移動が始まった。この年代推定は、考古学の成果により行われているが（Bellwood 1997:117–124）、語族の拡散状況とも一致する。また語彙統計学からは、5,200 年前に集団の一部が台湾を後にして南方に向かったという計算結果がでているが、ここには数百年の誤差がある（Gray et al. 2009）。言語構造からみれば、台湾のオーストロネシア語族は複雑な接辞法を維持しているが、フィリピンに至ったマライ・ポリネシア諸語にはその退化が見られ、さらに西部マライ・ポリネシア諸語ではいっそう簡略化する。またオセアニア諸語においては接辞法の著しい退化が起こり、また祖語の開音節化、子音における有声・無声の消失などの音韻的特徴が典型的に現れている。

　台湾、フィリピンと一衣帯水にある琉球・日本列島へのオーストロネシア語族の移動は黒潮に乗るだけであって、到達に大きな困難はなかった。フィリピン以南の東西で発達したアウトリガー（舷外浮材）を装備した準構造船のような手段は必要でなく、筏や丸木舟で十分渡航できたであろう。ただし、大陸方面でも長江辺りから「乗桴浮于海」（筏に乗って海に浮かび）（『論語』巻 3）、漂っているだけでは日本列島に達することはとうてい不可能で、ある程度の航海の知識と技術が必要であったことを考えると、出発地は自ずから限定されてくる。その時期は、もっとも古くて紀元前 2,500 年以降である。これは縄文時代の後期に当たる。接辞法の弱体化状況から判断すると、それが本格的に現れるオセアニアへの移動までには、ある程度の時間的な幅があることは当然であるが、日本列島への移動はそのような過程も含みながら繰り返し行われたと考えられる。日本語史において接頭辞が何ら文法的、有機的に働いていないという指摘があるのも、このようなオーストロネシア語史における接辞法の衰退の歴史が直接反映されているからにほかならない。当然、オーストロネシア諸語にも細部にわたる言語変化がある。しかし、古ジャワ語以外は過去の文字資料がなく、そのような状況にある言語と日本語との関係を年代的に逐一述べることは不可能である。唯一言えることは、熊襲・隼人もオーストロネシア語族の後裔であるが、彼らは当時の大和語（日本語）が理解できず、また大和人の方も彼らの言語が分からなかったという事実である。もとのオーストロネシア諸語の要素を取り込んで、日本語は熊襲・隼人の頃には、現在あるような形にすでに

出来あがっていたからである。

　従来から日本語の系統に関与する言語として、「南方、南洋」の言語も注目されていた。これはオーストロネシア語族をも含む概念と判断されるが、遺憾ながら、研究対象としてこれを正しく認識している論はほとんどない。新村は、「南洋語の語詞構成法をはじめ音韻法も措辞法（シンタックス、崎山注）も日本語や朝鮮語およびウラル・アルタイ系の諸方言とまったく相容れない」と強弁し (1972a:94)、金田一は堀岡 (1927) の汎太平洋語系説を批判して、「南洋語系論者はこの語序 (語順) の問題に力点を集中して事実を明らかにしなければならない」(1992a:369) と述べた。C. アグノエルを引用して、「台湾の土着民やフィリピンの諸言語、とくにインドネシアやポリネシアの諸言語と日本語との間に試みられた比較研究は、何らの証明力ある結果をもたらさなかった」(服部 1959:190) という見解も、何らオーストロネシア諸語の比較研究に裏打ちされた論ではない。いずれも予断と不確実な知識に基づいた見解で、批判のポイントがずれている。とくに、語順のタイプと言語の系統との間には必ずしも密接な関係はない (松本克 2007:65) ことは、すでに明らかな事実である。シンタックスのうち、「形式名詞文」に相当する文の、日本語とオーストロネシア諸語での著しい一致については、第 10 章 3. 形態において触れることになろう。オーストロネシア語族を対象とした系統論としては、上に挙げたラバトンの日本・マライ・ポリネシア語族説 (1924) や、A. N. J. Whymant (1926) のポリネシア諸語と日本語の比較があるが、日本語についての歴史的知識を欠いていたため的外れな議論を展開している (村山・大林 1973:115)。ただし、ポリワーノフ (1976) は、日本語をマライ・ポリネシア語的要素と、朝鮮語およびアルタイ諸語の要素からなる雑種言語 'hybrid' とみた先駆者であった。生物学の定義では、雑種と混合は厳密に区別されるが (雑種は異種交配で、人工的にしか起こらない)、この考えは村山により混合語として理解され継承された。しかし、遺憾ながら村山は、オーストロネシア諸語のどの文法要素をもって混合とみなすのかを具体的に述べていない。ただし、南島語を有力な構成要素とする次のような言明には注目したい。

　　サブストレータム (基層言語) にはさまざまなタイプがあるが、共通していることはその姿が顕在的でないということである。日本語の場合、仮に南島語的下層の上にアルタイ的上層が重なっていると見るならば、アルタイ

的上層は顕在的であるはずであるのに、実際に解明し得るアルタイ的要素は、統辞論上の諸特徴や形態論の一部に限られた語彙であって、「基礎語彙」のきわめて大きな部分(それは、アルタイ系の部分をはるかにしのいでいる)、日本語の重要な特徴である「連濁」のような形態・音韻現象、一連の動詞の南島語と同一の構造は、日本語の南島語的要素をサブストレータムと規定するにとどまることは過少評価ではなかろうか。南島語要素は日本語の有力な構成要素である (1974a:vii–viii)。

その後、日本語形成論として私がこの説をさらに具体的に継承、発展させた。メイエ (1977:140–141) も否定しているが、泉井もまた混合語 'mixed language/langue mixte' の存在は原則的に認めない。しかし、概念を否定するだけでは言語の歴史的実態を解明することにならない。したがって泉井 (1975:15) は、単系説では埒のあかない言語の歴史的動態を説明するために基層・表層という基準を導入し、重層語 'language of double layer/langue à double couche' という概念で言語史における歴史的重要さを説明しようとした。メイエも基層 'substrat' という用語は用いたが、重層語という説明はしなかった。泉井がオーストロネシア語族と日本語との関係を具体的に論じた論文では、「日本語と南島諸語—系譜関係か、寄与の関係か」(初稿 1953) が重要である。しかし、再録稿 (1975:210–238) では、タイトルの副題が「語彙的寄与の関係か」と改められたうえ、結語には大きな書き換えが見られ、日本語の系統についていっそう慎重になっていることがうかがえる。泉井は、マライ・ポリネシア諸語の日本語に対する関係について、

> その系譜関係については対応の規則性らしいものも現れてくる。しかしそれはどこまでも語彙的事実であって日本語の文法的機能と体系に有機的に関与しているものではない。(中略) マライ・ポリネシア語で活発に働いてきた (接頭辞の) 鼻音現象が日本語に生きて働いた形跡もなければ、接辞法も日本語の文法にならびに語彙的派生に関与的に働いたこともない (( ) 内は崎山)。

と述べている。ここで言われている対応の規則性について泉井の建てた規則は、4.4. において検討することになろう。泉井は、日本語の場合にもその形成において、基層語としてのマライ・ポリネシア諸語の古い要素が存在したこと

を認めつつも、この基層語は北方的(大陸的)な言語的統一に服した異系の要素の一つであるとして、日本語は北方系とみる。泉井にとってもやはり、系統は単系なのである。泉井が、村山・大林『日本語の起源』(1973)を日本語系統論の総括的な精算と新知見の提出と評価しながらも、積極的な趣旨と結論の当否は別 (1975:210) と言っているのは、この書物で日本語混合説が唱えられていることへの批判と受け止められる。泉井の指摘している有機性とは、オーストロネシア語族において接頭辞を含む接辞法が文法的に重要な働きをすることを指し、また接頭辞にともなって語幹に鼻音化現象が発生したりしなかったりする現象のことを言っている。しかし、オーストロネシア語比較研究では、先に述べたように、接辞法も前鼻音化現象も、紀元前1,500年以降にフィリピンあたりでマライ・ポリネシア祖語から分かれたオセアニア祖語において消滅するか弱体化(不活性化)していたことが知られる。この事実は、日本語の系統を考えるうえでの重要な鍵ともなる。すなわち、フィリピン方面から日本列島への民族移動が行われたのは、最も早くて縄文時代後期であると、時期を特定するための根拠となる。そして、日本列島に移住した最も遅いオーストロネシア系民族は、薩摩の熊襲・隼人であった。古代日本語にすでに取り込まれていたマライ・ポリネシア系の語彙目録から、彼らを *paRi+*taw (PMP)「鱏、エイに見立てた南十字座、南の方位＋人」、すなわちハヤト [fayi-tö]「南の人、南方人」と呼んだことが知られる。大和王権がこの民族集団を、文化や言語が異なる異民族とみなしていたことが分かる。『延喜式』(隼人司条)には、朝廷の重要な儀式の際、宮殿の入口の外で儀場に入る諸官人に隼人が邪気を払うため吠声を発する、とある。吠声と言っているのは、隼人の祈りの文句にも意味はあるはずであるが、朝廷人には何を言っているのか分からず、吠えているかのように聞こえたのであろう。国語学では、通称のハヤトを古形としハイトは新形とするが(『日国辞』)、その説明は逆であると考えられる (9.2. のハイ期を参照)。また大林(1975a:26–28)が、『日本書紀』(景行12)に記された熊襲の首長の人名「厚鹿文」、姉娘の人名「市乾鹿文」にみえる「鹿文」を、オーストロネシア祖語の *kaya (PMP)「呪力と資産を所有する(者)」に比定し得るかと述べたのは注目される。現代マレー語 orang kaya は「首領、太公、金持ち」を意味するが、権力者が古い意味であり、現代語の富者はそれから派生した二次的意味である。オーストロネシア祖語 *kaya のカヤへの変化には、奈良時代の日本語への音韻変化として規則的で問題がないことについては、4.3. を参照していただきたい。

オーストロネシア祖語における接頭辞は、接中辞や接尾辞に比べて非常に豊富である。日本語に残る接頭辞の起源とその痕跡については、第6章で詳しく検討する。また、語根の開音節化という日本語の重要な音韻的特徴も、このオセアニア祖語分出前の状態を引き継いでいると考えられる。橋本は、国語の音節構造上の特質として、「母音の後に子音の結合する事はなくこの特質は古代に遡るほど顕著で例外を見ない」(橋本進 1950:233) と述べている。このように言語特徴によって渡来時期が推定できるのは、考古学、民族学にも示唆を与えるものと言えよう。とくに、オセアニア祖語期の物質文化に関係する考古学的遺物として、弥生時代に投弾 (土弾子) が九州西北部を中心とする西日本から関東にかけて出土しているのが注目される。また加藤 (1981:156) は、イモにまつわる儀礼として、滋賀・蒲生郡日野町で毎年9月、神前でその大小優劣を競う「(サト)イモくらべ祭」とオセアニアの太平洋諸島 (とくにメラネシア地域) における「ヤムイモ祭り」との類似性を指摘している。滋賀にはそのほかにも、オーストロネシア系文化の痕跡が吹き溜まりのように見られ、『近江国風土記』逸文には、余呉湖に伝わる羽衣伝説 (崎山 1988a) の日本最古の記載がある。また、弥生時代中期 (2,200年前) の滋賀・下之郷遺跡でココヤシの実で作った容器が出土しているが、弥生時代のココヤシの遺物は長崎・原ノ辻、神戸・玉津田中でも発見されているとはいえ、滋賀の遺物は人面を模したものとして国内最古とされる。方言圏としても滋賀は、東日本方言の特徴をもつ福井・嶺北地方、岐阜とは異なり、西日本方言域の東限をなす。

　オーストロネシア祖語における接辞については、接中辞 *-in-, *-um-, *-ar- (*-al-/*-aR-) が再構成されている (Blust 2013:382–392)。それぞれの大まかな機能は、*-in- が完了、*-um- が行為者重点、*-ar- (*-al-/*-aR-) が複数・集合を表す。ただし、接中辞の分布は狭く、現在も生産的なのは台湾とフィリピンの諸言語とミクロネシアのチャモロ語、パラオ語における *-in- と *-um- に限られる。接中辞を痕跡的にしか残していない言語も多い。これらのうち *-in- のみが、オセアニア諸語のうちソロモン諸島のロヴィアナ語 (tavete「働く」・t-in-avete「仕事」ほか)、ホアヴァ語 (to「生きて」・t-in-o「命」ほか) で名詞化接辞として保持されている。*-ar-/*-al- の名残が見られるマレー語については、5.6. で触れる。このように接中辞は、ほとんどのオセアニア諸語では失われてしまったため、日本語にその痕跡を見出すことができない。また接尾辞は、*-an「場所態」'locative voice'、*-en「被動態」'patient voice'、*-ay「未来」が再構成

される (Blust 2013:394-396)。これらの接尾辞の痕跡も、オセアニア諸語、日本語にはないと考えられる。ただし、オーストロネシア祖語の *-an を *-ana と改め、中部太平洋諸語では名詞・動詞の場所接尾辞 *-aŋa/*-ŋa に変化するという説があるが (Starosta et al. 1982:163)、この論では西部マライ・ポリネシア祖語では接尾辞 *-ana の語末母音を脱落させて *-an になるという異常な変化を認めなければならないうえ、オセアニア祖語の *ŋ はマライ・ポリネシア祖語の *n と対応しない (Blust 2013:601) から問題にならない。そのほか、西部マライ・ポリネシア諸語において局地的に現れる方向性を示す接尾辞 *-akən (?)（例えば、マレー語 -akan：ジャワ語 -akən：パラオ語 -ákl）を原形とするオセアニア祖語 *-aki(ni) (Blust 2013:453) も、日本語への痕跡は認められない。オーストロネシア祖語全体で重要な接尾辞については、ブラストは個別言語の例にChapter 7 で触れてはいるが、その接尾辞は他動詞化の接尾辞 *-i である。この*-i は、指示詞の i と語源的には同じであるが、オセアニア諸語を含むオーストロネシア諸語、そして日本語においても維持されている（第 6 章 06 の i を参照）。接尾辞 *-i は、台湾諸語では目的語・場所を重点化する機能をもつのが一般的であり、チャモロ語では関係者重点となるが、フィリピン諸語では、イトバヤト語で義務法 'debitive mood'（Yamada 2014:51, 78-79）となるような場合を除いて一般的ではない。なお、名詞化 *-an と類似した機能をもつ日本語の形式名詞「こと、もの、ところ」との対照は第 10 章 3. で行う。

　これまでの日本語系統論における言語間での意味の取り扱い、とくに意味変化への対応とその解釈については、非常に遺憾な点が多かったことを率直に認めたほうがよいだろう。第 4 章以下の各項の説明のなかでも明らかにしてゆくが、確かに比較研究において意味変化のとらえ方の正攻法というものはない。意味変化の実例・分類は示すことができても（『言大辞』「意味変化」）、それは結果論であり、変化の一般的原則にまで言及しているわけではない。しかし、言語の比較において意味変化の問題を素通りしてゆくわけにはいかない。メイエは、この点についても注意を喚起している (1977:71)。

　　意味のズレがあるとすれば、それは曖昧で一般的な可能性によってではなく、その特殊な事情によって説明さるべきことを要求しているのである。

　メイエは、特殊な事情について具体的に多くを述べてはいないが、示されたフランス語の ouaille「教会の信徒」がラテン語の ouicula「牝羊、仔羊」に由来す

る例は、歴史的・宗教的な理由による。特殊な事情は、民族集団ごとにその文化と言語において異なるのが当然であり、単純に一般化できるものでない。このズレを説明するために、私は日本文化、オーストロネシア系文化における地域的な民俗知識をできるだけ活用しながら、意味変化を説明するように努めた。民俗知識によって説明できないような、あるいは民族の世界認識に普通は起こり得ないような意味変化を想定することを、当てずっぽうと呼ぶ。

1.5. オーストロネシア語族の特徴

　オーストロネシア諸語は一つの語族を形成し、オーストロネシア語族には世界の言語の5分の1、約1,300語が含まれる。その故地としては、考古学の知見である農耕習俗、人口増加、土器製作などから、紀元前4,000年頃、中国大陸南部から台湾に移動した民族が、さらにその後、台湾に留まった民族と台湾から南下した民族の拡散によって現在の分布が形成されたとみる点で、言語学の成果とも一致する。その分布は、最も古い故地としての北端は台湾、西端はマダガスカルで、分布域の中央部にマレー半島、インドシナ半島、インドネシア、フィリピンを含み、そしてオセアニアのミクロネシア、メラネシアから東はポリネシアのイースター島にまでおよぶ。民族の出発地域と推定される中国南部呉越地方にオーストロネシア語族の痕跡を見出すことは困難であるが、現在、その地域にはチベット・ビルマ諸語、カム・タイ (壮侗) 諸語、ミャオ・ヤオ (苗瑤) 諸語、オーストロアジア諸語、ヴェト・ムオン諸語など、系統の異なる多くの言語が広がり、かつてこの地域で言語的興亡が盛んであったことをしのばせる。とはいえ、前漢末の揚雄の『方言』などから呉越の言語と考えられる「越語」資料では、積極的にオーストロネシア諸語と同定できるデータは得られていない (崎山 1990:457–483, 1991:248–25)。現在の越系言語は単音節語であり、複音節を特徴とするオーストロネシア系言語とは厳密な比較が困難である。したがって、タイ・カダイ諸語の2人称複数と台湾諸語の2人称単数は /su/ を共有するから、台湾諸語はこの百越の一派である (松本克 2007:289) という提案は不十分の域を出ず、もしそうなら上代日本語でも2人称 (3人称) はソ・ソれ (其、夫) であるから、ソだけで日本語を直ちに台湾諸語に結びつけてもよいということにもなりかねない。

　比較言語学と考古学の成果を総合した結果、現在、オーストロネシア語族の下位区分は、次のように行われる。従来、オーストロネシア語族はマライ・ポ

リネシア語族と同義であったが、新しい分類では台湾諸語を除いた言語(エクストラ台湾諸語)をマライ・ポリネシア諸語と呼ぶ。紀元前4,000年頃、中国大陸南部から台湾に移動した民族集団は、紀元前2,500年頃、集団の一部が台湾を南下しはじめ、現在のマライ・ポリネシア諸語が形成された。これは日本の縄文時代中期に相当するが、フィリピンから直接、日本列島に最初に渡来したのはこの語派の一派であったと考えられる。また従来、メラネシア語派、ポリネシア語派と呼ばれた語派は、オセアニア諸語として統一される。マライ・ポリネシア祖語からオセアニア諸語への分岐は紀元前1,500年頃に起こったが、これはニューギニア島北方のビスマーク諸島におけるラピタ土器の出現時期ともほぼ一致する(Lynch 1998:56–57)。細かく分類すると、マライ・ポリネシア諸語はさらに西部マライ・ポリネシア諸語と中東部マライ・ポリネシア諸語とに分かれ、また後者から中部マライ・ポリネシア諸語、南ハルマヘラ・西部ニューギニア諸語とオセアニア諸語が生れた(Bellwood 1997:100–106, Lynch 1998:47)。このうち、地域的に隣接する中部マライ・ポリネシア諸語と南ハルマヘラ・西部ニューギニア諸語はオセアニア諸語とも共通した特徴を保持する一方、インドネシア西部、インドネシア・パプア州に先住したパプア諸語からも多くの言語干渉をうけて形成された。また、オセアニア諸語のうち、ニューギニア島およびメラネシア地域に分布する(古い名称では、メラネシア語派)諸言語も、先住のパプア諸語から多くの言語的影響を受けた。図1は、オーストロネシア語族の分布をアルタイ諸語の分布とともに示したものである。現在の日本列島は、両諸語が後退したあと、両諸語によって挟まれたような状況にある。

　オーストロネシア語族は、その言語の多さと言語史の長さにより言語構造も多様性に富み、一括してその特徴を述べることは不可能である。その比較研究は言語資料の充実とともに精密化しており、再構成された祖語形も数千語から1万語に達する。また、同じ語族内、語族外の言語との間でいろいろな言語接触を起こしている場合も多い。このような接触による変化は、オーストロネシア語族域以北で接続している日本語の形成を考える際にも参考とすべき点が多い。次の比較は、Blust (1988:49)を修正したものである。

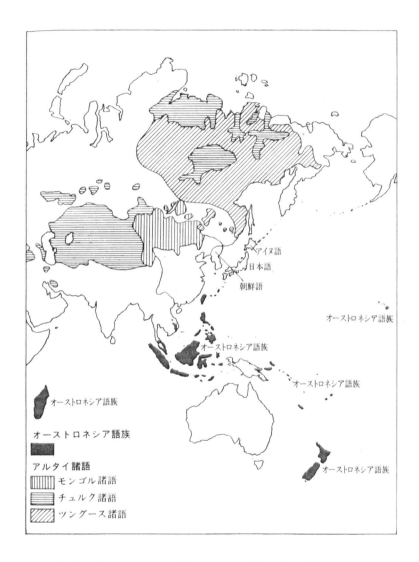

[図1]　オーストロネシア語族とアルタイ諸語の分布（崎山 1999 より）

1.5. オーストロネシア語族の特徴

	台湾祖語	マライ・ポリネシア祖語	
(1)	*Cəbus	*təbuh	「サトウキビ」
(2)	*saləŋ	*saləŋ	「マツノキ」
(3)	*bəlbəl	*punti	「バナナ」
(4)	*DakəS	—	「クスノキ」
(5)	—	*kuluR	「パンノキ」

　この植物名称の比較では、(2)のように両祖語で同じ形が得られる場合もあるが、(1)では再構成された祖語音が異なる。(3)は、それぞれが異なる祖語形をもつ。(4)(5)は、植物の植生分布に限界があるため、地域的語彙となっている例である。この例のように、オーストロネシア語族の再構形は、インド・ヨーロッパ語族の特徴である単音節の語根が結合して複合語や派生語を構成し、語形が長くなる場合とは異なり、単音節の語根を提示する方法にはなじまない。当然、ここに示したような複音節(3音節語も少なからずある)が語根として認められ、このような特徴がオーストロネシア祖語をはじめ、地域ごとの二次的再構形としても認定されている。祖語としても、数千年の言語史において原祖語からの変化があるのみで、その後の共通の言語文化時代をまったく認めない単一祖語の発想は改められ、この分野における比較研究の功績者デンプウォルフ(Dempwolff)の『オーストロネシア語語彙比較音韻論』(1934–1938)からは方法論が大きく進展した。

　次に、マライ・ポリネシア祖語からの例を示す。回輝語は海南島で話されるチャム諸語の一言語であり、フィジー語、サモア語はオセアニア諸語に属する。

		マレー語	タガログ語	マダガスカル語	回輝語	フィジー語	サモア語
(1)	*mata「目」>	mata	matá	(masó) バントゥー語借用語	(tin^{33})ta^{33}	mata	mata
(2)	*dilaq「舌」>	lidah	díla?	lelá	la^{55}	dilo 「あざけり」	(a-)lelo 「喉ひこ」
(3)	*taŋan「手」>	taŋan	táŋan 「保つ」	tanána	ŋaan^{33}	taŋa 「手提げ」	taŋa 「手提げ」
(4)	*uRat「筋」>	urat	ugát	ozáṭa	za^{24}	ua	uaua
(5)	*qatay「肝」>	hati	atáy	atí	taai^{32}	yate	ate

オーストロネシア語族の周辺部では祖語形（CVCVC または CVCV）を開音節化する傾向があることが、マダガスカル語、オセアニア諸語の例からも分かるが、オセアニアのとくにポリネシア諸語では、子音脱落により徹底的に開音節化（CVCV）される。この傾向は、インドネシア東部の諸言語の一部にすでに始まっている。その回輝語（自称 Poi^{24} Tsaan^{21}「占語」、右肩数字は声調を表す）はマレー諸語の一つで、チャム語（インドシナ半島）から西暦 10 世紀以降に分岐した中国海南島の言語である。

　この例から、祖語形を開音節化する傾向（アメリカの言語学者 E・サピアの用語で言えば「駆流」'drift'、言語変化にある一定の方向性があること）のあることが、周辺部のマダガスカル語、オセアニア諸語の例からも分かるが、ポリネシア諸語では開音節化のほか、子音の有声・無声の対立も失う。この傾向も、インドネシア東部の諸言語の一部で観察することができる。したがって、見かけが開音節（母音終わり）であるという現象だけで、現代のポリネシア諸語と日本語を直接比較することは時代をはき違えている。北方の日本列島に渡来したマライ・ポリネシア祖語にもすでに開音節化の素質があり、日本語の形成のなかでそれを発揮したことが十分に考えられる。

　日本列島に至ったオーストロネシア祖語形の CVCVC（または CVCV）は、日本語のより古い形のなかに保持され、西日本方言の長母音はオーストロネシア祖語形からの変化形として説明することができる。また、声調をもつ回輝語のような例があることは、古代日本語でも一部の語彙についてオーストロネシア祖語形の複音節語が単音節化した結果、代償的延長により長母音化およびアクセントを発生させたことを示唆する。このような古代・上代日本語の長母音が、現在の東日本方言の単音節語となっているのである。日本語には元来、長母音は存在しなかったという有坂（1957:399–403）の説があるが、もしそうなら、単音節の関東方言に対応する関西方言形はいかにして説明が可能であろうか。音声学的には、短音が長音に変化するメカニズムは説明できないのである。この点で、有坂説は誤りと言える。言語表記における音引き（長音符号）は、江戸時代以降、儒者によって始まったとされる。ただし、音引きが外国語のアクセントを区別するために用いられている江戸中期の例がある。森嶋中良『紅毛雑話』（天明 7［1787］）では、長崎で記録したマレー語に「人の立チ騒ぎてさうざうしき時、ヤガンマーイマーイといふて制す」（Jangan main-main.「遊ぶな、ふざけるな」）などと書いている例があがっており、音引きを用いて音節に

強さアクセントがあることを示している。神楽歌や催馬楽の譜に記された母音を重ねて表す音引きは、音楽上の長音符（全音符、二部音符など）のことであって、言語学上の長母音とは区別すべきであろう。言うまでもないことだが、それ以前に音引きの表記法がなかったということと、長母音が存在したということの間には何の矛盾もない。むしろ、不規則的（非原則的）ながら、剰字をそえて長母音であることを示そうとした努力に注目しなければならない。すなわち、オーストロネシア祖語形からは、アクセントを語頭母音にもつ語と語末母音にもつ語が日本語で区別され、それぞれの要素が日本語で長母音化したことを意味する。私は、それぞれを 1 群、2 群とし、残る非弁別的アクセントをもつ語を 3 群として区別する案を提唱するが、これについては、4.2. で詳しく述べる。

　オセアニア諸語と統一して扱われるメラネシア諸語とポリネシア諸語では、文法的事実の細部において異なる発達が見られた。例えば、譲渡可能・不可能を区別する各種の範疇詞を発達させたメラネシア諸語と、所有代名詞や属格小辞の母音交替 (a/o) でそれを区別するポリネシア諸語とでは、基本的に文法の仕組みが異なる。しかし、メラネシア地域にも分布する、ポリネシアから逆戻りした外郭ポリネシア諸語 'Polynesian outliers' も含めて、ポリネシア諸語は文法的に高い均質性を見せるのに対し、メラネシアの諸言語は異常なほどの多様性を示す。オセアニア諸語という概念は従来のメラネシア語派とポリネシア語派を総称するものであるが、実質的内容にはこのような大きな違いが存在する。基層言語となったパプア諸語からオーストロネシア語族が受けた重要な変化として、範疇詞によって所有されるものを範疇化する現象がある。このような範疇化の有名な例はアフリカのバンツー諸語にもみられるが、パプア諸語でも外的世界を識別し表現する言語的仕組みが発達している。そのなかでももっとも多様性に富むのはナシオイ語（パプアニューギニア・ブーゲンビル島）で、50 の名詞類が区別される。

　そのような文法的レベルでの識別法が存在しないマレー語では、-ku「私の」(1 人称単数所有代名詞接尾辞) を付けて示すと、mata-ku「私の目」、ubi-ku「私のイモ」、air-ku「私の水」、balai-ku「私の館」のように、同じ接尾辞が一貫して用いられる。しかし、メラネシア地域のフィジー語の場合、外部世界は四つの範疇に分けられ、この範疇のなかで所有接尾辞を直接付けることができるのは、身体部位名称と親族名称に限られ、mata-qu [ŋgu]「私の目」、tama-qu「私

の父」のようになる。後天的に獲得される食べ物、飲み物、それ以外のものに対しては、それぞれの範疇を表す語（範疇詞）にしか所有接尾辞を付けることができない。先のマレー語は、フィジー語では、ke-qu uvi「私の食べ物のイモ」、me-qu wai「私の飲み物の水」、no-qu vale「私の持ちものの家」のように区分される。また、食べ物や飲み物の範疇が、常識的に考えられるものとは異なることもある。例えばフィジー語では、ke-qu balavu「私の体の丈(たけ)」は食べ物の範疇に含められる。ミクロネシアのチューク諸語でも、各言語にこのような範疇詞が30近くある。チューク語では、身体部位名称と親族名称にのみ所有接尾辞を直接付けることができるが、「私の(-y)魚(iik)」と言うことは不可能で、魚がどのような状態にあるのかを eney iik「私が調理した(ene-)魚」、wocháay iik「私の調理していない生(wocháá-)の魚」、niyapey iik「私がやすで突いた(niyape-)魚」、émétiy iik「私が弁当にする(éméti-)魚」、neyiy iik「私が飼っている(ney-「子」)の魚」などのように、状況に応じて範疇詞に所有代名詞を接尾させて表現し分けなければならない。このようにメラネシア・ミクロネシアの一部の地域の言語は、範疇詞の存在によって特徴づけられる。このような自然に対する識別法は、ポリネシア諸語にももたらされた。ただし、ポリネシアでは、人間を中心として世界は先天的(本来的)に存在する部分と後天的に存在する部分とに二分される。ハワイ語では、天、神、祖先、両親、土地、家、衣類、身体、感情などは前者に、食べ物、飲み物、言葉、配偶者、子供、子孫などは後者に分類される。その表現方法はメラネシア諸語と異なり、所有代名詞の母音が前者では o、後者では a となるのが特色である。例えば、レイは ko'u lei「私の着けているレイ」と ka'u lei「私の売り物の(人にあげてもよい)レイ」とに区別される。ポリネシア諸語のこの現象は、o 類が「譲渡可能」'alienable'、a 類が「譲渡不可能」'inalienable' と呼ばれることもあり、所有代名詞の基本母音をこのように交替させて表現するのが原則である。オセアニア諸語として統一して呼ばれても、このような大きな形態論的相違があることに注意しなければならない。ただし、ミクロネシアの、西部マライ・ポリネシア諸語に含められるパラオ語でも範疇詞の発生が見られ、例えば、cherm-ek［ʔərmek］əl katuu「私の(-ek)ペット(charm「動物」)の(əl)猫(katuu)」と、接尾辞を直接付けてつくる katu-ngek「(比喩的に)私の(-ngek)恋人」とでは意味的な区別がある。ベラウ人の身体形質はメラネシア人に近似し、土器もメラネシア方面のそれと関係する可能性が指摘されているが(高山 1987:131)、言語にもオセアニア語的特徴が見られる

わけである。また日本語との関係で言えば、格助詞の「が」と「の」の属格的用法には待遇表現上、区別があるとされ（『日国辞』の「が・語誌」）、人を表す体言を受けた「が」はその人物への親愛、卑下の感情が、また「の」で受けた場合は敬意、心理的距離があるというのは、前者が一体的で譲渡不可能であること、後者は譲渡可能であることと対応し、オセアニア語的発想の名残と言えるであろう。また大野晋も、「が」は自分のウチに属する人物、「の」は（ソ）トの部分にあるものにつく助詞という説明をしている（1974:178–180）。語源としては、「が」がツングース系属格接辞（*-ŋgai > *-ŋī）起源（村山・大林 1973:160）、「な」はオーストロネシア語系 *na/*no（二次形）(4.6.88) 起源と考えられる。

　シンタックスの面では、中央マライ・ポリネシア諸語と南部ハルマヘラ・西部ニューギニア諸語は、オセアニア諸語と共通した特徴、例えば、被所有物に対する譲渡可能・不可能を文法的に区別する範疇化を行う一方、インドネシア東部からメラネシアにかけて先住していたパプア諸語から多くの言語干渉を受けて形成されたと考えられる。ニューギニア周辺では、オーストロネシア語元来の SVO という語順を SOV に変化させるいくつかの言語も現れた。パプアニューギニアのトクピシンと並ぶ公用語の一つであるオセアニア諸語のヒリモトゥ語もその例である。ただし、マダガスカル語は VOS、ポリネシア諸語は VSO、またフィリピンの諸言語は VOS（VSO、S が代名詞主語）、台湾諸語は VSO/VOS であるなど、世界の言語のなかで動詞が文の先頭に立つのは、そのほとんどがオーストロネシア語族の周縁部に位置することは注目される。この現象の語史的解明は、なお今後の研究課題である。

　デンプウォルフの比較研究は、方法論的にオーストロネシア祖語（当時の概念では、マライ・ポリネシア祖語と同等）というレベルしか認めなかった。しかし現在では、オーストロネシア語族の下位的祖語群を再構成するのが、比較研究における潮流となっている。時間が経過する過程で共通の文化をもつ地域が形成され、そこで特徴的な言語変化と地域的（二次的）な祖語形が発生したことは言語史においては大いにあり得ることである。オーストロネシア言語学において地域的祖語という発想が現れることは、数千年の歴史をもつ言語史では当然考えられることで、その下位群は民族移動の歴史のなかで形成された言語文化圏の節目節目をも表しているのである。このような地域的祖語については、私もミクロネシア祖語（1980）、ヌサンタラ祖語（インドネシア島嶼部諸言語の祖語）(2012) などについての考察を発表している。

オーストロネシア語族はアジア大陸のどこから出て、どこから海洋に乗り出したのか、この故地の問題とも関係するが、泉井はかつて次のような疑問を呈した (1975:119)。

> マライ・ポリネシア語においては、一見、一般の言語史の常識または期待に反して、原共通態からより早く分出して共通態のより古い言語層を示すべきものほど、音韻の喪失と変容がより著しく、分出がより遅く、より新しい言語層を示すべきものほど、最も古い原共通態的な音韻体系を保持する率が高い。

このような考えに至ったのは、当時はマライ・ポリネシア語族の移動は中国南部から南下して、マレー半島あるいはインドシナ半島から東南方に広がったと一般的に考えられていたためで (例えば、Heine-Geldern 1932, ケルン 1958)、マレー語を含むインドネシア中枢部の諸言語の接辞法が比較的単純で、台湾、フィリピン、ミクロネシア西部のそれが複雑なことから発せられたのである。しかし現在では、この疑問は解消したと考えられる。

ここ2～30年の間にマライ・ポリネシア比較言語学は、分類、故地などをめぐって考え方に大きな進展があった。台湾をオーストロネシア語族の民族移動の拠点と位置づけ、新たな分類が提案されたのである。台湾からフィリピンにかけての諸言語およびミクロネシア西部のチャモロ語、パラオ語は、複雑な接辞法 (接中辞を含む) をもつという特徴がある。ロシアの育種学者 N. I. ヴァヴィロフの、栽培植物の起源地は比較的狭くまとまった地域に遺伝的変異が見出されるという説へのアナロジーとしても興味深い。ヴァヴィロフの発言でもう一つ注目されるのは、イネの原産地がフィリピンおよびその付近の群島ではないかと考えたことで (盛永 1969:333)、この点に関しては 5.1. および第 8 章で再び述べる。

1.5.1. 語構成法とアクセント

オーストロネシア語族はインド・ヨーロッパ語族と異なり、語構成は単音節の語根結合によるという方法論にはなじまない。当然、語根として複音節語が比較され、この語形がオーストロネシア祖語をはじめ、地域的な二次的祖語形としても認定される。

オーストロネシア語族におけるアクセント全般の問題は 4.2. で述べるが、こ

こでは複音節の単音節化による音韻代償の結果、声調を発生させた言語につい
て触れておく。西暦10世紀頃、現在の中国海南島に移住した、当時のインドネ
シア半島占城国(『後漢書南蛮西南夷列伝』で西暦2世紀の林邑国の後裔)のオー
ストロネシア語族チャム人の分派である回族(イスラム教徒、通常は中国西北
部の寧夏回族を指すが、無論それとは別である)の回輝語(漢名 Hui-hui hua = 自
称 Poi^{24}Tsaan^{21}「占語」。回輝語の現地呼称を Utsat と呼んではばからないオー
ストロネシア語学者がいるが、u^{11}tsaan^{21} は「占人」という意味(倪[Ni]1988:19)
である。u^{11} は *uRaŋ (4.6.26) の前部要素に由来し、複合語としてのみ用いら
れる)がそれである。回輝語では現在、7種の声調が区別されるが、このうち2
種が入声 (-k, -t) をともない中古中国語に由来する (鄭 1997:25–32)。このよう
な変化への契機となったのは、海南島の先住民言語の黎(リー)語をはじめとする、単
音節の声調言語との接触であった可能性がある。また、有声の b, d が声門閉鎖
音をともなう ʔb, ʔd のような複合音素になるのは、接触した黎、海南語(瓊(ケイ)
文語)の影響であろう。回輝語の ŋaan^{33} kau^{33} ki^{35} は、マライ・ポリネシア祖
語形 *taŋan-*aku-*sakit(手・私・病む)「私は手が痛い」から声調をともなって
変化した語から構成された文例である。チャム語では taŋin kau hakik、マレー
語では taŋan aku/-ku sakit と言う。さらに、回輝語は接辞法をすべて失ってし
まったこともその特徴である。一方、混合要素として、シンタックス全般に中
国語的表現の影響が認められる。ただし、kau^{33} pha^{33} ta^{11} puən^{11} khaan^{21} pha^{33}
nau^{33} (私・与える・一・本・巻・に・彼)のような二項他動詞文では、中国語
の「我給他一本書」とパラレルにならず、間接目的語に前置詞(兼動詞)をとも
なっているのはマレー諸語の特徴に従う。

1.5.2. 接辞法

オーストロネシア語族は、体系的な接辞法をもつことで特徴づけられる。こ
とに接頭辞の発達は著しく、接尾辞、接中辞がそれに次ぐ。台湾諸語、マライ・
ポリネシア諸語は最も洗練された接辞法をもち、連接辞や共接辞も発生させて
いる。ミクロネシアに位置するチャモロ語、パラオ語がマライ・ポリネシア諸
語に属するのはこのためである。しかし、東に進むにつれ、オセアニア諸語で
は接頭辞は減少し、接中辞、接尾辞はほぼすべての言語で失われる。この現象
は、言語接触によって回輝語でも起こった。接辞法については、第6章で述べ

る。また、シンタックスに関わる特徴として、次の 1.5.2.1. に例示する辞順の構成がある。

1.5.2.1. 人称接辞の用法

とくに接辞が関係しているシンタックスの特徴として、「辞順」'affix order' の存在を指摘できる。中東部マライ・ポリネシア諸語の多くの言語は、動詞句を中心とした辞順をもつ。このような構造を、「動詞複合句」'verb complex' と呼ぶこともできる (Lynch 1998:103)。SVO や SOV というのは実は見かけ上の語順であり、S, O と前方照応 'anaphora' した主語 (目的語) 接辞 (s, o) が動詞句を構成し、固定した順序をなしている。このような sV(o) という構造の辞順をもつ点で、中東部マライ・ポリネシア語群はオセアニア型構造をもつと言える。

中東部マライ・ポリネシア語群に属するインドネシア東部セラム島のアルネ語の例を示そう。

　　　Tamata hena si-abeli iane. (人・村・彼ら-売る・魚 = SsVO)
　　　「村人たちは魚を売る」

次に、オセアニア諸語に属するパプアニューギニアのヒリモトゥ語の例を示そう。

　　　Morea ese boroma ia-ala-ia. (人名・が・豚・彼-殺す-それを = SOsVo)
　　　「モレアが豚を殺した」

一方、パプア諸語の多くは (o)Vs、そのほか数種類のタイプをもつ点でオーストロネシア語族と基本的に相違しており、たとえ言語干渉があってもこの部分にまで影響は及びにくい (崎山 1986)。

上記のアルネ語では SsVO で、sV の si-abeli は複数の人称接頭辞をともなうが、この si はマライ・ポリネシア祖語の *si にさかのぼる。ヒリモトゥ語ではオセアニア型の SOsVo で、ia-ala-ia は sVo に相当する。松本氏は、インドネシア東部からミクロネシアにかけて分布するオーストロネシア諸語における接辞法として辞順に言及してはいるが (松本克 2007:133)、全体として見かけの語順論に終始する点で (松本克 2006:157–165, 207–225, 2007:53–54)、文法特徴の細部にわたる言語間の比較には至っていない。中国から東南アジアに及ぶ広大な地域の南方群諸言語の大部分 (ミャオ・ヤオ系、タイ・カダイ系、オーストロ

アジア系、オーストロネシア系、シナ・チベット系の諸言語のみで、パプア諸語は含まれていない)がSVO型の語順と前置詞をもつ(松本克 2007:124)というのも、非常に粗い説明であると言わざるを得ない。またパプアニューギニアの、いわゆるオーストロネシア語2型(Capell 1976a:244)では、見かけの語順でさえSOVに変化する。2型はインドネシア側には少なく、トバティ語(パプア州ヨテファ湾)から沿岸沿いに東側のパプアニューギニアへSVO型と交錯しながら現われ、マイシン語を経てニューギニア島東南岬のミルヌ湾のウェダウ語から西に回り込み、モトゥ語(ポートモレスビー)から北西部のメケオ語に至る。上記のヒリモトゥ語は、モトゥ語のクレオール化した言語である。さらに2型は、ニューギニア島東部のブーゲンヴィル島南部のウルアヴァ語、トラウ語にも見出される。ニューギニア島のオーストロネシア語族は約100言語からなるが、SVO型とSOV型とはその数をほぼ折半している。

　このような接辞法が、上代日本語における接頭辞の用法にも存在したと考えられる。例えば、*i->イ「毛野の若子イ笛吹き上る」『日本書紀』(継体24)の3人称単数接頭辞は、*si->シ「毎年に鮎シ走らば」『万葉集』(19:4158)の3人称複数接頭辞と文法的に対立する。鮎が一匹(単数)で川を遡上することは起こり得ない。シの複数機能は非限定をも表すから、2人称代名詞に転用されたシは、婉曲的に対等者か目下に向けられる。例えば、「三枝の中にを寝むと愛しくシが語らえば」『万葉集』(5:904)。このシは、「そち」と解釈できるものである。このようなイ、シの文法上での相関について、橋本が、サ行子音とそれを脱落させたいくつかの具体例とともに例示し、「イはもともと指示代名詞でシと関係あるものと推定したとしてもそれは必ずしも附会ではない」(橋本進 1969:144)、と述べたのは、オーストロネシア祖語形においては語源が別であることは措くとしても卓見であった。また、このイとシの用法について板橋(1999:50–51, 2001)は、「偶然の一致や借用でなく(オーストロネシア語族と)同源である」と言い、日本語の言語混合を肯定している。このような人称接辞を含む人称代名詞について、詳しくは第7章で述べる。

1.5.2.2. 派生接辞の用法

　オーストロネシア語族においては、人称接辞のほかにも派生語を産み出す接辞体系が発達している。上代日本語文法における接頭辞の扱いは、強調を表わすとか、語調を整えるというような無意味な「音添加」という説明に終始してい

る。しかし、起源からそのような状態であったと認めることは、言語史の解明を放棄したことと同断である。阪倉は、上代日本語における「マ、サ、カ、タ、イ」などは接頭辞として注目に値する (1990:302) と述べた。これらはオーストロネシア祖語形の *ma-, *sa-, *ka-, *ta-, *i- などと対応するが、それぞれの機能は、基本的には語幹に、性質・状態、一体性、被災的受動、無意図的受動の指示を、そして *i は位置・場所を指示する機能をもつ。さらには、使役のハも *pa- (> fa-) と対応し、接頭辞群に加えることができるだろう。奈良時代には接頭辞の機能が低下していたことは事実であるが、その用例からかすかな過去の情報を読み取る努力をすべきである。例えば、国土に対する美称として用いられる「マほら」『万葉集』(「マほろ」『古事記』は二次形 'by-form') は、マライ・ポリネシア祖語形の *ma-bulat「円い、丸くある」に由来すると考えられる。オーストロネシア諸語と日本語の接頭辞の対応については、第 6 章で詳しく述べる。

1.5.3. シンタックス

　ニューギニア島とその周辺の島々は、数万年前から先住民族のパプア諸族が住む地域で、現在では系統関係の不明な数百の言語が話されている。トランスニューギニア大語族という分類がなされることもあるが、これは非常に粗い比較によって全体を一括しているにすぎない。個々の言語的特徴は大きく異なるが、共通するのは見かけの語順が SOV ということで、この地域で言語接触したマライ・ポリネシア語派のなかには、SVO が SOV に変化する言語も現れた。パプアニューギニアでトクピシンと並ぶ公用語の一つである、ヒリモトゥ語 (SOsVo 型) もその例である。同じ変化は、17 世紀半ばにスリランカに移住させられたマレー語の話者 (現在、約 5 万人) によって話されるスリランカ・クレオールマレー語にも現れた。*Ethnologue* (Online version, 2015) では、その名称どおりクレオールに分類されているが、Ansaldo (2008) はタミル語、シンハラ語が優越する言語環境のなかにあって、スリランカ・マレー語はクレオールではないという。とはいえ、その混合性については否定していない。スリランカ・クレオールマレー語の混合性の特徴としては、マレー語の見かけの SVO が SOV になったこと、マレー語の前置詞の一部が後置詞になったことがある。さらに詳しい特徴については、第 3 章で述べる。

第 II 部

日本語形成論への展望

ツングース諸語の言語要素

* 第2章 *

　日本語の形成に関与したオーストロネシア語族の言語要素は、概略1.5.のようであった。しかし、日本語の全体像はオーストロネシア語族だけで解明することはできない。とくに接尾辞（助詞・助動詞）を中枢部とする文法体系は、いわゆる北方系の言語のもつ特徴を濃厚に保持している。北方系の言語との関係では、従来、日本語はアルタイ語系かと言われ、また最近では、満州語を中心にしたツングース系諸語との系統的関連性が民族学的にも有力視されている。このような北方系の言語が、日本列島の先住民の言語として、オーストロネシア語族の渡来以前に日本列島のとくに東日本以北に偏在していた。これまで諸家によって明らかにされてきたツングース諸語の要素とその問題点を次に整理しておく。

　ツングース語の語順は主語‒目的語‒動詞（SOV）で、文法的な働きをする助詞、助動詞に相当する要素も豊富である。とくに、動詞・形容詞の活用語尾は、その多くをツングース語に負っている。動詞の未然形は語幹にツングース祖語の未完了（アオリスト）語尾 *-ra（*-rə）が、また連用形は分詞形成語尾 *-rii（*-ri）が接尾した形であることは、メンゲス（K. H. Menges）、ラムステット（G. J. Ramstedt）、ベンツィング（J. Benzing）らを承けた村山・大林（1973:169–170）、村山（1979:223–226）、池上（1978:86）によっても指摘されている。

　日本語の動詞活用の基本は四段と一段・二段からなるが、上代語では活用語尾（イ列とエ列）の母音が四段・一段と二段とで異なり、四段・一段はいわゆる甲類、二段は乙類（ただし、四段のエ列已然形を含む）の母音で区別された。結果的に、このような日本語における動詞活用の範疇が生まれた原因は、以下に述べるように、ツングース系語尾とオーストロネシア系語尾の違いにあると

考えられる。動詞の起源が語史的に異なる例としては、英語動詞の -ish (finish, punish ほか)、-er (enter, render ほか) という語尾がそれぞれ、ノルマンフランス語の現在複数形と不定法の動詞語幹に由来するケースがある。

例えば、「飲む」(四段) はオーストロネシア語系語幹 *num- にツングース語系の語尾 *-ra が付いて未然形 *num-ra > *numma (順行同化) > *numa「飲ま」が、*-ri が付いて連用形 *num-ri > *nummi > *numi「飲み」が形成された。このような促音 (撥音) には、後続音によって m, n, ng, ... pp, tt, kk, ... のような種々の相違があったけれども、平安時代末期頃まで発音上では意識されず、表記面では仮名で「ン」「ム」と書かれたり、書かれなかったりした (濱田 1946:89)。上代日本語の動詞の半数以上がこの四段活用の動詞で占められる。なかでもラ行四段活用が優勢なのは、語幹として -ra, -ri をとる動詞が有力だったからであると村山は言う (1979:223)。

古代日本語の動詞活用形においてツングース系 *-r- が弱体化したのは、現代日本語の各地の方言に見出される語中のラ行音の消失傾向に見られる。以下、ランダムに方言例、文献から現代語の変化例を掲げる。

関西方言で「それで」がソイデ・ホイデ、首里方言で「(受溝) 走溝」が (ウキンジュ) ハインジュ (稲作発祥の地)、「とり (鳥)」がトゥイ、「とる (取る)」がトゥユン、宮崎方言で「あがれよ」がアガイヤン、金沢方言で「行かれた (敬語)」がイケタ、「ありがとう」がアンヤト、高知方言で皿鉢が「サワチ料理」、敦賀方言で「かぶら (蕪)」がカンバとなる。また、動詞連用形が、標準語では「上がりて」がアガッテ、「走りて」がハシッテ、「借りてくる」が金沢方言でカッテクル、「放りて」が関西方言でホッテ (＝捨てて、投げて) などと促音便化する現象とも無関係ではない。現代語において、「読まれる」が「読める」となるような可能の助動詞「れる・られる」の衰退も、日本語形成史において文字資料に基づき「音便」という術語で一括して定義される以前から、語頭のみならず語中においてもラ行音を忌避する現象が脈々と水面下で継続されていたと考え得るであろう。

推量の助動詞ラム、ラシは動詞終止形 (ラ変は連体形) に付くが、すでに奈良時代に、見るラム、有るラシという規則形に対して、ルを省いた見ラム、有ラシの例があり、同じく推定の助動詞ケリに付いたラシの例として、ふりケラシ「許能多氣仁比例布利家良之＝この嶽に領巾振りけらし」(この山頂で肩掛けを振ったらしい)『万葉集』(5:873) のように、規則形ケルラシ (ケリはラ変型) からルの落ちた例も見られる。橋本は、「之はどうした性質のものか判らない」

(橋本進 1969:400–403) と言うが、日本語古来のラ行音忌避傾向の例と言えよう。また、現代日本語の過去・完了などの助動詞タは上代日本語タリのリが脱落したもので、その音便化は平安時代末期に始まっている (橋本進 1969:372)。鳥取の語源は、トリトリヘ「鳥取部」『古事記』(中) がトトリになり、平安時代以降に促音便が発生したことによる。オシキは「折敷」が語源であるが、平安時代にすでにヲシキ『京極御息所裏子歌合』(延喜21[921]) またはオシキ『源氏物語』(竹河) の例がある。オシシキ「食敷」説もあるが、盆の形状から見ても不自然である。『百丈清規抄』(1462) にあるヤハリ (矢張は当て字) も、促音便化した関西方言ヤッパが全国に広がっている。ノラマメ「野良万米＝野豆＝エンドウ」(Pisum sativum)『名義抄』は、室町時代中頃にはノマメとも言われていた。『名義抄』のクスシ「醫」も、クスリシ「久須理師＝薬師」(『仏足石歌』753頃) の転であり、新井白石『東雅』の「奇すし」語源説は奇しくて従うことができない。同じく、『名義抄』のハリマチ「鯣」(Seriola quinqueradiata) は現在、関西方言で中型のブリをハマチと呼ぶ。現代の若者言葉「気持ち悪い」、「気色悪い」がキモイ、キショイと略されるのも、その流れである。現代語的な「ラ抜き言葉」もそのような現象としてとらえることができ、「見られなかった」というような -rare- の r 音連続に耐えられなくて、「見れんかった」と言うのである。ただし、例外的にラ音を挿入することによりあえて卑語を発生させる「食う」に対する「食らう」(クラフの例は、『金光明最勝王経平安初期点』にすでにある)、「はぐす」(東日本に多い方言形) に対する「はぐらかす」(「はぐら」という語幹はないが、『日葡辞書』にすでに faguracaxi とある。-らか- は、挿入音である) などがあるが、ウツロふね「空舟＝独木刳舟」『名語記』(1275) のウツロはウツホ「岐乃宇豆保乃美都＝半天河＝椋の木」『名義抄』のほうが古いと指摘されるような(『日国辞』) 逆の例も若干ある。金田一 (1992b:368) は、とくに「ラ行音節の脱落」として、上記のアラシ、ケラシ、クスシのほか多くの例を掲げている。ただし、語中の r 音が消失する傾向はインド・ヨーロッパ諸語にも認められ、ラテン語 Petrus「ペトルス」がフランス語 Pierre [pjɛːʁ]「ピエール」、ドイツ語 Peter「ペーター」、英語 Peter「ピーター」に変化するが、これは音韻変化の一般的傾向と位置づけることもできよう。

一方、動詞「見る」(上一段) は、オーストロネシア語 *mata「目」に由来する語幹 *ma-「目」の交替形 *mi- (ただし、母音交替規則は不明) にオーストロネシア語の後置詞イ *-i が付いて未然形・連用形 *mi-i > mii「見ー (関西方言・新聞

見ー見ーご飯を食べる)」となり、また、「据える、植える」(下二段)はオーストロネシア語 *suwan「掘棒」(5.1.08 を参照)に由来する語幹 *suwa- に語尾 *-i が付いて未然形・連用形 *suwë「据ゑ(乙類)」とその二次形 *uwë「植ゑ」を派生し、「に掘棒で据(植)える」を意味した。

なお、この *-i をアルタイ系の名詞形成の接尾辞と見るのは村山・大林(1973:169–170)であるが(ただし、村山(1979:212, 219)では明言を避けている)、そのような接尾辞はアルタイ祖語では再構成されていない。動詞形成の起源が複数あっても、言語史的には問題とならないことは英語動詞の例で上述したとおりである。

さらに、以下の 4.6. に掲げた祖語形からは、*labuq「落ちる」(31) から *tafu-ra-i > tahurë「倒れ」(ラ行)、*patay「死ぬ」(44) から *fata-i > fatë「果て」(タ行)、*maN-tiru「騙す」(64) から *mana-i > manë「真似」(ナ行)、*ñamñam (PMP)「味わう」(87) から *nama-i > namë「嘗め」(マ行)、*wakaq「割る」(90) から *waka-i > wakë(カ行)などのような下二段活用の未然形・連用形が得られる。ただし、ラ行のタフレ(語幹タフ)には四段の場合と同じで、未然形(および下二段では連用形)に *-ra の介在があり、動詞語尾形成における特殊性を示す。ただし、奈良時代には、後世の下二段が四段であった活用が、隠る、忘る、触る、垂る、恐る、乱る、のように、また後世の四段が下二段であった活用が、たかる(集る)、のように、ラ行の語例に多く見られ(濱田 1946:129–130)、流動的であったことが注目される。原則的に、上一段・二段、下二段の未然形・連用形では、ツングース語系 *-ra, *-ri の介在はない(村山 1979:210–222)。

古代日本語の動詞活用の中心は連用形で、後の終止形、命令形のほか連体形の機能すらもっており、また、未然形と已然形の区別はなく、已然形の成立はもっとも遅れたと言われる(福田良 1957:38–39)。このうち、終止形の形成については不確かな点が多く、川端(1979:231–238)は、日本語の音韻体系をもとに、活用系列のなかで本来は埒外的であった終止形 u が、連用形原形の i と対立的に連帯して動詞性を出発させる音形態として出現したが、それは狭母音の i と後部で対峙する u が適当であったからだという説を述べたが、その当否は検証するすべもない。また村山は、四段活用終止形の起源として、当初、*-vu (ツングース諸語のナーナイ語・オロッコ語の動詞語幹形成接辞 -vu) (村山・大林 1973:209)、次に *-bü/*-bu (モンゴル文語存在動詞「有る」bu-・ツングース諸語 bi-「有る」) + *-mi/*-mu (ツングース語副動詞・名詞形成接辞) を

推定し (村山 1979:210–216)、さらに *-bu (1 人称複数排除形動詞接尾辞エヴェンキ語・ラムート語 -wun、ウデヘ語・オロチ語 -mu) > *-wu/*-mu へと改めた (村山 1988:36–40, 1989:114)。日本語の語頭ワ行音の一部は、アルタイ諸語の *-b- に対応するからである (村山 1981:70)。この村山の最終説では、「飲む」は *num-ri > *nummi > *numi から出た連用形 *numi に *-wu が接尾して *numu (終止・連体形) が得られる。しかし、1 人称複数排除形語尾付きの動詞が不定形に移行するような言語の例がほかにあるだろうか。日本語動詞の終止形の起源は、まだ明らかになっていないと言わざるを得ない。

　次に、再構成の方法に基づいた古代日本語の見本を掲げるが、動詞終止形はとりあえずアルタイ系語尾 *-wu (*-mi) 説によっている。*-wu は、ラ変動詞「居り」の語幹ヲに相当する。その根拠として、「抱く」「搗く」は首里方言でダチュン (dacuN)、チチュン (cicuN) (『首方デ』)、宮古島方言ではダクスム (dakɿm)、ツクスム (tsukɿm) と言い、*daki-wumi, *tuki-wumi からの規則的変化形である (第 10 章 2. 音韻を参照)。宮古島方言の ɿ は舌尖母音で、小文字のスは舌先が歯根に触れて自然に発生する噪音であり、音韻的特徴には含まれない。この音を音韻的に /i/ (中舌母音) と解釈する論文が見受けられるが、基本的に調音点が異なるので誤りである。なお、宮古島方言には、/ɿ/ と /i/ が音韻対立する、宮古・大神島方言のような例もある (崎山 1963a, 1965)。-m 語尾と -N 語尾を総称して m 語尾と呼ぶが、かつて本土方言の終止形にも付いていて古い時代に消失したのか、もともと付いていなかったのかは明らかでない (『言大辞』「琉球列島の言語・総説」) とする見解がある。『おもろさうし』の「あいいてるむ＝相照るらむ」「するむ＝為るらむ」のような例における語尾の「む」が、現代語の終止形以前の形かと言われるが (『言大辞』「琉球列島の言語・古典琉球語」)、仮名表記「む」だけでは -m, -N のいずれを書き写したのか明らかでない。関西方言の語末の否定 –ン が関東方言の –ナイ に対応するように、首里方言の –ン は音形として日本語の –ミ に対応するが、どのような機能であったのかを語史的に考察するならば、(*-wu) *-mi の語源として上代日本語の意志・期待・推量の助動詞「む」(推定・推量の助動詞「らむ、けむ」も、この「む」を含む形である) との対応が考えられる。また -N と「む」の対応は、上代日本語「む」の活用型として「××むむめ×」とされている連用形 (×) に、古代日本語では「み」が存在したと推定することで説明可能となろう。また、宮古島方言の -m 語尾のほうが子音としてより古形であることは、崎山 (1963a:9) がすでに述べている。

上代日本語には形容詞・助動詞語幹に付く古風な「み」(四段動詞連用形あるいは後置詞とみる説がある)もあり、総合的にこの「み」との関係も含めて考える必要がある。後者の「み」については、古来、種々の説が提出されている(時枝 1954:51)。助動詞「む」が形状言(品詞的語が原理的に成立する以前の語)のサダ(定)、ヤス(休)、ヨド(淀)などに付いて、定む、休む、淀むのように動詞化する現象は、上接する母音の全域にわたる(イ、エの例は少ない)とされるが(川端 1979:478)、これと琉球諸方言の動詞終止形とは、琉球方言には *-wu という語幹形成素が存在することによって語構成を異にする。

上代日本語で、形式名詞「ユヱ」は連体形に付く。しかし福田良輔氏は、古代日本語で連用形が連体形の機能を有していたことが、これまで文法的に解決されていない例から、「寝なへのからに言痛かりつも」(寝てもいないのに噂がひどいことだ)『万葉集』(14:3482)を挙げ、「なへ」は下二段動詞「なふ」の連用形の名詞用法であり、助詞「の」をともなって準体言(準体言助詞、形式名詞に似る)「から」に付いたと説く(福田良 1957:34–36)。この用法は、東国方言や古い語法が多い枕詞に多く残るとされ、例文ではこの用法に依拠している。現代日本語でも、「泣きの一回」、「泣きの涙」、「泣きの MN(女性歌手)」という表現に見られる。なお、首里方言では「泣く」(nacuN)の連用形 nacu-(語末の -N を除いた短縮形)に「から」kutu(「故に」と対応するユイニは古語となり、現代語では「事」を用いる)を直接付けて、ナチュクトゥ(nacu-kutu)と言う。

    a-ba naa-nga Mapo「私は名がマホ」
    (崎山理作詞・姫神作曲「神々の詩」PONY CANYON PCCA-01177。
    このヴァージョンでは、より語源に近い音形式を用いている。)

    kara-wa safa-ni umo-wö si suwë, usu-yu fiyai-wö si tuki-wumi. a-wa imo-ga naki-no-yuwë, i-wö mudaki-wumi
    「親戚の人々は沢にイモを植え、臼でヒエを搗く。私は妹が泣くので彼女を抱っこする」

語彙のうち、オーストロネシア語系の naa「名」(4.2.03)、safa「沢」(5.1.06)、umo「ウモ」(4.2.12)、suwë「植ゑ」(5.1.08)、usu「臼」(4.2.13)、fiyai「ヒエ」(5.1.01)、tuki-「搗き」(4.6.54)、naki-「泣き」(4.2.16)、mudaki-「む抱き」(4.6.53)は、本文

中のそれぞれの項で説明する。また、人称代名詞とその接辞的用法について、例文のa「吾」、i「彼、彼女」、si「彼ら」の用法は、第7章において述べる。imo「妹」は、*ibu「母、年長の女性」(西部マライ・ポリネシア祖語) から *imbo を経て村山 (1974a:42–43) が提案したものであるが、祖語形は語中鼻音を含む形ではないから、*imbo は作為的である。ただし、*-mb- からの変化については *qumbi「ウモ」(4.2.12) のほか、*i(m)pi「夢」(4.6.85) の例がある。上代日本語では、年齢に関係なく男性側から同腹の姉妹をイモと呼ぶ。また、kara「眷族」(うカラ「宇我邏＝親族」『日本書紀』[神代・上]、やカラ[族]・ともカラ[輩]『名義抄』) は、ツングース祖語 *xala「親族、血縁」に由来する (村山・大林 1973:173, 村山 1988:15, 福田昆 2007:70)。

　文法的要素としては、上に述べた動詞の語尾のほか、助詞 (後置詞) のほとんどがツングース語系で、-wa/-wö「ワ (＝ハ)、ヲ」は *-ba/*-bə (対格、詠嘆) に、起点・手段・原因を表す -yu/-yuri/-yuwë「ユ、ヨリ、ユヱ」は *-du/*-dü (場所格)、*-dulii/*-dülii (沿格) に由来する。ただし、細かく言えば、『古事記』にはヨ・ヨリ、『日本書紀』にはヨリ・ユ、宣命類にはヨリ・ユリ、そして『万葉集』にはヨ・ヨリ・ユ・ユリのすべてが見られる (川端 1978:56)。また、-ga「ガ」(語源からすると、-ŋa という語中鼻濁音も異音として存在したであろう) は *-ŋii/*-ŋgai (属格) と対応する。なお、朝鮮語の名詞母音に付けて主格を表す ka と、「ガ」を同じとみることを橋本は一蹴する (橋本進 1969:106)。これは、「ガ」のもつ連体的・連用的ほかの多機能性を根拠にしているためと思われる。ただし、「ガ」(「ノ」) の連用的用法はみな、連体的用法から起こった (橋本進 1969:91) と言っているから、この点ではツングース祖語の属格がより妥当性をもつ。しかし、「ヨリ」については、山田孝雄の独立語説「ユリ (後？)」を橋本は当を得たものか (橋本進 1969:153) としているが、その根拠は薄弱である。アルタイ祖語 *b, *d が古代日本語で w, y に変化することは、Poppe (1965:197) による。ただし、格助詞 -ni「ニ」をツングース語に求めるのは音韻的にも意味的にも無理で (例えば村山・大林 [1973:157–161] は、ツングース祖語 *-lii (沿格) に関係があるとする)、オーストロネシア祖語 *n-i > *ni (属格・与格・処格) に由来するとみざるを得ない。この *ni について、詳しくは 4.6.88 で述べる。板橋義三氏も、古代日本語の ni の用法には処格と名詞文を終止させるコピュラの二つがあるが、ツングース系言語は処格的用法のみであり、古代日本語の ni はオーストロネシア系言語からの継承である (板橋 1999:51)、と述べている。ここに

も、日本語における深い混合現象の痕跡が認められる。そのほか、かもジもの「可母自毛能＝鴨のようなもの」『万葉集』(15:3649)、いぬジもの「伊奴時母能＝犬のごときもの」『万葉集』(5:886)のような奈良時代以降すたれ、方言(例えば首里方言)にしか残らない連結辞 zi「ジ」も、ツングース語系語尾 *-ji (手段格)(池上 1971:292) または *-ʒi/-ʒi (造格)(村山 1988:28–31) に起源があるとみられる。このジを、形容詞語尾(名詞に付いてシク活用形容詞を作る)とみる説がある(『日国辞』)が、有声音化する理由が説明されていない。有声音の根拠は、ツングース系の語源にある。なお、『万葉集』で用いられた「時」は、『日本書紀』では無声音シを表すが(大野 1953:247, 278)、示された用例は掛け声の時夜烏「シヤヲ」のみで、無声音と断定する根拠に乏しい。

　助詞の用法にも、上代日本語とツングース語に共通した現象が認められる。ツングース諸語の一つであるウィルタ語と一致するいくつかの例を、津曲敏郎氏の資料から示す。まず、目的の格助詞ヲが反復される。

　　「汝ヲと吾ヲ人そ離くなる、いで吾君、人の中言聞きこすな、ゆめ」(あなたと私を人が引き離そうとしているようです。ねえあなた、他人の中傷をお聞きにならないで、決して)『万葉集』(4:660)

のような例は上代語でも例が少ないが、現代語では「汝と私ヲ」と言うところである。ウィルタ語にも、-böö/-mböö「を」が下記のように反復して用いられる例がある。

　　böjö-mböö sire-mböö waaŋdaumi aja
　　「熊 (böjö) やトナカイ (sire) ヲを捕りに行くとよい (aja)」

また、並列の助詞トが反復された、

　　「香具山ト耳梨山トあひし時」『万葉集』(1:14)

という例は、現代語では「香具山が耳梨山ト争ったとき」と言うのが普通であるが(ただし、「香具山ト耳梨山トが争ったとき」と言うこともできる)、ウィルタ語の -kkəə「と」は、次のように上代語と並行する。

　　bii-kkəə sii-kkəə ŋənneepu
　　「君 (bii) ト僕 (sii) が行く」

また、ミラーや村山によって指摘されている、ツングース語の *-ba/*-bə（対格）が「場所・時」の副詞を作る点も（言いかえれば、自動詞が目的語をとる）古代日本語と並行する（村山・大林 1973:153）。ナーナイ語の

mi duəntə-wə pulsi-hə-mbi
「私、森を（wə）行った私」

は、「春霞立つ春日野ヲ往き帰り我は相見むいや年のはに」（春日野を行き帰りしながら私は（あなたを）見よう、毎年毎年）『万葉集』(10:1881) と一致する。

このような用法上の並行性は、系統を判定するための重要な特徴とみなし得る。

民族学的には、ツングース民族は紀元前 1,000 年紀に東アジアに広がった、いわゆるアルタイ化の担い手で、日本列島が本格的にアルタイ化するのは弥生時代から（村山・大林 1973:175）と推定されている。オーストロネシア語族との言語混合が始まるのはこれ以降である。ただし、文化面でもツングースの要素として注目される、日本古代の鹿の肩甲骨を焼く占い、フトマニ「布斗麻邇」『古事記』(上) がある（村山・大林 1973:173–174）。

さらに、日本語の形成において検討しなければならない日本列島周辺の諸言語には、最古層とみなされる古アジア諸語（極北諸語）と、アイヌ語、朝鮮語が考えられる。これらのうち、古アジア諸語は関係があったとしてもきわめて古い層をなし、日本語における痕跡はまったく明らかでない。また、朝鮮半島とは古墳時代以降、文化的に積極的なかかわりをもったが、この時代の朝鮮半島の言語的状況は明らかではない。しかし、いまだに朝鮮語と日本語との系統関係の証明が成功していないということは、もし両言語が分裂したと仮定しても、それ以降、きわめて長い時期が経過したことを意味する。日本の弥生時代には、朝鮮半島においても現代の朝鮮語の原形がすでに成立していた可能性がある。

また、アイヌ語という日本の最も古い先住民族の言語と地名による言語的痕跡は判明しているが、日本語の形成へのかかわりは借用語以外に系統的な関係は存在しないと言ってよい。なお村山は、1992 年にアイヌ語とオーストロネシア語との同系説を唱えた。この大胆な仮説は、じつは 1929 年にシュテルンベルク (L. Sternberg) がすでに述べており、村山はそれを批判している（村山・

大林 1973:127–128)。しかし、翻意した村山の論の内容をみると、要するにランダムに拾い集めた語彙どうしの引き当てであり、文法にはほとんど言及していない。ただし、アイヌ語は類型的に抱合語であるとして、その例を金田一から引用しているが、その構造は、

　　a-e-kore「私は (a-) 君に (e-) 与える (kore)」

のように動詞を中心とした人称接辞の順序 (辞順) に抱合性をみせ、例文のように soV になる。このような言語構造は、日本語もツングース諸語ももっていない。また、オーストロネシア語族のメラネシアの諸言語では、一般に sVo となる。ただし、アイヌ語と同じ辞順 soV が見出されるのはパプア諸語のなかでもキワイ語、ヴァルマン語、スコ語といった言語で、多数派の oVs とは異なる少数派である。ヴァルマン語の例から 1 例を引く。

　　y-an-cami「彼らは (y-) 彼を (an-)cami (埋める)」

　また、金田一を引用した、アイヌ語の所有の形式の譲渡不可能 (切り離し不可能) な michi shik-ihi「父 (michi) の目 (shik-) 属格 (-ihi)」と、譲渡可能な michi kor ampi「父の着物＝父の持つ (kor) 着物 (ampi)」の区別がメラネシアの諸言語にもあるという指摘 (1995) も、この両言語だけがもつ特徴ではなく、パプア諸語、オーストラリア原住民諸語でもきわめて一般的な現象であるのみならず、さらに北方の言語でも、とくにツングース諸語に多く見出される。したがって、この特徴だけをもってアイヌ語とオーストロネシア語族との親近性の証拠とすることはできない。

　縄文時代の人口密度は、東日本に厚く、西日本に薄いという状態であった (小山 1984:32–35)。先住民族は後来のオーストロネシア系民族と西日本でぶつかり合ったことになるが、このような人口分布から考えると、従来話題にされがちだった、どちらが基層であるとか、表層であるとかといった議論はあまり意味がない。むしろ縄文時代の後期以降続いた長期にわたる言語接触の結果、遅くとも弥生時代には混合語として現在の日本語の母型が成立した、と考えられる。それは、古墳時代以降、断片的に出土する、5 世紀半ばの稲荷山古墳の鉄剣銘文、7 世紀後半の石神遺跡から出土した最古の万葉歌木簡をはじめとする漢字書きの日本語の古資料からも十分に言えることである。

　日本列島のもっとも古い先住民族として、北海道から関東にかけてアイヌ民

族が居住していた。そのことは、今に残るアイヌ語地名からも明らかである。しかし、アイヌ語が日本語の形成にどれほど関与したのかは、いまではよく分からない。いずれにせよ、最古層のアイヌ語は、次に渡来したツングース系諸語と大きく影響し合うことはなく、独自の文化と言語を現在まで保持してきたと考えられる。オーストロネシア語族とアイヌ語との言語的関係についても、オーストロネシア民族とアイヌ民族とが接触できるような状況があったかどうかを歴史的・地域的に確かめること、そしてその際、すでに定住していたツングース系民族との位置的関係も無視できないであろう。オーストロネシア語族の年代記からすれば、私は、オーストロネシア語族とアイヌ語との接触説には消極的にならざるを得ない。オーストロネシア語族の大陸からの移動の時期を考慮すると、列島に先住する言語(ツングース諸語が有力)と混合しつつ日本語の形成に影響を与え始めたのは、縄文時代後期から晩期以降と推定される。日本語は、一つの混合語として弥生時代にはすでに完成していたと考えられる。したがって、弥生時代(金属器時代)以降に、「日本語」がオーストロネシア系言語と接触したという DNA 研究からの指摘(崎谷 2008a:98–100)に対しても、日本語における稲作の意味変化(5.1. を参照)に鑑みて、その接触は縄文時代後期以降とみて何ら問題ないと考えられる。

世界における混合語

∗第3章∗

　1.3. でも述べたように、現在、世界の混合語としては22言語が認められている。この数は、今後の調査研究と解釈によってさらに増える可能性がある。本書で触れることの多かったトクピシン、回輝語などは、その有力候補となろう。22言語の一つであるロシアの銅島アリュート語（アッツ方言）の場合、19世紀初めのロシア語との言語接触の結果、アリュート語の人称語尾（1人称単数 -q, 複数 -n）がロシア語（それぞれ -ju, -im）のそれに、またアリュート語の否定接尾辞 -laka がロシア語の接頭辞 ni- に置き換わるという事態が生じた（『言大辞』「アリュート語」）。しかし、アリュート語のそれ以外の文法部分は変化しなかった。銅島アリュート語は、言語混合の可能性を探るためのいわば実験的言語としても有名になった。

　アメリカ合衆国とカナダにまたがる地域では、フランス語とクリー語の混合語（ミチフ語）が報告されている。ミチフ語の語順は、SVO、SOV、VSO、OVS、VOS、OSV のように比較的自由で、これはクリー語の語順に従っているためと説明されている（Bakker 1997:87–88）。しかし、この語順は見かけ上のものであって、文法的主語(s)接辞、目的語(o)接辞の位置（「辞順」）は、Vso が厳格に守られている。したがって、見かけは SVO でも、統辞論的には SVsoO（これ以外の語順でも同様）というミチフ語本来の構造が継承されていることになる。

　ミチフ語の混合的特徴を、Bakker (1994, 1997) により表1にまとめて示した。クリー語とフランス語が混合し、クリー語からは辞順(Vso)と後置詞が、フランス語からは前置詞が、語彙ではクリー語から動詞と人称代名詞が、フランス語から名詞が、そして連体修飾は両言語から提供された。ここでも、単純な話者数の論理は支配していない。

起源 要素	ミチフ語	
	クリー語	フランス語
動詞	多い	少ない
名詞	少ない	多い
代名詞	すべて	
小辞	後置詞	前置詞
語順	Vso	(SVO)
修飾	修飾語－被修飾語 (-obv)	修飾語－被修飾語

(obv: obviative suffix「排外的3人称」)

[表1] ミチフ語の特徴

17世紀半ばにインドネシア島嶼部からスリランカに強制移住させられ (Hussainmiya 1990:38)、現在、約5万人の話者がいるスリランカ・クレオールマレー語 (SCM) も混合語である。その混合性の重要な証拠として、SOVの語順になったにもかかわらず、接頭辞が存在するという事実を指摘することができる。

最初に、SCMと地方的マレー語の例文を示す。

〈SCM〉

Derang derang-pe ānak klāki-ka duit nya-kasi.
彼ら   彼ら-の   子供 男-に   お金 過去-与える
「彼らは彼らの息子にお金を与えた」

〈地方的マレー語〉

Dia-orang suda(h) kasi(h) duit ke dia-orang punya anak-lelaki.
彼ら   完了   与える   お金 へ 彼ら   の   子供-男
「彼らは彼らの息子にお金を与えた」

〈SCM〉

Se-dang (adə/arə) kupāla pinning.
「私とともに頭痛（がある）」

〈地方的マレー語〉

Saya pening kepala.
「私は頭痛がする」

1) SCM の語順が SOV となったのは、スリランカのタミル語、シンハラ語の影響を受けたためであるが、言語的素材のほとんどはマレー語を引き継いでいる。se は、1 人称単数の saya が約まった形である。また、地方的マレー語の特徴は、3 人称単数 dia に対する複数形の dia-orang (orang は「人」) に由来する derang、「持つ」という動詞にもなる punya に起源をもつ連結辞 pe (derang-pe) の発生がある。マレー語 ada「ある、いる」に由来する adəは、進行相を表すマーカーとなり、例文では「頭痛が続いている」場合に必要となる。マレー語では、シンガポール・マレー語にその用法が見られる。

2) SOV 化による後置詞が、マレー語の前置詞から発生している。マレー語 ke-「へ、に」> SCM -ka「に、で」、マレー語 dengan「とともに」> SCM -dang「と、に」、マレー語 dalam > SCM (-pe) dālang/dālam「で、において」。SCM の -dang については、マレー語 nang 起源説 (Ansaldo and Lim 2014) があるが、nang はジャワ語の方向の前置詞である。また、音韻変化的にはマレー語 dengan からと考えられる。

3) マレー語の前置詞や接頭辞はその機能を弱めているが、マレー語 ke- > SCM ka- (ke-dua > ka-dua「第 2」)、ke- > ku- (ke-temu > ku-tumu「会う」) のほか、per- > SCM pu- (pe[r]-kerja-an > pu-kurjan「仕事」)、ber- > SCM bu- (be[r]-teriak > bu-trak「叫ぶ」)、ter- > SCM tu- のような例があり、またインドネシアの地方語 nya-「本当に」（スンダ語？ > nya「過去」）を借用した例も見られる。

　SCM の後置詞 ka が与格主語にもなるのは、タミル語の影響 (Ansaldo 2008) という見解にも疑問がある。例えば、Se-pe-bini-ka banyak kumbang pohong. (私-の-妻-に・多い・花-木)「私の妻には花木がたくさんある」は、マレー語で Ke(pada) saya punya bini ada banyak pohon kembang. とも

起源	スリランカ・クレオールマレー語	
要素	タミル語	マレー語
語彙	少ない	多い
代名詞	なし	すべて
小辞	後置詞・接尾辞	接頭辞
語順	SOV	SVO
修飾	修飾語－被修飾語	被修飾語－修飾語

[表2] スリランカ・クレオールマレー語の特徴

言える(adaは、「ある、いる」)。マレー語とは並行的であるが、マレー語の構文では「私の妻」が与格主語である点と何ら変わりがない。
4) マレー語の接尾辞は -akan > SCM -king (marah > mara「怒った」・mara-king「悩ます」)、-an > SCM -an (pukul > pukul「打つ」・pukul-an「打撃」)がいまなお生産的である。
5) 連体修飾は、被修飾語＋修飾語、修飾語＋被修飾語の両方が存在するが、成句的になった表現が多く、修飾語＋被修飾語がより生産的である。マレー語のままで固定化した ānak klāki「子・男＝男児」、tāngang kiri「手・右＝右手」に対して、pām pohong「ヤシの木」(マレー語 pohon kelapa)、Singgala prompang (マレー語 perempuan Sinhala)「シンハラの女性」。しかし、助動詞、否定辞、禁止辞が動詞の前に置かれるのはもとのマレー語の特徴を保持しており、SOV の類型論からすれば変則性が残る。

　重要な点は、SOV に変化したために接頭辞のほとんどが消滅または形骸化していることである。これは日本語の形成において、ツングース系言語の影響により語順が SOV となったあと、古代日本語にまだ存在していた接頭辞が奈良時代にはいっそう弱体化したことにも認められる。

　表2として、Adelaar (1991) によりスリランカ・クレオールマレー語の特徴をまとめて示す。

この例からも分かるように、言語混合は先住民に匹敵する量の外来者がいないと不可能（小泉保 1998:216）とか、文法と単語が別の系統から来るのは難しい（小泉保・尾本 2000:11）などというのは偏見にすぎない。SCM が今後どのように変容するのか、言語動態論的にも興味深い。ただし現在、SCM の話者において「正統的」標準マレー語への回帰指向が高まっているとされ（いわゆる「脱クレオール化現象」'decreolization'）（Rassool 2013）、詳しい SCM の調査が早急に求められる。

　日本語の形成の要素となったオーストロネシア語族は、語彙面では西部マライ・ポリネシア諸語の特徴を多く残す一方、文法面ではオセアニア諸語の特徴が顕著である。これは、縄文時代後期から古墳時代までの 3,000 年間以上にわたり、オーストロネシア語族が波状的に渡来したことに起因する。その渡来の時機は、第 9 章で詳しく述べるように、民俗語彙によって、「ハイ（南風）期」（縄文時代後期）、「ヨネ（米）期」（縄文時代晩期から弥生時代初期）、「ハヤト（隼人）期」（古墳時代）に区分することができる。

　オセアニアでは、ほぼ縄文時代中期から後期に相当する紀元前 1,350 年から紀元前数世紀まで、ラピタ土器文化が出現した。その起源地には諸説あって明らかでないが、この土器文化の担い手がオーストロネシア語族であったことは疑う余地がない。日本列島ではこの土器は発見されていないが（ただしフィリピンでも、またオセアニアでは、パプア州を含むニューギニア島海岸部、さらにポリネシア東部などで、この土器はまだ発見されていない）、フィリピンからオーストロネシア系民族が南下してほどなく、オセアニア西部の島嶼部で開花した文化とみなしてよい。南シナ海一帯をラピタ人の原郷とみなして、そこに縄文人をも含めたラピタ人の起源を求める考え（片山 1991:259）は本論とも関係し、言語学と考古学との接点として注目される。

　第 2 章で明らかにしたように、日本語の形成に関与したもう一方の言語はツングース諸語であった。表 3 に、オーストロネシア語族とツングース諸語のそれぞれの起源と言語要素を示す。SOV のツングース諸語では、文法的な働きをする助詞・助動詞に相当する言語要素も豊富であり、古代日本語は動詞・形容詞の活用語尾の多くをツングース諸語に負っている。

　日本語には連体修飾に二つの語順が存在し、折口信夫は、したすだれ「下簾＝すだれした」、もがり「裳仮＝かりも」のような、通常とは逆の語順をもつ場合を「逆語序」と呼び、別々の系統から出た二様の様式が日本語の上に長く痕を引い

起源	古代日本語	
要素	ツングース諸語	オーストロネシア諸語
活用	助動詞	?
語彙	少ない	多い
代名詞	?	多い
小辞	後置詞・助詞	接頭辞・連結辞
語順	SOV	SVO（VSO, SOV）
修飾	修飾語－被修飾語	被修飾語－修飾語

[表3] 古代日本語の特徴

て残ったものとみて、言語の混合の可能性を示唆した（1955:302, 408）。現代日本語でも、「やまさき＝山崎」と「さきやま＝崎山」、「むらやま＝村山」と「やまむら＝山村」、「なみはや＝浪速」（古地名）と「はやなみ」（巡視艇名）のような例がとくに固有名詞に、また生物名では、オオハシモズ科クロノド（*Xenopirostris polleni*）とノドクロ（ホタルジャコ科アカムツ）（*Doederleinia berycoides*）、クロクチ（イガイ科ムラサキインコ）（*Septifer virgatus*）とクチクロ（イシダイ科イシダイ）（*Oplegnatus fasciatus*）のような対立例に見出される。ただし現在、その区別はあいまいであるが、「洋食らしきものに接したのは母がつくるジャガイモのコロッケだの、ライスカレー（カレーライスではない）ぐらいのものであったろう。（中略）のちに銀座でレストラン〈モナミ〉のカレーライスを食べたとき、世の中にこんなライスカレーがあったのか…、そのうまさに仰天したものだ」（池波正太郎『小説の散歩みち』朝日新聞社 1987）のように、当初は使い分けられていた。逆語序すなわち語順転倒 'inversion' は、いずれの言語においても多かれ少なかれ認められる現象であり、これをもって直ちに言語の混合というのは性急である。フランス語で修飾関係は被修飾語＋修飾語が原則であるが、homme gentil「優しい人」と gentil homme「貴族」、homme grand「大男」と grand homme「偉人」のような例がある。マレー語も被修飾語＋修飾語が基本であるが、mulut manis「甘い言葉」と manis mulut「口上手」、bulan terang

「満月」と terang bulan「名月」、mata air「水の目＝泉」と air mata「涙」のように、意味変化をともないつつ語順を逆にできる例が多い。また英語にも、outlook「眺望」と look out「警戒」、overthrow「ひっくり返す」と throw over「見捨てる」、sharp mount「尖った山」と Mount Sharp「火星上の地名」、green hill「緑が丘」と Hill Green「人名、地名」などの例がある。

　結論として、ミチフ語におけるクリー語とフランス語は、日本語の形成におけるツングース諸語とオーストロネシア語族の役割に酷似していると言える。

第 III 部

古代日本語における
オーストロネシア語系語彙・文法要素

日本語の混合語的特徴

＊第 4 章＊

　日本語の系統を単系論でいくら追究しても決して埒(らち)があかないことは、これまでに議論され尽くした系統論史が如実に物語る。日本語の置かれた言語環境を見ると、北方でシベリア東部、サハリンのツングース諸語、南方で台湾、フィリピンのオーストロネシア語族に挟まれているという事実がある。日本国内には、日本列島の先住民のアイヌ語がある。現在は、北方と南方に後退しているツングース諸語およびオーストロネシア語族がかつて日本列島にまで及び、日本語がそのような言語環境のなかで、両系統の文法要素を継承する混合語として生まれたことは容易に考えられる。このような日本語の成立過程を、私は「日本語の形成」と名付けた。1.3. でも述べたように、従来の系統説には、日本語史における言語混合という視点から考えなければ説明のつかない現象がいくつもあるが、それらの問題については、本書でも「日本語の形成」という視点から触れることになる。しかし、ある国語学者（小松 1999:54–71）が述べている「原日本語の形成」という内容は、複数の言語を話す南方系の民族と北方系の民族の征服・支配という関係から生まれたピジン、クレオール語が原日本語であるというものであるが、理屈としてはかつて私が『日本語の形成』(1990)で主張した主旨と同じである。古代から上代にかけて行われた日本語の成立を、従来言われたことのなかった新しい概念語で表現するには、私には「形成」以外に考えられなかったのである。しかし小松氏は、私の『日本語の形成』に言及していない。また明言はしていないが、氏がクレオールの一部の南方系と言っているのは、タミル語を示唆しているかのように読める節がある。実際には、タミル語は「南方系」ではないのだが。その「日本語＝クレオール・タミル語説」を唱えた国語学者も、あたかも自説のように、「形成」という書名を立て

ている (大野晋『日本語の形成』岩波書店 2000)。とはいえ幸いにも、概念としての「形成」は板橋 (1999) も正しく検討している。

　本書は、日本語の混合的特徴の根拠を音法則によって明らかにし、また意味変化について民俗知識に基づいた説明を行う。日本語の語源について、「思弁的にする以外に方法がない」(小松 1999:69) と言うのは、責任ある言辞とは思えない。どの解釈が「思弁的」であり、またそうでないといったい誰が判断するのだろうか。タミル語もその一例にすぎないが、このような風潮のもとに江戸時代以降今日まで、日本語の語源はもとより系統研究一般が、自己満足的な方向で進められてきたのだと言えなくもない。

　本書に引いた語例には私がかつて述べたものも含まれるが、その多くは本書で初めて提示するものである。他の研究者によって言及された語源説については、その妥当性を検証する。また、日本語史の研究においてこれまで明らかになったこと、不明なことを明確に区別して述べる。そして、その論述の過程で日本語音韻史上これまであいまいであった長母音、ハ行・ワ行を含む歴史的仮名遣いなどの問題点を再検討する。

4.1. オーストロネシア祖語から古代日本語へ

　すでに述べたように、従来のオーストロネシア語族 (その祖語形 PAN) はマライ・ポリネシア語族と同義であったが、新しい分類では、台湾諸語を除いた言語をマライ・ポリネシア語派 (その祖語形 PMP) と呼ぶ。紀元前 4,000 年頃、中国大陸南部から台湾に移動した民族集団は細縄文 (縄席文) 土器文化をもち、イネと雑穀類の栽培を行っていたことが知られている (Bellwood 1997:211–217) が、さらに紀元前 2,500 年頃以降、集団の一部が台湾を南下し、現在のマライ・ポリネシア語派が形成された。また従来、メラネシア語派、ポリネシア語派と呼ばれた二つの語派は、オセアニア諸語に統一される。オセアニア諸語の分岐は紀元前 1,500 年に起こったが、これはニューギニア島北方のビスマーク諸島におけるラピタ土器の出現時期とほぼ一致する。本書では、オセアニア諸語の祖語形を POC、それを除いた西部マライ・ポリネシア諸語の祖語形を PWMP と略記することにする。日本列島に最初に渡来した語族は、紀元前 2,500 年から 1,500 年にかけて、マライ・ポリネシア諸語からオセアニア諸語へと分岐する過程の言語変化を反映した特徴をもっていたと考えられる。時期は、縄文時代の後期から晩期にかけてに相当する。したがって日本語史からすれば、文献

によって知られる奈良時代以前の古代日本語と、奈良時代の上代日本語を区別して論じなければならないことになる。

　オーストロネシア語族は複音節語 (*CVCV または *CVCVC) を語根として祖語形が再構成され、この語形が PAN をはじめ、地域的な二次的祖語形としても認定されている。比較言語学的にみれば、オーストロネシア祖語には長母音や母音重複を認めていないことになる。

　ただし、オーストロネシア語族の周縁、とくにオセアニア諸語では祖語形の語末子音脱落 'apocope'、開音節化が起こる。また、子音における有声・無声の音韻的対立を失ったことはポリネシア諸語における共通の特徴であり、メラネシア地域では多くの言語で、有声閉鎖音は前鼻音をともなって、b [mb] : p、d [nd] : t という対立に変わるのが一般的である。ブゴトゥ語のように、軟口蓋閉鎖音にのみ k : g を保っているのは珍しい。また、メラネシアの多くの言語に、ng [ŋ] : ngg [ŋg] という対立が見られる。このようなオーストロネシア語族からみれば、その二次的な言語特徴は日本列島に渡来した分派にも保持され、そうしたオセアニア語的特徴は、日本列島に達した語族の言語にも現れていたと考えられる。

　この意味では、オーストロネシア語族は古代日本語とオセアニア諸語において、変化の軌を一にしていることになる。オセアニア諸語の形成では、このような音特徴のほか、接辞法についても PAN/PWMP からの大きな衰退が見られる。こうした変化について、オセアニア諸語は PWMP が非オーストロネシア系先住民族の言語 (パプア諸語) と混合、クレオール化することによって形成されたという説明がすでになされている (Ray 1926)。

　古代日本語から奈良時代の上代日本語にかけて接辞法が衰退し、接頭辞のなかで前鼻音化と活用の痕跡がかろうじて認められるのは、*ma-/*maN- のみである。しかし、それも化石化したままで残存し続けた例なのかもしれない。いずれにせよ紀元前 2,000 年頃 (縄文時代後期) 以降、フィリピンでオセアニア祖語が分かれる時期に、オセアニア諸語への変化の特徴をすでに帯びていた言語が日本列島に渡来したことになる。

　日本列島で古代日本語から上代日本語にかけて、有声・無声子音の対立が復活したことは通常の言語学理論では説明できず、古代日本語で起こった言語接触 (日本語史の場合、ツングース諸語との接触) による言語混合を視野に入れなければならないと考えられる。ツングース祖語には、標準的な有声・無声子音

の対立がある (池上 1971:284–285)。またこれまで、オーストロネシア祖語形と古代日本語の語彙の比較が進展しなかった原因として、語末子音まで含む語形全体の対応に固執しすぎていた点が指摘できよう。オセアニア比較言語学では、オーストロネシア祖語形との語末子音との対応について、もし語末に母音が付くなどして祖語の語末子音が残存するなどの場合は別にして、消失してしまったもとの語末子音にまで注意を払わないのが通常の方法である。全祖語形の対応のみを念頭に置くと、中国・海南島のマライ・ポリネシア系回輝語の場合のように、系統不明という誤った説明がなされる場合もある (『言大辞』「海南語」)。

4.2. 祖語形の継承

表 4 は、PAN、PMP、PWMP（略号については、4.1. を参照）から古代日本語、上代日本語へと変化したと考えられる語彙である。PAN は、Dempwolff (1938)、Blust (1976, 1980–1989) および Wurm and Wilson (1975) により、その表記を一部改めた。

オーストロネシア祖語は語根が複音節からなるのが原則であるが、祖語におけるアクセント体系は、弁別的アクセントをもつ台湾およびフィリピンの諸言語の比較からも明らかにされていない (Zorc 1993)。ブラスト (Blust) は、諸言語のアクセント体系を並べてはいるが (2013:574–558)、オーストロネシア祖語のアクセントは非弁別的である。Wolff (2010:47) も、'The stress was free (in PAN)' と断定している。アクセントの歴史については印欧諸語の場合、メイエ (訳者あとがき 1977:213) が「言語の変化一般においてアクセントは大きく性質をかえ、位置を移すことがある」と述べているが、オーストロネシア諸語においても、それぞれの言語は相互不干渉的にアクセントを発達させてきたのである。ただし、アクセントの問題では、アルタイ祖語を語源とする日本語への影響について、13 世紀半ばの『名義抄（類聚名義抄）』に記されたアクセントへの変化でアルタイ諸語の第 1 音節の長母音・単母音が、日本語でそれぞれ高平調・低平調に転化した、と村山 (1988:69–90) は仮説を述べているが、それには例外もかなり多いことを認めているから、いずれにせよ日本語アクセントの起源については不明な点が多い。

東南アジア内陸部の単音節言語で、オーストロネシア語族との系統的関係が示唆されているカム・タイ祖語 (Proto-Kam-Thai [*sic*]) (この場合は、Thai では

なく Tai が正しい) では、オーストロネシア祖語形の語末音節 'oxytone' と、ま
たモン・クメール祖語 (Proto-Mon-Khmer) では語頭音節 'paroxytone' とよく対
応する (Matthews 1996:65) (例えば、PAN *maCa「目」は、カム・タイ系の壮語
では語末の *taa > taai¹ に、またモン・クメール系のヴェトナム語では語頭の
*mat > mắt に保持される) ことも、オーストロネシア祖語形のアクセントに弁
別性がなかったことの証拠である。

　また複音節の単音節化による音韻代償の結果、声調を発生させた言語もあ
る。1.5.1. で述べた回輝語がそれに当たる。もとになったオーストロネシア祖
語形の複音節が単音節化した結果、音韻的代償により声調が発生した。また、
原則として語末音節が保持されるのは、分岐したチャム語の影響を残すためと
みられる。そして回輝語がこのような単音節化に傾斜したことには、海南島で
の黎語、海南語、中国語をはじめとする単音節声調言語との接触による影響も
当然想定しなければならない。

　上代日本語からの引用は、原則として『日国辞(日本国語大辞典)』『時国辞(時
代別国語大辞典 上代編)』から選抜する。また、上代日本語の辞書『名義抄』は、
望月 (1974) による。本章で引用するオーストロネシア諸語の略号は、以下の
とおりである。祖語形のカッコ (主として前鼻音) はその前鼻音を含む・含まな
いの二者択一を、また引用言語のカッコは祖語形から由来しない部分を表す。

台湾諸語＝アミ語 (Ami)：アタヤル語 (Ata)：ブヌン語 (Bun)：カナカナブ語
(Kan)：パイワン語 (Pai)：パゼー語 (Paz)：プユマ語 (Puy)

西部マライ・ポリネシア諸語＝アクラノン語 (Akl)：バタンガン語 (Bat)：ビコ
ル語 (Bik)：ビリアン語 (Bil)：ボントク語 (Bon)：セブアノ語 (Ceb)：イバナグ
語 (Iba)：イロカノ語 (Ilo)：イトバヤト語 (Itb)：カパンパンガン語 (Kap)：マン
ヤン語 (Mang)：マノボ語 (Man)：マラナオ語 (Mar)：サンギル語 (San)：スバ
ヌン語 (Sub)：タガログ語 (Tag)：タウスグ語 (Tau)：多くの言語 (ManyLgs) (以
上、フィリピン)、ガヨ語 (Gay)：ジャワ語 (Jav)：マレー語 (Mal)：ンガジュダ
ヤク語 (Nga)：トババタク語 (Tob) (以上、インドネシア)、ビダユー語 (Bid) (マ
レーシア)、チャモロ語 (Chmr)：ハトホベイ語 (Hat)：パラオ語 (Pal) (以上、ミ
クロネシア)、チャム語 (Cham) (インドシナ半島)、回輝語 (回) (海南島)、マダ
ガスカル語 (Mad)。なお、マダガスカル語と表示する場合はメリナ方言 (Mer)

を指し、そのほかの方言の略号は以下のように示す。バラ (Bara)：ベツィレウ (Betsil)：ベツィミサラカ (Betsim)：サカラヴァ (Sak)：タナラ (Tan)：アンタンドゥイ (Tandr)

オセアニア諸語＝アロシ語 (Aro)：フィジー語 (Fij)：ハワイ語 (Haw)：キリバス語 (Kir)：マルケサス語 (Marq)：サア語 (Sa'a)：サモア語 (Sam)：トンガ語 (Ton)：トゥアモトゥ語 (Tua)：ウラワ語 (Ula)

　オーストロネシア祖語から古代日本語への変化は、語頭音節起源 (1 群)、語末音節起源 (2 群)、音節全体起源 (3 群) のように分類する。1 群、2 群は祖語形の単音節を継承する。しかし、短縮した代わりに高低アクセントや長母音が発生した。これらは、「代償的延長」'compensatory lengthening' あるいは「声調発生」'tonogenesis' と呼ばれる現象に属する。すなわち、オーストロネシア祖語のアクセントを末尾第 2 音節にもつ語 (1 群) と末尾音節にもつ (2 群) とが区別され、それぞれアクセントのある音節が独立形として残る。3 群は平板調の非弁別的アクセントである。この三つの群に分ける発想は、崎山がすでに述べている (小山ほか 1997:68–69)。

　周知のとおり、関東対関西ではテ・テー「手」、メ・メー「目」、ハ・ハー「歯」などのように、関東方言の 1 音節の名詞は関西方言ではすべて 2 音節で対応するが、歴史的には 2 音節がより古く、関東方言で 1 音節に縮まったにすぎない。日本語アクセント論では関東方言の 1 音節を基本形として機械的に 2、3 音節を並べて説明する習わしがあるが、関西方言の 2 音節語が関東方言の 1 音節語に対応する理由がこれまでまったく明らかにされていないのは、短単位から長単位への変化を説明することが原理的に困難をともなうからである。

　『名義抄』に記されている単音節形は、すべて 2 拍 (長母音) で発音されていた。この『名義抄』に示された語形は、上代日本語以前の古代日本語の複音節 (長音節) のオーストロネシア祖語形の語源を知るうえで極めて重要である。オーストロネシア祖語の場合、母音の長・短の区別を音韻的に認める必要はなく、音韻環境によって二次的に長母音を発生させる言語 (ボルネオ北サラワクの諸言語) があるのみである (Blust 2013:265)。

　濱田 (1951:19) は、長音の表記法が促音や撥音のように文字ではなく特別の長音符ともいうべきものを以てなされるのが稀であるため、簡単に解決し得な

	PAN/PMP/PWMP	チャム語 (ヴェトナム)	回輝語 (海南島)	古代・上代日本語	平安末期 『名義抄』	現代日本語 (京都方言)	
群1	01) *taŋan「手」(PMP)	taŋin/tiiŋin	ŋaan³³	*taa/*ta-iª	デ(低平調)	ター/テー	「手」
	02) *mata「目」(PMP)	məta	ta³³	*maa/*ma-iᵇ	メ(低平調)	マー/メー	「目」
	03) *ŋajan「名」(PAN)	aŋan	nan³³	naa	ナ(低平調)	ナー/ナー	「名」
	04) *baRaŋ「臼歯」(PWMP)	—	—	paa	ハ(上昇調)	ハー/ハー	「歯」
群	05) *kaən「食う」(PAN)	makan/makha	kau²⁴	*kaa/*ka-i	ケ(低平調)	—	「(御)食」
2	06) *apuy「火」(PMP)	apuei	pui³³	fəi	ヒ(高平調)	ホー/ヒー	「火」
	07) *babuy「猪」(PWMP)	pabuei	phui¹¹	wəi	キ(高平調)ᶜ	イ一/イー	「亥」
群	08) *kaməy「我々」(PMP)	kami	mi³³	məi	ミ(高平調)	ミー	「身」
	09) *tuwak「酒」(PWMP)	—	—	*waaᵈ	(ミ)ワ	—	「神酒」
	10) *inum「飲む」(PMP)	minum/mənum	(hui³⁵)	num-iᵉ	ノミ	ノミー	「飲み」
3	11) *tanəh「低地」(PMP)	tanəh	na⁵⁵	taniᶠ	タニ	タニ	「谷」
	12) *qumbi「芋」(PMP)ᵍ	habei	phai¹¹	umo	ウモ	イモ	「芋」
	13) *əsuŋ「臼」(PWMP)ʰ	lasuŋ	suŋ³³	usu	ウス	ウス	「臼」
	14) *kahuy「木」(PAN)ⁱ	kayau/kuyau	ʔiu⁵⁵	koi	キ	コ一/キー	「木」
群	15) *ikan「魚」(PAN)	ikan/akan	kaan³³	ika-ʲ	イカー	イカー	「玉筋魚」
	16) *taŋis「泣く」(PMP)	—	—	na(k/g)i-ᵏ	ナキ	ナキー	「泣き」

[表 4] PAN/PMP/PWMP の対応表

(—は, 対応例なしを表す)

い種々の困難を包蔵していると言うが、すべての問題は、記録された言語が関西式方言で、長母音は短母音と音韻的対立をなしていなかったという点に帰する。上代日本語には長母音がなかったという有坂説は、はたして正しいであろうか。橋本は母音が長い場合、貝殻類の一種「尨蹄子＝ミョウガガイ科カメノテ」(*Capitulum mitella*) を意味する「石花海」『万葉集』(3:319) の「石花」が「世衣＝セー」『本草和名』(愛媛・宇和島では、カメノテの郷土料理を「せー」と呼ぶ)のように書かれ、また地名では『和名抄』に出ている紀伊（キー）國の「伊」、大隅國の囎唹（ソー）郡の「唹」、薩摩國の頴娃（エー）郷の「娃」などのように「文字が添えられている」と指摘する (橋本進 1950:207)。地名表記には『好字二字化令』(和銅6[713]) が発布されたが、その影響とは別に、これらの例で添加された「伊」「唹」「娃」という文字の選択が無作為に行われたとは考えにくく、直前の文字の長音部分に該当する文字（音引き相当）があえて選ばれているとみるのが最も合理的な解釈であろう。「飫朋佐介」または「於朋佐箇」『日本書紀』(歌謡)と書かれた地名の大坂（オーサカ）の「朋」も長母音部分を表している。ただし、地名の意柴沙加（オシサカ）に由来する意佐加（オサカ）(『古事記』中・歌謡)とは語源が異なる。そのほかにも、『和名抄』では、遠江國の渭伊（キー）郷、出雲國の斐伊（ヒー）郷、備中國の都宇（ツー）郡、紀伊國の野應（ノー）郷など、同じ字音を用いて音引きした例がある。

　地名以外にも、古くは「蚊」が「加安（カー）」、「加阿」と書かれている例が『新訳華厳経音義私記』(延暦13[794]) などにあるし、「杅＝投杅」が「比伊（ヒー）」『新撰字鏡』と書かれ、上記の「尨蹄子」はセ「勢」『和名抄』と1字表記される例がある一方、『名義抄』では「尨蹄子」はセ（上昇調）・セイ（セー）（低平・高平調）の両形が書かれている。ただし、『和名抄』の「勢」には上昇調アクセントを示す去声点があり、『名義抄』の2字表記のセイ（平上）という声点と対応するから、「勢」は長音化した母音を表した（『日国辞』の「せ[石花]」）と説明される。セ・セイのほか、『名義抄』には長短の両形を記した例として、ヤ「幅」（低平調）・ヤア（ヤー）（高平・低平調）、キ「黄」（高平調）ナリ・キイ（キー）（高平・下降調？）ナリがあるが、現代京都方言では、ヤーは高平・低平調、キーは高平・低平調で、アクセントの種類の異なる、このような表記の理由は不明である。なお、『名義抄』のキイクフ「衣食」で、キにあえてイが添えられているのは、この例が複合語であるにもかかわらず、キが長母音であることを明示するためであろう。同じく複合語の短母音キモノ「衣」は、キのままである。キイクフは、現代

京都方言では「着て食う」と言う。キイ (=キー) (高平・低平調) は、現代京都方言でも「(この服はもう) キー (高平・低平調) へん=着ない」となる。また『名義抄』で、シイ「強」(低平・高平調) とあるのは、発音はシーであったかも知れないが、シフ「強」(終止形) という語形があるから、シヒ (連用形) の誤記である。これらの事例から、古代日本語から上代日本語にかけて、関西方言で短音節と長音節の対立がなかったため、長音節を「敢えて音韻論的に」表記し分ける必要がなかったことが明らかである。

橋本は、長母音の発生を平安期以降とみて、ou > ō、eu > yō のような変化が起こった (橋本進 1950:88–89) という。これは文字の介在によって検証された論であって、文字で記録される以前の古代日本語に長母音がなかったことまで正当化し得るものではない。現代日本語の東西方言における単音節語の長短の区別は、歴史的な起源によって説明できるが、複音節語においては平安時代以降、漢語の導入によって長母音が発生し、このような外来語の影響は、星・奉仕、古書・故障、角・カード、事・コート、ビル・ビール、蔵・クーラーなどのように現在も続いている。また、日常語において、「『(沖縄の屋慶名集落は) 全部ニンジン畑』と書くより『ぜーんぶニンジン畑』と表現したほうが雰囲気に近い」(椎名誠『笑う風ねむい雲』集英社 2015) という言い回しにも見られるように、長母音には全体性・集合性を表す用法もある。

関西方言では、1 群は *ŋajan「名」> ナー、*baRaŋ「臼歯」> ハー、2 群は *apuy「火」> ヒー (föi)、*uway「藤 (とう)」> ヰー「蘭」(5.4.07 を参照) などのように変化した。しかし、もとの単音節要素は、ナマえ「名前」、ハくき「歯茎」、ヒたね「火種」、ヰくさ「蘭草」のような複合語のなかで保たれている。京都方言のテー「手」、メー「目」、ケー「食べ物 (古語)」という形は、1 群の *taŋan「手」、*mata「目」、*kaən「食べる」の語頭部分に限定的後置詞 *-i が付いた *ta-i, *ma-i, ka-i という派生語に由来するが、単音節要素は、タなこころ「手の心=掌」、マなこ「目の子=眼」・マなかひ「目の交=眼間」、カなへ「食物の器=鼎」、動詞とともにタもつ「手持つ=保つ」、タおる「手折る」、マたたく「目叩く=瞬く」・マもる「目盛る=守る」、カしく「炊、爨=飯をたく」『名義抄』(首里方言カシチー [kasicii]「強飯」) のように複合語のなかで保たれている。また『名義抄』には、タのこひ「手巾」という複合語も見えるが、テのあか「膩=指紋」ではタとならない。阪神方言では、獲れたての生きのよいイワシが魚店で「テテ (手手) 噛む」と宣伝されるが、「手を噛む」の助詞「を」を抜いた代償的な重複形で表現

されている。ただし、おテテという言い方は幼児語のみならず情愛的表現において、「「こっちこっち、こっちへおいでおいで」とまことに分かりやすいおテテひらひら式の呼び込みをやってみたところ…」(椎名誠『あやしい探検隊焚火酔虎伝』角川書店 1999) と言うこともできる。また、滋賀を走る某電鉄の車内の窓に、「窓から顔や手え(テー)出したらあかん」というステッカーが貼ってあるように、関西方言では単音節語を含む対格表現で助詞を省くことが多いのは、単音節語が長母音のゆえである(「汚いテーで触るな」では、格助詞は省略不可能)。この限定的後置詞 *-i は、第6章06の i で述べる接辞 *i と同源である。またこの *-i は、上代日本語の名詞の構成とも深く関わっている(阪倉1990:287)。橋本は、乙類母音は二重母音、すなわちイ列乙類は -ïi、エ列乙類は -əi/-əe (ただし、オ列は -ö) という仮説を立てた(橋本進 1950:71–72)。また村山(1988:8–10) は、イ列乙類は橋本と同じ -ïi、オ列も -ö とみる一方で、エ列は -ai > -ë と改めた。村山の考えは、オーストロネシア祖語形を語源とする古代日本語への音韻変化によっても裏付けられる。

なお、上記のほか、下記(4.6.)に掲げる項では、*pucuk (46)「穂」、*titih (66)「乳房」、*tuli (67)「聾」、*gigi (69)「牙」が1群に、*lumut (86)「藻」、5.4.07 の *uway「トウ属」が2群に該当する。そして1、2群の関西方言は、関東方言ではすべて単音節語で対応するが、歴史的には長母音形が古く、単音節形はそれが縮約 'contraction' したものと考えられる。

祖語形の各音節の要素が保持される3群が原則的であり、またもっとも多いので、以下においていちいち言及することはしない。

次に、表4に記した各語例に対する説明 a) 〜k) を加える。

a) 祖語形の単音節部分は、上代日本語の複合語で保持される。

タなこころ「太奈古古路＝掌」『和名抄』、タなうら「掌」・タなこころ「掌」・タなそこ「掌」・タなする「手子、指頭」・タのこひ「手巾」『名義抄』。

「な・の」は、オーストロネシア系の連結(同格)小辞 *na (二次形 *no) 'possessive particle' (Wurm and Wilson 1975) に相当すると考えられ、現在、フィリピン・タガログ語で繋辞 'ligature' と呼ばれる na の、ma-baít na báta?「賢明・な・子供」のような表現に見られる。上代日本語における「な」は「の」の古い形であるが、いずれも語源は分からない(橋本進 1969:106)という。イ -i は、オー

ストロネシア系の限定的後置詞。同様の複合語形成は、下記の b, j の例においても認められる。上代日本語のテ―「堤＝手」『日本書紀』(継体 7) は *ta-i が起源とすると、もとは乙類で、テに甲類と区別があったのだろうか。

連体助詞または属性を表す格助詞には、はまツちどり「波麻都知登理＝浜千鳥」『古事記』(中・歌謡)、あきツしま「阿岐豆志麻」『古事記』(下・歌謡)、わたツみ「海霊」『日本書紀』(神代・上) (ワタについては、*sawaŋ (4.6.81) を参照)、あたかしツひめ「吾田鹿葦津姫」『日本書紀』(神代・下)、みけツもの「饌」『日本書紀』(雄略 12)、しまツとり「之摩途等利＝島鳥」『日本書紀』(歌謡)、みけツくに「三御食国」『万葉集』(6:934)、うみツち「海津路」『万葉集』(9:1781)、おきツしまやま「奥津島山」『万葉集』(11:2728)、しこツおきな「之許(乙)都於吉(甲)奈＝醜翁」『万葉集』(17:4011)、たなツもの「太奈都毛乃＝種のもの、稲の種子」『和名抄』、くにツやしろ「地神」『名義抄』、かひツもの「貝＝貝類」(第 10 章 3. 形態を参照)、いねのたなツもの「水田種子」(「たな」は「種」の複合語形)・あまツやしろ「天神」・やまツいも「山芋」『名義抄』などに現れるツがある。ツを介した複合語は、「しこツおきな」のように乙類・甲類母音が共存し得る。この「ツ」を上代日本語の格助詞「ユ、ヨ」の異形態とみて、ツングース祖語形の場所格 *du/*dü (村山・大林 1973:160) に起源を求めるのは音韻的に無理があると思われ、正確な語源は不明である。また、「わたツみ」の「み」は一般に「霊」と解釈されるが、転じて海そのものになったという説明には無理がある。すなわち、もとは「わた (海原) と呼ばれるうみ」(うみ「海」の語源は不明) という複合語ではなかったろうか。「うみ」のうが落ちたのは、上代日本語の母音重複を避ける現象による。対馬の和多都美神社はワタツミの読みどおりであるが、「海」の一文字でワタツミと呼ばせる神社も兵庫・垂水のほか各地にあり、またワタツミを祀る神社が鹿児島、長崎、福岡、広島、岡山、兵庫、三重、千葉にかけての沿海地域に多く分布するのが注目される。ツには、同格的用法もあったと推定される。ただし、このような同格的用法は譲渡不可能の小辞 *na (*no) にも存在した。ゐノこ「猪子、豚」『名義抄』の「ノ」が属格用法であるのに対し、ゐノしし「猪と呼ばれるけもの」の「ノ」の用法がそれに当たる。ただし、このような *na を含む同格語は書き言葉として残ったので、話し言葉ですべてにおいてこのような修辞的表現をしていたということを意味するものではない。

またワタツミには、奈良時代においてワタツミの沖つ白波『万葉集』(15:3597) の原意を保つ用法がある一方、ワタツミの海『万葉集』(15:3605) のように、形式

化して枕詞のようになった用例もある。この用法は、修辞的表現の一種、重言（じゅうごん）と呼ばれる語法に相当し、淡海乃海『万葉集』(2:153)・淡海之海『万葉集』(7:1390)にもその用法が見られる。わたつみの語構成に似た現代の用法として、道路案内標識で「青山通り」を Aoyamadori Ave.、「白樺湖」を Lake Shirakabako、「法隆寺」を Horyuji Temple、「比叡山」を Mt. Hieizan、「首里城」を Shurijo Castle などと書いたものが見受けられるが、日本語とそうでない言語（英語）との重複した表現形式である点では、現代に生きる同格的表現であり、また重言（砂山の砂を指で掘ってたら、滋賀の食品フェア宣伝文「みんな琵琶湖にあつマルシェ」（フランス語 marché「市場」）、県民の人々、噴水の水しぶき、など）にも見ることができる。

　属格表示においては、対象との関係が、まナコ「眼」では譲渡不可能、まツけ「睫毛」（「まつげを読まれる」という表現もある）では譲渡可能のように使い分けられ、オーストロネシア系の小辞ナ (*na) との混合的用法が認められる。ただし、格助詞ガにも「和我覇＝わガ家」『万葉集』(5:816)、「梅が枝」『源氏物語』（竹河）のような譲渡不可能の属格機能があるが、ガはツングース系の属格接辞 (*-ŋgai > *-ŋī) 起源と言われる（村山・大林 1973:160）。このような複式表現法は、古代日本語から上代日本語にかけて一般的に行われたと考えられる。格助詞の「が」と「の」（古くは「な」）の属格的用法に待遇表現で区別があるとされ（『日国辞』の「が・語誌」）、人を表す体言を受けた「が」はその人物への親愛、卑下の感情を、「の」で受けた場合は敬意、心理的距離があることを表すというのは、前者が一体的で譲渡不可能、後者は譲渡可能と対応し、オセアニア語的発想の名残であろう。また大野も、「が」は自分のウチに属する人物、「の」は（ソ）トの部分にあるものにつく助詞という説明をしている（1974:178–180）。「梅が枝の手水鉢」（假名垣魯文「戯れ歌」）の「が」と「の」には、その使い分けが見られる。さらに、まナコ、まツけのほかに、まユけ「眉毛」という複合語は、ツングース祖語の場所格 *-du/*-dü（第 2 章を参照）に由来する「ユ」を含む形と考えられる。すなわち、譲渡可能のマツげ「睫毛＝眼に付随した毛」に対して、マユげ「眉毛＝眼のあたり（付近）にある毛」を区別するのは、「ゆ」が「作用の空間的な起点」（『日国辞』の「ゆ」）を表す格助詞だからである。奈良時代には、マユはマヨの形でマヨかき「麻用賀岐＝眉描」『古事記』（中・歌謡）、マヨ「如眉＝眉のごと」『万葉集』(6:998)、マヨひき「麻欲比吉＝眉引」『万葉集』(19:4220) などの例があるが（川端はマユの交替形と言う。1978:53–54）、平安時代末期以降、マ

ユ「眉」『名義抄』はマユげから異分析されて独立語となったのである。

ツングース系語尾として、いぬジもの「伊奴時母能＝犬のごときもの」『万葉集』(5:886)、鴨ジもの「鴨自物＝鴨というもの」『万葉集』(1:50)のような奈良時代以降にすたれ、きジむん (ki-zi-muN)「木のもの＝妖怪」(首里方言)のように方言に残る小辞がある。このジ (zi) は、*-ǯi「手段格」(池上 1971:292) または *-ʒi/*-ʒ́i「造格」(村山 1988:28–31) に起源があるとみられる。

b) 上代日本語 マなこ「万奈古＝睛」『新撰字鏡』、マなこ「目、眼、瞳」・マなふた「瞼、眲」・マなしり「眥」・マのあたり「面」・マつけ「眲」・メくはす「眴」・メのまへ「前」『名義抄』。さらに、マ「目」が連結辞 (な、の、つ) なしに複合語を造った例が、マたたく「瞬」・マみゆ「見、覲」・マもる「護、衛、扞」『名義抄』などのほか、マなしかたま「無目 (＝隙間なく編んだ) 堅間＝籠船」(4.6.18 を参照) に見られる。まなこ (＝目の子) は、瞳という文字や、フランス語の pupille「瞳孔」が poupée「人形」に語源があることと共通した発想である。*mata「目」の前部要素 ma- にオーストロネシア祖語の属格 (処格) 後置詞 -i をともなった *ma-i > më が長音化した関西方言のメーが、関東方言で短縮したのであって、村山 (1974b:123) が言うように *maNTa > *mana > ma- という不確定な推定形を経て、メがオーストロネシア祖語から直接、収縮したのではない。なお、回輝語の ta³³「目、芽」は、オーストロネシア祖語の後部要素 *-ta を継承する。ただし、「目」の場合、tin³³ ta³³ と複合語で言うが、この tin³³ は漢語の yǎn jīng (北京語「眼睛＝目」) の jīng を範疇詞として借用した語で、独立しては用いられない。

c) 表にはないが、西部マライ・ポリネシア諸語のうち、例えばンガジュダヤク語、ジャワ語では、*babaq「口」、*babaq「下に」、*babi「女」、*babuy「ブタ」、*kaban「仲間」、*ta(m)baR「淡水の」、*tabuR「撒く」、*ta(m)bun「積む」の語中の *-b- が、bawa、bawah (bawah)、bawi、bawoi、kawan、tawah、tawor (tawur)、tawon (tawun) のように -w- に変化する (カッコ内はジャワ語)。古代日本語でもンガジュダヤク語が被ったのと同じ変化が起こり、*babuy > *bawuy から語頭音節の脱落を経た *wəi がキーになったと推定される。ただし、このような外的要因のほかに、日本語史においても語中、語尾のハ行音が奈良時代にワ行音に変化する傾向があったことが、うるハし・うるワし「麗し」『名義抄』、は

ハ・はワ「母」、つハ・つワ「唾」などの例から知られる（濱田 1946:83）が、奈良時代以前の古代日本語においてすでにこの現象が始まっていたとみることもできる。このハ行・ワ行転呼の問題は、4.5. においてさらに詳しく論じる。琉球諸方言間では b/w の対立が、語中でクバデサ・クワデーシ「シクンシ科モモタマナ」(*Terminalia catappa*) に、また語頭でブーギ・ウーギ「サトウキビ」(日本語ヲキ「荻」『名義抄』)（天野 1979）、ビグイ・ウィゴー「クワズイモ」などに見られる。

さらにキー「豕」は、*uway に由来する *wəi キー「繭」と同音になり、衝突を避けるためにアクセントの区別が発生した。『名義抄』では、豕は低平調、繭は上昇調になる。なお、*uway (5.4.07) を参照されたい。

d) 上代日本語 みワ「瀰和＝うま酒」『日本書紀』(歌謡)、「三輪＝神酒」『万葉集』(2:202)、ミ禾「神酒」『名義抄』。また、『土佐国風土記』(逸文) に、神河は三輪川と読み、大神のため酒を醸造するための水とある。奈良・桜井、またその分祀社である大阪・富田そのほかの三輪神社は酒神をまつる。三輪は、大神とも美和とも書かれる。御甕で酒を醸したからミワというが、甕をワという根拠はない（『時国辞』）という説明は、ミワの語源を甕と決めこみ、甕はワとは言わないという論法で、混乱がある。

e) 第 2 章で述べたように、古代日本語の動詞活用の中心は連用形で、後の終止形、命令形、連体形の機能も帯びる。また、未然形と已然形の区別はなく、已然形自体の成立はもっとも遅れたと考えられる。琉球・宮古方言では、連用形、終止形、連体形が文法的には同音異義の関係にある（『言大辞』「琉球列島の言語・宮古方言」）。古代日本語の連用形は同時に名詞形ともなり、現代語でもその機能は保持されている。なお、*inum (4.2.10) のほか、4.6. の *ləkət (32)、*timbun (52)、*dakəp (53)、*TakTak (54)、*cupcup (79)、*ñamñam (87)、*wakaq (90)、および *suwan (5.1.08) において、連用形がオーストロネシア系の後置詞イ -i で形成されることを示している。また、後置詞 -i が生み出す派生形は 5.3. の注 b で触れる。ただし、古代日本語における連用形語尾の一部と助詞の起源は、その多くをツングース祖語に負っている。具体的には、村山・大林 (1973:157–175) を参照されたいが、第 2 章でも略述した。ただし、終止形の成立過程については、いまだ不明な点が多い。一つの見解として、川端 (1979:231–238) の、連用

形の原形となる狭母音領域の前部の i と対立して動詞性を発揮する音形態として、後部の u が適当であったという調音位置説がある。ただそれならば、この対立が起こる以前に、基本母音 u は音素としてどのような働きをしていたのかという素朴な疑問が起こる。

f) 上代日本語 タニ「多邇＝谷」『古事記』(上・歌謡)、「多爾」『万葉集』(14:3507)、タニ「磧、坑」・タニかは「谿」『名義抄』などは、関西方言のデータとみなしてよい。地名に含まれるタニ「谷」の分布は西日本で卓越し、東日本のヤツ・ヤチ・ヤ「谷、低湿地」と方言地理的な対立をなす。地名ヤツ「谷津」は関東地方の丘陵地帯を中心に多く見られ、平地が山に入り込んだ湿地で湧水が豊富な所が多く、後に稲作適地となる。「渋谷」という地名は、京都で「しぶタニ」、東京で「しぶヤ」と呼ぶ。ただし、北日本の津軽に「しぶタニ」と呼ばれる地名が飛び地としてある。一方、『常陸国風土記』(717–724) の「夜刀神＝蛇」は、ヤツの最古例である。ヤツのアイヌ語説 (柳田 1976:20) は誤りでむしろその逆と見られ、語源としてツングース祖語形の *dətu「沼沢」との関係が示唆されている (池上 1985:118)。このような日本列島における東西の語彙的対立が、このほかにも西日本を中心として、イカ (4.2.15)、ユマ (4.6.21)、ホキ (4.6.38)、ホロ (4.6.41)、ヨネ (5.1.05)、ハイ (5.2.07) などの分布に見られるのは、オーストロネシア系民族の初期の移動に関わりがあるためと考えられる。

g) マライ・ポリネシア祖語に「ヤムイモ」として *ubi/*qubi を再構成するのは Dempwolff (1938)、Blust (1988) であるが、語中に鼻音前出をともなう *qumbi[ʔh] は、Dyen and McFarland (1970) によってすでに試みられている (Wurm and Wilson 1975)。Tsuchida (1977:94) が PAN として建てる *qubi は、台湾諸語のなかのヤミ語のみに基づいている。したがって、ヤミ語をフィリピンのバシイック語群に含めるならば、ブラストのマライ・ポリネシア祖語レベルでよいことになる。ただし、バシイック語群のバタン語で ovy はサトイモのことで (臼井 2001:112)、意味変化を起こしている。『和名抄』では、やまのイモ「夜万乃伊毛」は、いえのイモ「以倍乃伊毛」と区別され、前者はヤマノイモ属、後者はサトイモ属を指す。古代日本語ウモは、当然、*qumbi[ʔh] に由来する。*qumbi > *imo という母音の音位転倒は *Ra(ŋ)kit「筏」> *yika (4.6.18)、*bi[t]uqən「星」> *putsi > *fusi (4.6.37) にも見られ、同じ現象が古代日本語で多

く発生したことが分かる。ただし、イモ・ウモを i〜u の共時的交替とみなし、同類にイヲ「魚」(4.6.91)・ウヲを含める説もある (川端 1978:217)。しかし、イヲにはイワ (複合語形) という交替形があるほか、イモは母音の音位転倒として十分説明ができると考えられる。

h)「臼」は、PMP レベルでは *lusuŋ または *ləsuŋ と再構成されるが、PWMP レベルではこのように *əsuŋ (Blust 1980) となり、古代日本語に接近する。

i) デンプウォルフは *kayu (PMP) を再構成したが、村山 (1979:174) はマレー語 kayu、マダガスカル語 hazu などがタガログ語では kahoy と対応することから、*kahui に修正すべきとした。この指摘は正しい。ただし、Tsuchida (1976:247) は、*kaS$_2$iw (PAN) をすでに建てている。この *kahuy から *köi (村山の推定形) を経て乙類母音の古代日本語の独立形キー (kï)、複合語形コ (kö-) が発生したことは議論の余地がない。

j) 上代日本語イカは、「烏賊」説 (村山 1978:191–193) があるものの説得力を欠くうえ、*ikan を *i と *kan に切り、原義を「食べ物」とする分析 (村山 1979:148) は、オーストロネシア祖語の単音節語根主義が決定的ではないという観点からも仮想に留まる。魚だけがなぜ食べ物になるのかも不自然である。*ikan は、ハワイ語 i'a が「魚、海産生物」を表すように、意味が拡大することもあるが、魚類でもない烏賊にだけ意味的に特化するのは非常に不自然である。ミラー (1982:204–205) も、イカを *ikan から切り離して考えることはできないと強弁するだけで説得力はない。イカなご (*Ammodytes personatus*) は「春、明石市では一番多くとれる魚で、3月の旬になると明石海峡で潮の縁の下から下から沸いてくる」(鷲尾 1989:146, 鷲尾圭司「なぎさ海道」『朝日新聞』1998/3/31) とも言われ、「魚の子」という命名を彷彿とさせる。『和漢三才図会』(1712) では、玉筋魚 (漢名) を俗に「以加奈古」または「加末須古」と呼ぶとある。イカナゴの分布は西日本で卓越し、東日本 (関東、東北、北陸) ではコウナゴという方言が多い。コウナゴのコウの語源は不明である。小女子と書くのは、異分析による民間語源の当て字である。イカナゴは 3 年ものの成魚になると、西日本ではフルセまたはカマスゴ (カマス[鮁]子) と呼ばれるが (武井 1831:32, 123)、カマスゴ

は東日本ではイカナゴと呼ばれ、ワラワラと湧き上がるような稚魚ではない。

同じ語構成による複合語の魚名として、ナミノコ「波の子」は東京・横浜方言でテンジクダイ(*Apogon lineatus*)を指し、キビナゴ(*Spratelloides gracilis*)は「吉備の子」が、現在も古代の吉備国に含まれる中国地方が産地として有名なための語源であろう。「黍」説は、当て字としても意味不明。ツノコ「津の子」は、鹿児島方言でカワハギ科ウスバハギ(*Aluterus monoceros*)を、シオノコ「潮の子」は、新潟方言でブリ(*Seriola quinqueradiata*)の幼魚を指す。また、アナゴはナガウオ「長魚」の変化した語でウナギと同根とする柴田武説(『日国辞』)はうがち過ぎで、アナゴがアナナコ「穴の子」の語中音節消失 'syncope' であることは明らかであろう。アナゴは砂泥の巣穴から身を乗り出して棲息するからで、ウナギにはそのような習性はない。そのほか、コノコは、コ「古＝海鼠＝ナマコ」『和名抄』(コ「海鼠」『名義抄』)の子で「干したナマコの卵巣」、またタツノコ「竜の子」は、高知方言でタツノオトシゴ(*Hippocampus coronatus*)のことである。

なお、コ「子」の語源について、ツングース祖語 *kuŋaa「幼児」から *kuaa を経て上代日本語 kɔɔ(甲類)・琉球祖語 *kuwa「子」、さらに *kuŋaa > *kuna から上代日本語の、をクナ「烏具奈＝童男」『日本書紀』(景行 2)を導く説(村山 1981:118–121、福田昆 2007:102)がある。しかし、琉球祖語が九州から南下したツングース系の言語であるというのは、ツングース系民族の分布と移動を含めて考えるならば無理がある。

k) ナキは、オーストロネシア語系の接頭辞 *ma- をともなった *maN-taŋis > *ma-naŋis に由来する。*ma- は、前鼻音化なしで状態(類例は、*ma-bulat [4.6.40]、*ma-tipis [4.6.64])を、前鼻音化付きで他動詞化(類例は、*maN-dakəp [4.6.53]、*maN-tənun (4.6.60)、*maN-təŋaq [4.6.61])を表す機能があった。この例は、「泣きを泣く」という同族目的語の例である。現在、タガログ語で ma- に可能、受け身、自発、意図成就など多様な機能があるのは、もともとの状態を表す機能に起因するからである。一方、maŋ- は行為者重点で、他動詞・自動詞(同族目的語を含む)文に用いられる。フィリピン・ルソン島のパンガシナン語の akís「泣く」は *taŋis に由来すると考えられるが、語中の *-ŋ- が *-k- に変化するのは古代日本語と同じである。なお、「泣く」の語源をツングース祖語 *nəŋə-「うつむく、祈る」に求める(福田昆 2007:65)のは、意味・語形ともに非

常に無理がある。

奈良時代の日本語の音韻問題において、清音・濁音（無声音・有声音）が別個の音韻であったか否かはいまだ決定的には明らかにされていない（大野 1953a:30）と言われるが、古代日本語には語頭音に関してラ行音とともに無声音・有声音の音韻的対立はなかったようである（橋本進 1950:75）。その理由として、語源の判明している語彙だけを見ても、語頭で有声音をもつ語は漢語を含めて由来が新しいこと、語中では無声子音が母音間で有声化する例がほとんどであることが指摘できる。また服部は、もと清音ばかりだったものの一部が濁音に変化するのは、それにふさわしい環境が必要であると述べ、はねる音式の鼻音 'syllabic nasal' がその前にあったからと言うが（服部 1960:334）、この現象が起こる原因については何も述べていない。『日本書紀』の場合、歌謡と訓注にはすでに清濁の音韻的区別が表記し分けられていたようである（大野 1953a:38）。しかし語中では、「泣き」は万葉仮名でナキ「奈吉」『万葉集』(14:3569) とナギ・ナキ「奈伎」『万葉集』(14:3485)、「秋」はアキ「安吉」『万葉集』(15:3688) とアキ・アギ「安伎」『万葉集』(15:3629)、「凪」はナキなむ「名木（連用形）名六時＝和ぎなむ時」『万葉集』(9:1781) とあさナキ・あさナギ「朝奈伎＝朝凪」・ゆふナギ「由布奈藝＝夕凪」『万葉集』(13:3301, 15:3622) のように、清音・濁音の両方で書かれている。万葉仮名のこの類別は橋本による（橋本進 1950:196）。

すでに 4.1. で述べたように、いったん失った清音・濁音の対立が復活したのは、言語接触による結果である。ただし、有声・無声の機能負担量 'functional load' の点からもバランスを欠いていた（つまり、有声の効率が低い）と考えられ、現代日本語においても清音・濁音の対立に語の「含蓄的」意味を区別する機能がいまだに認められる（鈴木 1962）。これは、上代日本語の音韻史における有声・無声の対立の余韻を今なお引きずっていることになる。このような音韻形式は、音韻論でいう欠如的対立 'privative opposition' に相当し、無声音が無標で、有声音は有標（限定的特徴）の非対立になる。また、平安時代以降に出現した仮名（和字）のシステムも欠如的対立をなしていて、文字上で濁音は清音に濁点（半濁音は清音に丸）をふって区別する。このような方法は、世界の文字の例から見てもきわめて特異である。濁点を用いて有声音化する文字遊び的事例として、岩手・遠野の商品名に「跳ぶ酒」の「跳」に濁点を付けてドブロクと読ませるような民間の例もある。また日本のエッセイストの間では、「濁音語法」（「くやしい」を「ぐやじい」）という情緒的表現スタイルも行われる。このよ

うに現代にまで残るランダムな用例は、歴史的な有声・無声の音韻的対立の存在を疑わせる好事例と言えよう。漢字の読みとしても、柳田国男はヤナギタ、評論家の柳田邦男はヤナギダであり、地名の大阪・茨木はイバラキ、金沢・茨木はイバラギと呼ばれ、魚名のアカムツ (*Doederleinia berycoides*) は、ノドクロ、ノドグロの両形が言われる。また、語頭においても「漬け蕎」と「漬け蕎」、「側」カワはガワと、「土産」ドサンはトサンと同じ(『日国辞』) などの例に見られるように、清音・濁音使用の極めてあいまい 'fuzzy' な現象が続いている。

4.3. 音変化の法則

次のオーストロネシア祖語音の音韻目録は、Blust (2013:600–601) による。

子音　　/p : b : m, t : d : n, k : g : ŋ, C : D : N , c : j : ñ, s : z, l : r, R, q, h, S/
半母音　/w, y/
母音　　/a, i, u, ə/

子音のうち、*C は無声歯茎破擦音[ts]、*c は無声硬口蓋破擦音[tʃ]、*D は有声そり舌破裂音[ɖ]、*j は有声口蓋化軟口蓋破裂音[ɟ]または[gʲ]、*q は口蓋垂破裂音[q]、*N は鼻音類を表すほか、*s と *S は両者とも歯擦音であること以外、音価は不明である。一方で、Wolff (2010:31–32) はブラストの音韻目録を整理して単純化し、/d/, /c/, /g/, /r/ は認めず、/C, t/, /ñ, N/ を一体化するなど、具体的な言語の比較に際して議論を招く提案をしている。なお、本書ではブラストの音韻目録に無声そり舌破裂音 *T [ʈ] を加える。オーストロネシア諸語は言語の数が非常に多いため、新たな言語の資料を加えて音韻対応を修正すれば別の対応系列が現われ、従来の説と整合しなくなることが日常茶飯事である。これは、デンプウォルフ以降のオーストロネシア語比較言語学の歴史でもあった。この細部については、本書と直接の関係はないので詳説しない。本書では、デンプウォルフ、ブラストの再構形(ならびに、ワームとウィルソン Wurm and Wilson の再構形の一覧)をより安定的、指南的と判断し、それに依拠する。

PAN の母音は、4 母音 *a, *i, *u, *ə からなり、POC では PAN のそれぞれからの変化音 *a, *i, *u, *o、および PAN の二重母音 *ay > *e, *aw > *o, *uy/iw > *i 由来の計 5 母音からなる (Blust 2013:601)。POC へのこのような変化の傾向

は、琉球語諸方言で現在も維持されている。古代日本語から上代日本語にかけて行われた母音体系は、甲類・乙類への変化をともなう 8 母音体系(甲類 *a, *i, *u, *e, *o, 乙類 *ai> *ë , *au > *ö, *ui/*əi > *ï)が再構成され、ツングース祖語の 8 母音体系 *a, *i, *u, *o, *ɔ, *ə, *ʋ, *ɪ (池上 1971:282) とは違いがあるが、システムとしては PAN の方が単純である。言語混合の現象として、音韻が均等に混じり合うということはない。メラネシアピジン語(トクピシン)においても、音韻体系はオセアニア諸語のそれをほぼ踏襲していて、複雑な英語の体系は捨象されている。また、日本語が高低アクセントをもつことも、日本語のオーストロネシア語系語彙の音韻変化として重要である。本書で引用した古代日本語におけるツングース系語彙との対応例は、*-ʒi/*-ʒi「手段格あるいは造格」(4.2.a)、*dətu「沼沢」(4.2.f)、*kuŋaa「幼児」(4.2.j)、*da(m)ban「峠」(4.6.38)のほか、第 2 章で触れた *xala「親族」、*-ra「未完了語尾」、*-ri/*-rii「分詞形成語尾」、*-ba/*-bə「対格、詠嘆語尾」、*-du/*-dü「場所格」、*-dulii/*-dülii「沿格」、*-ŋii/*-ŋgai「属格」などのような文法的要素に留まるため、ツングース語系語彙との音韻対応の検証はまだ十分とは言えない。しかし、適正な意味変化を考慮した今後の比較研究によって、対応語彙は増加してゆくであろう。

オーストロネシア祖語音から古代日本語への音韻変化規則は、次のようになる (1〜12)。

なお、以下に例示する語例のほとんどは 3 群に属する。比較言語学で音法則(ここで法則というのは、未来も予知できる自然科学の概念とはまったく異なるが、過去の事実の集約的知見という意味で、社会科学の概念に近い)を設定するためにはいったいいくつの具体例があればよいかという問題については、L. ブルームフィールドもその浩瀚な書物で、(音声的変化と言語間の対応が)偶然に基づくとしてはあまりに頻繁で特異な場合、と言うのみで、幾例あれば法則と呼べるのかについては何も言っていない。支持例が最少で 3 例あればよいと言ったのは、記憶違いでなければ、オーストロネシア比較言語学者ダイエン (I. Dyen) である。しかし、オーストロネシア祖語から古代日本語への音法則を支持する例は、以下で見られるとおり 3 例どころではない。このような発見は、「古典的な比較方法(言語間の同源語の間に何らかの対応の規則性を確立する)をもってしては、日本語を(周辺の)語族のいずれかと結びつける試みはほとんど成功しなかった」(( ) 内は崎山)という強弁(松本克 2007:10) に対する

反例ともなるであろう。

1. *R > *y（ただし、アルタイ祖語 *d > *y）
2. *q, *h, *S > ゼロ
3. *l-/*r- (語頭)、*-l-/*-r- (語中) > *t-, *-r-
4. *b, *p > *f/*ɸ > h（同じ唇音系列の 10. *w と混乱し、「ハ行転呼音」となる）
5. *d/*D, *t/*T > *t
6. *k/*g (語頭)、*-ŋ-/*-ŋk-/*-ŋg- (語中) > *k-, *-k-/*-g-（ただし、ツングース祖語 *x > *k）
7. *C, *c, *j, *s, *z > *s（ただし、ツングース祖語 *ʒ > *z）
8. *m > *m
9. *n, *ñ, *N > *n (*m)
10. *w > *w（ただし、アルタイ祖語 *b > *w）
11. *y > *y
12. 単母音は *a, *i, *u > *a, *i/*e, *u/*o のほか、*ə > *a, *i, *u は同化による変化を含む。二重母音は *ai > *ë, *au > *ö, *ui/*əi > *ï と変化し、すべて乙類。

4.4. オーストロネシア祖語音 *R の変化

祖語音から具体的な諸言語音にいたる間で、もっとも多種の音対応を示すのが *R（デンプウォルフは、ギリシア文字のガンマ［有声軟口蓋摩擦音 ɣ］を祖語音として指定した）であり、ここで日本語との比較におけるこれまでの問題点を整理しておく。オーストロネシア諸語においても、祖語音 *ɣ には /d, n, ð, r, l, lh, s, z, k, g, ŋ, h, y, ゼロ/ などのように多様な変化が見られる（Blust 2013:588）。これからも明らかなように、この変化を音声学的に説明できるような祖語音を見出すことは極めて難しい。したがって、この祖語音をデンプウォルフのいう軟口蓋摩擦音または摩擦音化した d から r が発生した（松本克 2006:339）とみるような単純な説明は通用しない。オーストロネシア諸語における長い歴史のなかで、この系列の音はそれぞれの言語で様々な音韻変化を経たと考えるべきであろう。なお、フィリピンのバシイック諸語、ルソン島のカパンパンガン語、ミンドロ島のマンヤン語、ニューギニアのマヌス諸語、インドネシアのボルネ

オ島のメラナウ語、マアニャン語など、日本列島に近い地域では古代日本語と同様、*R は原則的に y に変化する。この音韻現象をみる限り、歴史的な言語類型地理が成立する。また、ツングース（アルタイ）祖語形 *d からも y への変化がある（村山・大林 1973:158）。

これまでオーストロネシア祖語音 *R の上代日本語における変化について、村山は y, r, ゼロとするなど、多重対応 'multiple reflexes' の弊に陥っている。このうち y には正当性があり、以下の 4.6. に示す例のうちの 17) *Rabut、20) *Rəbi からの変化をすでに指摘している（1978:253–258）。しかし一方、4.2.04 の *baRaŋ「臼歯」> 上日ハー「歯」、*kaRaŋ（PWMP）「乾いた」> 上日カラす「枯」(1988:212) は意味的には妥当に見えるが、後者では *R > r への例が少なく、偶然の似寄りか例外的な変化であると考えられる。また前者の *baRaŋ については、私はハー（上昇調）を 1 群として分類するから、多重対応の問題は起こらない。ゼロへの変化では、村山は *uRaŋ（PMP）「人」から *uha > *ua > wo ヲ「男」を導く（1974b:149, 1981:72）。「人＝男」という両義の例は世界的に多いが、中間形の多さからこの解釈は説得的ではない。*uRaŋ については、4.6.26 を参照されたい。村山自らは *R の変化について、「まだ十分に究明されていない」(1978:257, 1979:153) と言い、半信半疑であったことをうかがわせる。そのほか y への変化例として、5.2.03 の *baRat「西風」を「ハエ＝南風」、また *baRani（PWMP）「勇敢な」を「ハヤト」に当てる村山説（1973:203）はあまりにも非現実的である。祖語形 *baRat「西風」は、マダガスカル語で (a)varaṭa「北」に意味変化するような事例があるが、これはマダガスカルの民族移動の来し方（強風が吹いて赤道から南方の島に押し流された方向）の方位と関係するからである。*baRat は、モンスーンで時に大雨をともなう強風である。この風が穏やかな南風に意味変化することは、オーストロネシア系の諸言語では考えられない。なお、ハヤトの語源については、5.2.07 の *paRi を参照されたい。

一方、泉井（1975:228–229）は、オーストロネシア祖語 *R の日本語への変化について、s、ゼロ（語頭）、r（語中または母音間）として多重対応を避けているかに見えるが、示された例は、語頭では *Rumaq「家」からスム、スマふ「住む」(下記 4.6.21 を参照)、*Rapus「結び合わす」からアフ「合う」、アハす「併す」の 2 例のみである。問題点として、スマふの「ふ」とは何かが説明されていないこと、アハすでは使役形語尾と祖語形語末の *-s の解釈に混乱があることがあげられる。また、ゼロの例として、*(ba)Rani「男性的」からアニ「兄」、*Raya「大な

る」からアヤに「非常に」を示すが（村山は *baRani を「ハヤト」に当てた）、オーストロネシア祖語の原意はそれぞれ、「勇敢な」、「尊大な」であり、意味変化として不自然である。また泉井は、語中では *daRat「平地、水面」(Fläche) からナラを、*naRat という前鼻音化形を仮定して説明している。確かに、奈良市は盆地ではあるが、この前鼻音化形はオーストロネシア祖語において再構成されておらず作為的である。ただし、*ma- の鼻音化前出形ではマレー語 mən-darat「上陸する」、タガログ語 man-da-ragát「海上で生業をする職＝船乗り」などが可能である。タガログ語に見られる *maN- の「深く関与する＝繰り返し」を表す機能は、フィリピン北部のイトバヤト語、mang-ng-among「漁師」(among「魚」)にもあり (Yamada 2014)、フィリピン諸語の特徴になっている。泉井の法則化も、示された例の少なさと相まって、s、ゼロまたは r へ変化したとする説にはほとんど可能性がないと言わざるを得ない。

　板橋 (2011) も、西部マライ・ポリネシア祖語 *R が古代日本語 *y と対応すると見るのはよいが、これが由来するオーストロネシア祖語をゼロ (*0) とする一方、オーストロネシア祖語・西部マライ・ポリネシア祖語の *k/*R を古代日本語 *k に変化するとみる混乱がある。*R は、古代日本語で *k にはならない。

　下記の 4.6.1. に掲げる多くの例が証明するように、オーストロネシア祖語音 *R は古代日本語で y に変化したとみる以外に、他の音を詮索する必要はまったくない。たとえ音韻法則であろうとも、法則は簡潔性をもってよしとする。

4.5.　日本語の表記上の問題点―とくに「ハ行転呼音」について

　歴史的仮名遣いは、江戸前期に契沖が古典の例および古典に例のない場合は傍例および語源を考えて定めた（橋本進 1946:128–133）と言われる。しかし、そのいずれもが明らかでない場合は、鎌倉・室町時代の定家の仮名遣いに従った。したがって、確とした比較言語学的根拠に基づかないままにハ行・ワ行音が決められたことも多いが、その権威は現代にまで影響力をもち続けていると考えられる。歴史的仮名遣いはすべて仮説である、と言い切ってしまえるかどうかには問題があるが、歴史的にそれを検証する方法として比較言語学的手法を用いなければならない。ほかの言語との比較がほとんど説得力を欠く現状において、オーストロネシア祖語（マライ・ポリネシア祖語、西部マライ・ポリネシア祖語）との比較がもっとも有効であると、音法則に基づいて私は主張したい。

ことに、ワ行・ハ行間の表記のゆれは甚だしく、語中・語尾のハ行音がワ行音と同音になった奈良時代にすでにその痕跡が見られ(橋本進1950:31)、語頭以外の「は、ひ、ふ、へ、ほ」が平安時代以降、「わ、ゐ、う、ゑ、を」と混同して書かれるようになったことは、これらの音を含む歴史的仮名遣いの語源を考えるうえで最大限の注意を払わなければならないことを意味する。ただし、語によっては語中・語尾でワ行音に変化しないものもあり、現代語のハハ「母」は室町時代以前に fafa, fawa と両様に発音されていた(濱田1946:83)。奈良時代に発生していた、ハ行音をワ行音で書き(「ハ行転呼音」と呼ばれる)、またその逆もあるなどの仮名遣いの乱れは、和銅6(713)年の『好字二字化令』で粟国(現、徳島の一部)の粟は「阿波」と誤記され、その後、アハ「阿波旎辭摩＝淡路島」『日本書紀』(歌謡)、アハ「阿波＝粟」『万葉集』(14:3364)にも引き継がれている。しかし、『出雲国風土記』意宇郡(現、八束郡)に記された粟島は現在、青島と呼ばれ、この例から粟はアワが正しいことが証明される。オーストロネシア語の語源からも、5.1.10で触れるように、粟はアワが正しい。『大智度論天安2［858］年点』のアワ「禾＝粟」の禾は、イネ科アワを意味する文字であるが、奈良時代の古音である呉音はワ［ua］(漢音はカ・クワ［ɣua］)であり、禾は和の部首に相当する。したがって、この字を『日国辞』がアハと読むのは誤りである。ワ行・ハ行の混用は、貫之の『土佐日記』(935頃)には写本間で、よみすヱ・よみすへ、うるワし・うるハしのような例が多く見出される。間投助詞とされるワも、係助詞ワと語源は同じであるが、「潜きせなワ(和)」(［湖に］もぐりたいな)『古事記』(中・歌謡)と書かれる一方、係助詞「ワ」は現在もハと書かれる。また、現在の格助詞「へ」も実際の発音と異なる仮名遣い例であるが、これは『国学辞』が述べるハ行転呼音の例とはならず、「あたり(辺)」を意味する「へ(辨)」『古事記』(中・歌謡)が語源と考えられる。なお、淡路島のアワに対する解釈は、5.3.のeを参照されたい。

　『名義抄』では「粟、淡、泡、沫」に対してすべてアハと書くが、カクノアワ「結果＝菓子名」に対してはアワと書く。カクノアワが語源的に「香菓の泡」であるならば、泡の表記には混乱が起こっている。ただし、『名義抄』でユノアハ「石流黄＝硫黄の泡」はアハと書く。地名の粟津(滋賀)が、「関越えて粟津の森のアハズとも」『後撰和歌集』(951)では「逢はず」の掛け言葉であると文学的に解釈されるが、地名のヅ(津)とズとは四つ仮名の違いがあるほか、粟の読みがアハで正しいことを証明するものではない。したがって、「淡淡しく」を

4.5. 日本語の表記上の問題点—とくに「ハ行転呼音」について   89

アハアハしく『宇津保物語』、「淡雪」をアハゆき『古今和歌集』と書くのも直しすぎ（過剰修正 'hypercorrection'）の例とみられる。「淡」の歴史的仮名遣いをアハとする（『日国辞』ほか）ことの問題点については、さらに 5.3. の e でも論じる。なお、琉球首里方言で「粟、泡」はアー（ʔaa）、「淡い」はアフヮ（サン）（『首方デ』）、平良方言で「粟、泡」はアー、「淡」はアファのように区別されるのは、平安時代のある時期における大和語の状態を反映するものであろう。

　ハ行・ワ行の歴史的仮名遣いの根拠は、十分な語源的検討に基づくものではなかったことが明らかであり、「語中・語尾にあるハ行の音節がワ行の音に発音せられるようになる現象は顕著でありかつ一般的である」（『国学辞』）という、音声学的には一般化できない理屈が先行していたと思われる。『名義抄』では、あるいハ「有」・あるいワ「或」、うるハし「麗」・うるワし「鮮」、いつハる「詭」・いつワる、くつハ「轡」・くつワ、くハのみ「椹＝桑実」・くワのくつ「靴＝桑靴」、こハたか「大語」・コワたか、ことハり「法」・ことワり「理」、さハかし「躁」・さワかし、しハ「皺」・しワ、すヱ「楛＝若い小枝」・すワヱ、こヒ「鯉」・こヰ、にヒ「新」・にヰ、ひヒ「腋（石垣島方言ヒー）」・ひヰ、うへのきぬ「袍」・うヱのきぬ、いきほひ「勢、覩」・いきヲひ、さホ「篙、竿」・さヲ、ユヘ「所以」・ユヱなり「縁」など両方の仮名遣いが記されている例が多くある。これらのうちでは、コヱ「音、聲」の記載があることにより、こワたか「大語」が正しく、こハたかは混乱例であることが分かる。また、「羽織」には歴史的仮名遣いに、はホり・はヲり両説（『日国辞』の「はおり」）がある。ワ行音ではないが、『名義抄』には、ははかたのめヒ「外甥」・ははかたのめイ、あヒた「間」・あいた、わさはヒ「葘」・わさはイ、むかフ「向かう」・むかウ、やまとかフち「大和河内」・やまとかウち、などのア行とハ行の混乱例もある。なお、ソーローと発音される「候」も、定家仮名遣い、また契沖の歴史的仮名遣いにおいて、サフラウか、サウラウか決まっていない（橋本進1949:111–122）。『名義抄』の記載例からも明らかなように、ハ行・ワ行のいずれが正しい語源かの問題を矮小化することはできない。

　「ハ行転呼音」による混乱例として、上記のほかにも、あしハラ「阿斯波良＝葦原」『古事記』（中・歌謡）、すがハラ「須我波良＝菅原」『万葉集』（20:4491）では「原」はハラと発音されたが、『日葡辞書』（1603–1604）で葦原はあしワラ（axiuara）と書かれ、現在の地名、人名においても語中で、橿原、柏原（奈良）がかしワラ・かしハラ、藤原（栃木、群馬）がふじワラ・ふじハラ、佐原（千葉）が

さハラ・サワラと混用される。ただし、うえハラ「上原」、おーハラ「大原」、なかハラ「中原」、のハラ「野原」、みハラ「三原」では転呼は起こらず、また小田原、湯河原はおだワラ、ゆがワラ、米原、荏原はハ濁音でまいバラ、えバラと自治体が決めている場合もある。ただし、金沢の河原町はカハラまち、京都の河原町はカワラまちと呼ばれる。同じ混乱例が、『名義抄』で、きハタ「黄肌＝黄木、黄檗」と書かれ、現在、「サバ科の一種」(*Thunnus albacores*) および「ミカン科黄檗」(*Phellodendron amurense*)（岐波太『和名抄』）を指すきハダをきワダと言う称も、東京、和歌山（高木 1970）などで行われている。しかし、とりハダ「鳥肌」、さめハダ「鮫肌」、すハダ「素肌」では、転呼は起こらない。カハら「河泊良＝河原」『万葉集』(14:3425)、カハら「可波良＝河原」『万葉集』(17:3957)は、カワハラの後部要素のハラ「原」のハが落ちたものであり、河の独立形としてのカハ「河波＝河」『万葉集』(5:861) は、地名ではカハむら「川村、河村」、カハち「河内」、カハも「川面」『和名抄』に残る一方、普通名詞では転呼して、カワかみ「川上」、カワベ「川辺」、カワにし「川西」、カワにな「川蜷」のようにカワと発音される。ただし、地名のみへ「三重（甲類ヘ）」『和名抄』『名義抄』は、現在、みエであり、イハ「伊波＝磐＝岩」『古事記』（下・歌謡）も地名を含め、複合語のすべてでイワと発音される。結論的に言えば、「ハ行転呼音」およびその逆の現象の生起には、歴史的に記述し難いようなあいまいさ、あるいは個別的現象 'ad hocness' が残ったままである。

　「ハ行転呼音」に関連してオーストロネシア祖語形から語源が明らかになったのは、本項のアワ「粟」以外にも、下記の例からヨイ「宵」(4.6.20) の歴史的仮名遣いはヨヒが正しく、貝原益軒がヨキと書いたのは混乱であること、サハ「沢」(5.1.06) もサハが正しく、サワは誤りであること、逆に、タヒ「鯛」(4.6.22)、ツハ「唾」(4.6.33)、ツハ「兵」(4.6.68)、アハ「淡」(5.3.e) は、それぞれ、タイ（タギ）、ツワ、ツワ、アワが歴史的に正しいこと、また、タウる「倒る」(4.6.30) の歴史的仮名遣いを、タフるとともにタウる、チヒ「小」をチヒとともにチイ (4.6.64)、コワ「強」をコハとともにコワ (4.6.77)、イワシ「鰯」をイワシとともにイハシ (4.6.91) と記されるのは同時代における表記の混乱例であり、タフル、チヒ、コワ、イワシが正当であること、などである。

　本節では、とくにハ・ワ行音の事例から日本語の歴史的仮名遣いの混乱例を指摘し、適切な語源の研究のためには、語史的な根拠を欠いた歴史的仮名遣いという文字の呪縛から解放されなければならないことの一端を示した。言語研

究における文字の陥穽については、宮岡伯人氏が言語研究史を踏まえて詳しく論じている（2015:129–141）。

4.6. オーストロネシア語系語彙の古代日本語への変化

以下では、表4に示した法則および事例にさらに例を追加し、説明を加える。

4.6.1. *R > *y の変化

17) ***Rabut (PMP)**「破る」> rabut「はがれた」(Mal)：(ma)rabut (Nga)「裂く」: gabot「引き抜いた」(Tag)：avuṭa「引き抜いた」(Mad)：lehu (Sa'a)
古日 *yafu > 上日 ヤフリ「破夫利」『万葉集』(16:3880)、ヤフれ「残」『東大寺諷誦文平安初期点』、ヤフる「傷」『名義抄』

　この項についてとくに記すことはない。

18) ***Ra(ŋ)kit (PWMP)**「筏」> rakit (Mal)：rakkit (Tob)：rakit/rikit/rak (Cham)：zahiṭa (Mad)
古日 *yika（母音の音位転倒）> 上日 イカだ「五十日太＝筏」『万葉集』(1:50)、イカた「以賀多＝桴」『和名抄』、イカた「筏、桴」『名義抄』

　語末の「-た」は語源不明、あるいは例は少ないが *-t に語末母音が添加して開音節化したもの。板という説があるが、筏は木竹を組んだもので、板ではない。祖語形には、「結び合わす」という意味も与えられている。

　船は丸木舟から発達したと言われるが、丸太や葦などの束を並べて作る筏も、丸木舟と同時期に使われていた（松木 2006）と言われる。松本は、オーストロアジア諸語の jeköd や ikat「結ぶ」、マレー語 ikat「結ぶ」との関係を指摘している（松本信 1978:179, 266）。意味変化としてはもっともであるが、マレー語を含むこれらの祖語形は不明である。マレー語は *ikət (PMP)「結ぶ」に由来し、語末母音が日本語と一致しない。したがって、松本説は根拠が大変薄い。

　本州以南では、縄文時代から奈良・平安時代にかけての丸木船の出土例が200を越える（深澤 2014）が、外洋と接していた沖縄、長崎、佐賀、島根、鳥取、京都、福井、石川、新潟、静岡、千葉などで、とくに多く発見されている。また、大阪の安治川から出土した丸木船（古墳時代？）がラワン材であるとい

う松本の指摘（松本信 1952）があるが、ラワン材として利用されるフタバガキ科（Dipterocarpaceae）の自生地域が東南アジア（とくにボルネオ島）の熱帯多雨林の優占種であり、台湾を除くオーストロネシア語族域とほぼ重なる点でとくに注目される。日本・琉球列島に渡来したオーストロネシア語族がカヌーによったか筏によったかは、縄文遺物の考古学的資料からは不明である。しかし、*Ra(ŋ)kit に由来する言葉から、初期の渡来民族が海洋筏によったことが明らかである。イカタという語は上代日本語の早い時期まで、すなわちフネが「船」の総称となるまで、舟の意味で用いられていたと考えられる。マナシカツマ「无間勝間＝隙間無く編んだ竹製小舟」『古事記』（上）、マナシカタマ「無目堅間」『日本書紀』（神代・下）は ma-nasi-ikat(a)-ma「目（隙間）−なし−筏−ま」という構成で、古代日本語におけるイカタの情報を含む語と考えられる。『古事記』の例は勝という字を当て、その読み方からして二次形である。マナシカタマ、マナシカツマの語源についてはタミル語説ほか諸説あるが、すべて疑わしい。マナシの部分については 4.2.b を参照されたい。また後置詞マは、はかマ「袴」、くるマ「車」、はさマ「挾」などの形状言を体言化するマ（川端 1979:48–52）と同類の可能性がある。無目堅間の「シ」は、字面ではマナシカタマのように語中で母音縮約 'contraction' し短母音になったのは、古代日本語で母音の重複を避ける現象（濱田 1946:92、橋本進 1950:238）と関係するからである。この複合語はさらに時代が下がると、マナシカタミ「末奈之加太美＝無目籠」『御巫本日本紀私記』（1428）という形で書かれ、語源はすっかり忘れられたようである。また、古代日本語から上代日本語にかけて、同じような語構成が以下の 73 の *kama「輝き、光り」に由来するタカマハラにも見られる。

　現在でもマナシカタマが具体的に使用される民俗事例として、ヴェトナム南東部で艀の代わりや小魚釣りに用いられる、編んだ竹ざるに牛糞とヤシ油をすり込んで防水した籃船（籠舟、thuyền thúng）がある。『古事記』では、なくした海幸彦の鉤を探しに、无間勝間という小船に乗って海の彼方の龍宮へ行く山幸彦のことが語られている。失った釣り針を海中に探しに行くというモチーフは、海洋民族のオーストロネシア語族の民話に典型的に見出すことができ、インドネシア・スラウェシ島、ミクロネシア・パラオ諸島、メラネシア・ソロモン諸島などのほか、インドネシア・マルク諸島のカイ島にも同じ話がある（崎山 1988b）。したがって、この神話の日本への伝播は中国・江南からと限定する説（青木ほか 1982:359）には、どういう経路で日本に直行したか以前の問題

がある。なお、フネの語源については、47 の *punay を参照されたい。

*Ra(ŋ)kit > *yika と同様の母音の音位転倒は、4.2.g の *qumbi「芋」> 古日 umo のほか、4.6.37 の *bi[t]uqən「星」> 古日 *putsi > *fusi でも発生している。

19) *Ratus (PMP)「100、多数」> ratus「100」(Mal)：ratus (Tob)：ratus「何百という、多くの」(Bid)：gatós「膨大な数（万、億）、夥多の」(Tag)：ratuh「100」(Cham)：tu³³「100」(回)：zatu「100」(Mad)：lau (Sa'a)
古日 *yatu > 上日ヤツ「夜都伎可佐禰弖＝八着重ねて」『万葉集』(20:4351)、ヤツ「8」・ヤソ「80」『名義抄』

上代日本語ヤツは、ヤツを「八峰」、ヤツあたり「八当」、ヤツかき・ヤヘかき「夜弊賀岐＝八垣」『古事記』（上・歌謡）、ヤツさき「八裂」など、すべて限定された数を示す数詞ではなく、もの（こと）の多さを表す形容詞または接頭辞にすぎない。また、上代日本語ヤツのツを接尾語とみるのは（『日国辞』）正しくなく、もとの語源の語尾を継承していると考えられる。

地名として、ヤツがいけ「愛知・八ヶ池」、ヤツがさき「千葉・八ヶ崎」、ヤツがさわ「茨城・谷津（八つ？）ヶ沢」、ヤツがせ「福岡、長野・八ヶ瀬」、ヤツがそれ「愛知・八ヶ蔵連」、ヤツがたけ「長野、山梨・八ヶ岳」、ヤツがたき「岐阜・八ヶ滝」、ヤツがはま「山口・八ヶ浜」などのように属格助詞「が」をともなう複合語が広く見られることは、ツが語根の一部であったことを意味し、ツの接尾語説が正しくないことを証明する。また名字にも、「八つヶ根」「八つヶ婦」「八つヶ代」などがある。また、「八代」は「ヤツしろ」とも「ヤしろ」とも言われるが、後者は短縮形である。このように数の多さをヤツと言うのは、オーストロネシア系文化を継承している。

上代日本語ですでに短縮形があったことは、ヤあた・ヤた「八阿多＝八尺」『古事記』（上）、ヤしま「夜斯麻＝八島」『古事記』（上）、やかぜ「八風＝多風」『伊勢国風土記』（逸文）のような例によって知られる。古代日本語に取り込まれた *Ratus がもとになり、上代日本語の母音交替の体系のなかで、同族語彙が増えたものと考えられる。ヨ「4」・ヤ「8」を a/ö の、また、ヒと「1」・フた「2」、ミ「3」・ム「6」を i/u の母音交替とみる論があり（川端 1978:174, 216）、倍数法という説明はしていないが、ヒ・フ、ミ・ム、ヨ・ヤに倍数法があることは江戸前期の荻生徂徠『南留別志』（元文元［1736］）が指摘している。同様の倍数法は、

ニューギニア島のオセアニア諸語のモトゥ語(オーストロネシア語2型)にも見出されるが、むろん語史的には偶然の一致である。ただし、鎌倉時代には唱数詞の系列は、ヒト・フタ・ミ・ヨ・イツ・ムユ・ナナ・ヤ…であったことが指摘されている(安田 2012:3)。なお、この並びのなかで、異常な特徴を示すイツ「1、5」については、29 の *qituŋ「数える」において改めて論じる。しかし、ヤツ、イツ以外の語源についても、母音交替のような関係があるということは、原初の語源では固有の数詞でなかったことを思わせる。ヤ「8」とヨ「4」に対して、大野(1974:114–117)は、多数・無限数を意味する「や雲立つ」などの副詞ヤは、ことによると数詞のヤと本来同一の語なのではあるまいか、と述べている。これは、本項で私がオーストロネシア系語源に基づいて指摘した内容と、図らずも一致する。また大野は、ya/yö という母音交替の結果、「無限に」の意である「いよいよ・いよよ」の名詞形として聖数「4」を考えることができるとし、ポリネシアにも4と8を聖数とする種族がいると言う。しかし、私はこのポリネシアの事例を寡聞にして知らない。

　日本語の数詞を雑多な起源をもつとみなした村山は、オーストロネシア祖語、アルタイ系言語、朝鮮語と比較しているが(村山 1975a:249–256, 1974b:177–196)、数詞(とくに小数)は意味論的に閉じた系をなす項目であるから、最初からそのような数詞の混成状態は考えにくい。村山は、本項のヤをベンツィング、ミラーを引用しつつ、ツングース・満州語祖語形 *ʒapkun の語根 *ʒap-「8」と、ヨはアルタイ祖語 *döö「4」と同源とみる。しかし上に述べたように、ヤは語根ではなく、また *ʒ を含む *-ʒi/*-ʒi(造格)は連結辞ジ(zi)に変化するため(第2章、4.2.a)、本項の y とは多重対応となる。仮に *ʒ>z を正規の変化とみて、*ʒ は a の前で y になるという環境的変化を想定するにしても、あまりにも例が少なく法則とは言えない。したがって、倍数であるはずのヨとヤの子音が語源において異なることになり、アルタイ語源説には重大な欠点がある。

20) *Rabi (PMP)/*Rəbi (PMP)「夕、夜」> robi (Tob)：gabí (Tag)：(yak)avi (Fij)：afi-afi (Sam)：efi-efi (Ton)
古日 *yöfi > 上日ヨヒ (yöhi/yohi)「豫臂＝宵」『日本書紀』(允恭8)、コヨヒ「虚豫比＝今宵」『日本書紀』(允恭8)、あさヨヒ「安左欲比＝朝夕」・「安沙余比＝朝夕」『万葉集』(20:4480)、ヨヒ「夕」『名義抄』

4.6. オーストロネシア語系語彙の古代日本語への変化

デンプウォルフは *Rabi (PMP) のように再構成しているが、*Rabi と同じ音環境ならば、トババタク語、トンガ語はそれぞれ、25 の *maRi > mari : mai, 27 の *qa(m)pit > appit : api-api, 5.2.01 の *aŋin > aŋin : aŋi, 5.2.07 の *paRi > pare : fai のような母音対応をする。しかし、語頭母音が例外的な本項のトババタク語、トンガ語から、私は二次形 *Rəbi (PMP) を建てる。村山が、「トババタク語は rabi が期待されるのに robi であるのは説明不能」(1978:257) と言っているのは本末転倒である。また Tsuchida (1976:183) は、アミ語 laviʔi：アタヤル語gəbiy(an)：ブヌン語 labi(an) などの台湾諸語の対応から *RabiʔiH₂ (PAN) を再構成しているが (この場合も、アタヤル語の語頭母音は例外となる)、古代日本語はこの形に由来しないことが明らかである。『万葉集』では、ヨヒのヨが欲 (甲類) と余 (乙類) の両方で書かれているが、比は甲類であるから余は異例であり、また『日本書紀』のヨヒも、豫 (乙類) と臂 (甲類) が 1 語内に共存し、母音調和に反する例である。この理由について大野 (1953a:29) は、虚豫比の語頭の虚 (乙類) が後続の語を同化したとみる。しかし、なぜ同化が語全体に及ばなかったのかという問題が依然として残るから、説明にならない。なお、江戸前期の貝原益軒『日本釈明』(1699) がヨヰ「夜居」と記すのは混乱例であり、ヨヒが正しい語源である。

日本語のヨヒのヨにおける甲類・乙類の問題は未解決であった。しかし、本項の各例で示したように、古代日本語における *R の後続母音の変化は、*Ra>ya, *Ri>yi, *Ru>yu/yo (21) となるから、*Rə- は *yö- (乙類ヨ) に変化したことが知られる。また、後続のヒが甲類母音という異例な表記も、マライ・ポリネシア祖語形の語末音節が *-bəi/*-buy でなく *-bi であったという音韻上の事実に起因するとみなさざるを得ない。上代日本語におけるヨヒの表記上の歪みは、語源としての祖語形にそもそもの原因があったことになる。甲類・乙類両形で書かれた例は、他にも 51 の *tapis/*tapiq のタへのヘに見られるが、この場合も祖語形によって甲類が正しいことを示した。

村山は、『名義抄』に出ているヨヒの類語、ヨフヘ「晩、暮」、ユフヘ「旰」のほか、ユフ「夕」、ヨ (甲類)「夜」、ヨル「夜」などを含めて、その日本語の出発形は甲類のヨを含む *yopi/*yopu「宵」とみる (1978:256, 1979:153)。甲乙類の区別が失われたあと、オ～ウ音韻相通も含めた考えから出ているが、村山も認めているように、この形はオーストロネシア祖語形からは説明ができない。しかし、4.4. でも述べたように、村山は *R から古代日本語への変化は不明だとしつつ

も (1978:253)、本項のデンプウォルフの再構形 *Rabi は古代日本語で afi (語頭ゼロ) に変化すると解釈し、さらに時を表す接頭辞 ki- (?) が付いて、*ki-apu から kefu「今日」が生まれた (1979:153–154) と言うが、その分析にはまったく賛成できない。

21) ***Rumaq (PAN)**「家」> lumaq (Ami)：lumah (Bun)：umaq (Pai)：xumaʔ (Paz)：rumah (Mal)：huma (Nga)：rumǝh/ramah (Cham)：zuma「洞穴」(Mad)：lume (Sa'a)

　主として西日本の方言に集中する、ヨマ「座敷」(山口・大島、松山)、「台所」(土佐、飛騨)、「隠居家」(対馬) など。やや特殊な意味変化が見られるのは、マダガスカル語でも同じである。この語が「居間」と関係がないことは、語頭母音の違い、方言分布によって明らかであるが、マに「間」を当てるのは民間語源である。

　語中では、次のように変化した。

22) ***daRi (PMP)**「イケカツオ属の一種」(*Scomberoides* sp.) > hagi「イケカツオ属の一種」(*Scomberoides sancti-petri*) (Chmr)：(y)as「イケカツオ」(*Scomberoides lysan*) (Pal)：(n)ari「イケカツオ属の一種」(*Chorinemus tol*) (Kir)：lai (Sam)：lai/lae (Haw)：'ai'ai「イケカツオ」(Marq)
古日 *tayi > 上日 タヒ「多比＝鯛」『平城宮址出土木簡』、タヒ「鯛、平魚」・くろタヒ「尨魚」『名義抄』

　上代日本語では、ア行のエとヤ行のエ (ye) が区別されていた (橋本進 1949:192–225)。しかし、語中・語尾ではヤ行のイ (yi) はア行のイとの発音の違いが明瞭に意識されず、同一の音と考えていた (橋本進 1950:218)。したがって、yi の表記は混乱しイまたはヰと書かれることもあったと推定される。語源でみると、25 の *maRi, 5.2.07 の *paRi に類例がある。いずれの場合も、ア行のイと混乱したための変則的表記が行われ、後の仮名遣いにまで及んでいる。

　タイについては、「鯛の浦」の異称とされる「タエのうら」(千葉・鴨川) という海域名があり、これはタイ (ヤ行のイに由来) という二重母音を避けるために、taye という形が発生したことを証明する。現在、タエに形容動詞の「妙」の当て字が行われることがあるが、文法的にはありえない。上代日本語のタヒ (多

比)という仮名遣いは、*tayi に対するハ行転呼音とは逆の混乱例であると考えられる。なお、ハイ「南」・ハエ(5.2.07 の *paRi を参照)にも同じ関係が認められる。

　日本で魚種の変化が起こったのは、アジ科イケカツオ属の生息域が南日本から南太平洋にかけての亜熱帯・熱帯域であり、タイ科マダイ(*Pagrus major*)は北西太平洋で相補的に棲息することと関係があろう。科は異なるが、成魚の体長はほぼ同じ、体形は側扁して平べったく(『名義抄』で、タヒを「平魚」と記す)、外洋付近を単独で行動するなどの共通点がある。イケカツオはフィリピン・台湾で多く捕獲され、食用魚として良好である(檜山 1943:68)。『万葉集』(9:1740)、『延喜式』にも漢語の「鯛」が出ているが、中国では鯛(加吉魚、銅盆魚)は下等魚とされる。タイの骨は 5,000 年前の三内丸山ほか各地の縄文遺跡で出土しているが、多くの魚類のなかから日本人の嗜好にとくに合う代表魚として選択されたのである。「生煮ともに味ひ美し」(武井 1831:60)という味覚は大和民族に刷り込まれ、鯛との昵懇の間柄から擬人的に「根付きの明石ダイは…目つきもおっとりして小さく」(関谷文吉『魚味礼賛』中央公論社 1993)という表現も生まれた。助動詞タシのイ音便化が始まった平安時代以降、庶民の間で「目出タイ」に引っ掛けて縁起物となり、恵比寿信仰の象徴ともなった。タイの威厳はタイ科と関係のない 200 種の魚類にまでタイという呼称(あやかり鯛)を与えたため、「タイ」は無標となり、狭義(実際は本義)のタイはマ(真)ダイと呼ばれることになった。さらに和名になると、タイはタイ科(Spadidae)のレベルを越えて、硬骨魚類を中心にキンメダイ目、マトウダイ目、またスズキ目のなかにキントキダイ科、スズメダイ科、テンジクダイ科、フエダイ科、フエフキダイ科など、さらにはイサキ科のなかにコショウダイ亜科などが含まれるというように、分類学上の術語としても広く用いられ、日本人のタイへの執着ぶりが認められる。また、このようなタイの多様な定義は、日本におけるタイという語の歴史的な古さを物語る。

23) ***duRuq/*zuRuq (PMP)**「液、汁」> juruh (Mal)：(du)duh (Jav)：dugó?「血」(Tag)：ru「煮汁」(Mad)：su (Fij)：su(a) (Sam)：luu (Ton)
古日 *tuyu > 上日ツユ「都由＝露、汁」『万葉集』(20:4318)、ツユ「都由」『和名抄』、ツユ「露」『名義抄』

この項についてとくに記すことはない。

24) *kaRus (PAN)「掻く」> karut「かき集める」(Pai)：kágus (Ceb)：karo (Aro)
古日 *kayu > 上日カユシ「加由之＝痒し」『大般若経音義平安初期点』、カユし「加由之」『和名抄』、カユし「痒、癢」『名義抄』

この項についてとくに記すことはない。

25) *maRi (PMP)「話者に向かう動作、来る」> mari (Mal)：mari (Tob)：mərai/mai (Cham)：mai (Fij)：mai (Sam, Ton)
古日 *mayi > 上日マヰ「麻韋久礼＝参ヰく(来)れ」『古事記』(下・歌謡)、マヰ(連用形)「末井留＝参ヰる」『日本書紀』(景行4)、「末為之我世乎＝参ヰしわが背を」『万葉集』(18:4116)、マイる・うちへマヰる「入」『名義抄』

『日本書紀』の井、韋、『万葉集』の為は、ワ行のヰを表す。『名義抄』はマイ・マヰの両形を記しているが、マイが mayi からの変化形、マヰが混乱例である。参ヰる・参ヰ来(複合動詞)の意味は、「人・物が貴人のもと、居処に至る、来る」が原義であり、「貴人の居所に入ってゆく」が原義(『日国辞』)というのは説明が逆である。日本語では、指示機能 'deixis' が逆になったのである。参ヰしは、参ヰりしが文法的に正しいが、破格の理由は日本語古来のラ行音忌避傾向(第2章を参照)と関係があろう。濱田(1946:146)が紹介している、「まゐる(参)」(上一段)は「ゐる(居)」(上一段)に接頭辞「ま」が付き、さらに「まゐいる(入)」(四段)と混乱し、「い」の脱落により「まゐる」(四段)が現れたという安藤正次説には賛成できない。唐突に提案された接頭辞「ま」の機能が明らかでないうえ、*maRi を語源とみなすなら、このように複雑なプロセスを想定する必要がなくなるからである。なお、5.2.07 の *paRi を参照されたい。

26) *uRaŋ (PMP)「人、人間」> oraŋ (Mal)：woŋ (Jav)：uraŋ/ura/raŋ (Cham)：zaaŋ[32] (回)：ule「兄弟姉妹」'sibling' (Ula)
古日 *uya > 上日オヤ「於夜＝親」『日本書紀』(推古21)、「於夜＝祖先」『万葉集』(18:4094)、とほつヲヤ・とほつオヤ「上祖、高祖父」『名義抄』

「人」が限定的な親族関係を表すことは、ソロモン諸島のウラワ語に見られるが、マレー語においては tua「老いた」(68 の *tuwa を参照)をともなった oraŋ tua が「親、先祖」を意味し、上代日本語における発想と共通する。なお、オヤは「老ゆ」に関係ある語で、「老ひたるもの、長老の人」を表すという語源説（新村 1943:183）は、母音 -u をもつ終止形（上二段）の発生が語史的に十分に解明されていないが、仮にそれが正しいとしても、大本の意味は「親」であって一向にかまわないことになる。また、村山（1974b:149）は wo「男」への変化を述べたが、中間の推定形の多さが問題になる（4.4. を参照）。次の、

> 「人の親の心は闇にあらねども子を思ふ道に惑ひぬるかな」（人の親の心は闇ではないけれど、子を思う道は闇のなかにいるようだ）藤原兼輔『後撰集』（巻 15 雑 1）

も「人すなわち親」ということであり、かつての語源から素直に読める歌となっている。

　さらに語中では、*bəRas（5.1.01）、*baRat（5.2.03）、*bəRu（5.2.04）、*paRi（5.2.07）を参照されたい。

4.6.2. *q, *h, *S > ゼロの変化

27) *qa(m)pit (PMP)「まとまる」> apit「挟む」(Mal)：appit (Tob)：hapit (Tag)「絞める」：afitra「留める」(Mad)：epi「脇に抱える」(Sa'a)：ape-ape「狭い」(Sam)：'api-'api「締める」(Ton)
古日 *afi > 上日 アフ「阿布＝合う」『古事記』（下・歌謡）、アヒみ「阿比瀰＝相見」『日本書紀』（応神 22）、アハね「阿波禰＝合わね」『万葉集』(14:3482)、アフ「遇、相、合」『名義抄』

　「合う」の原義は、「物と物が寄り合って（狭まって）一つになる」『日国辞』ことである。アウの歴史的仮名遣いをアフとすることに問題はない。

28) *qasap (PWMP)「煙」> asap (Mal)：asap (Tob)：asep (Nga)：asáp/hasáp (Tag)
古日 *asa > 上日 アサま「浅間」『山家集』(12 世紀)

　寺田寅彦が浅間をマレー語に結びつけたのは語呂合わせにすぎないとし、アサは「崩崖」であると強弁する（楠原ほか 1981）ほうがむしろ根拠を欠いている。

アサマの語源は、アサやま「煙山」の語中音節消失で、浅間山は後世の異分析であろう。なお、-a/-o 交替で、アサまに由来するアソ「阿曾＝阿蘇」『和名抄』については、5.3. の注 a を参照されたい。

29) *qituŋ (PMP)「数える」> hituŋ (Mal)：etoŋ (Tob)：itoŋ (Nga)：idru (Sa'a) 古日 *itu > 上日 イヅく「伊豆久＝何処」『古事記』(中・歌謡)、イツ「伊都＝五」『万葉集』(5:880)・イツ「伊都＝何時」『万葉集』(15:3705)、イヅ「伊豆＝何処」『万葉集』(14:3549)、イツつ「5」・イトり「五人」・イツくそ「拎何」『名義抄』

　数詞「1」は、上古中国語 *iət に由来する中国語の呉音が、西暦 6 世紀以降の推古時代の上代日本語ではイチとして、さらに 8、9 世紀の奈良・平安時代には漢音のイツとして借用された。また平安時代以降、イチから促音イッが発生した。しかし、『漢和辞』の「一」の項には、「教一識百」のような少数の熟語以外にイツと読ませる例はまったく示されていない。私は、イツ「1」が漢語のイチを借用する以前から、古代日本語に存在したと推定する。その根拠として、イツが不定詞「何時」、副詞「何時も」、また疑問代名詞のイヅ「何処」と同じ語源とみなされる（『時国辞』）ことがあり、このような基礎的な語彙群が平安時代以降の漢語の借用によって発生したのではないことは、上代日本語の『古事記』『万葉集』の例が証明している。また、上代日本語ではチ、ツは ti、tu で、まだ破擦音化していなかった（濱田 1946:79–80）から、イツ、イトりは itu、ito-ri であって祖語音に近い。類型論的な現象として、不定詞が数詞「1」と意味的に密接な関係にあることは、英語の one/anyone/once、ドイツ語の ein/einmal、マレー語の satu/suatu「一つ、或る」のほか、漢語でもイチ（イッ）が「一書」で「或る書」を意味することから分かる。古代日本語のイツは文法的な数詞ではなく、「1」（これから、不定詞や疑問詞が派生した）と「5」を同時に含蓄する。しかしイツは、上代日本語で数詞「1」の機能を、たまたま語末母音以外では発音の類似した漢語イチに譲った、と考えられる。また、漢字「一」はカズと読むことにより、分類学上の無標となり、「数」一般（「数（カズ）を読む」）を意味するようになった。

　語中で、ゆいイチ「唯一」が「ゆいイツ」とも言われるのは混乱例であろう。古代日本語で「1」「5」を意味したイツが共通項としてもつのは、手指しかない。古代日本語のもとの意味は、1（親指）から 5（小指）まで指折り数えた（数え方にはその逆の場合もあり得る）とみなす根拠である。なお、古代日本語の数詞

の起源については、19 の *Ratus を参照されたい。

さらに語頭では、*qumbi（4.2.12）、*qənay（5.1.05）、*Səmay（5.1.07）、*qaRu（5.2.04）、語中では、*lahud（5.2.06）を参照されたい。

4.6.3. *l-/*r-（語頭），*-l-/*-r-（語中）＞ *t-, *-r- の変化

上代日本語においてラ行音が語頭に現れないことは、すでに幾人かの研究者によって指摘され、それはアルタイ諸語の特徴であると言われている（村山・大林 1973:78）。ここに示したように、もともと語頭にラ音が現れるオーストロネシア系語彙にも語頭にラ音が現れない現象が認められることは、日本列島に先住していたアルタイ系言語（ツングース諸語）の音韻体系にのっとって接触変化し、言語混合が起こったことを意味する。

30) ***labuq (PWMP)**「落ちる」＞ labuh (Mal)：labu (Tob)：lawo (Nga)：lavu (Mad)
古日 *tafu ＞ 上日タフる「太不留＝倒る」『新撰字鏡』

ただし、『名義抄』では、タフル「倒」のほか、タウる「戦」と記す乱れがある。

31) ***layu (PWMP)**「衰える」＞ layu「萎れる」(Mal)：layo(n) (Jav)：(ba)layu (Nga)：lazu (Mad)
古日 *tayu ＞ 上日タユき「手懈＝弛」『万葉集』(12:3183)、タユむ「怠、懈、舒」『名義抄』

当初、村山はこの祖語形に nayu ナユ「萎」を当てる一方（1975a:83）、33 の *luwaq は tupa ツハ「唾」と関係させ（村山 1974a:24–28）、多重対応になっていた。しかしその後、この祖語形からの変化をタユ「弛」に改めた（村山 1978:253）のは正当である。

32) ***ləkət (PWMP)**「付く」＞ ləkat (Mal)：lohot (Tob)：leket (Nga)
古日 *tuk-i ＞ 上日ツキ（連用形）「都枳＝付き」『万葉集』(20:4388)

この項についてとくに記すことはない。

33) ***luwaq (PMP)**「吐く」＞ luah (Mal)：luwá? (Tag)：(ma)lua (Nga)：lua (Mad)

lua (Fij)：lua(i) (Sam)：lua (Ton)
古日 *tuwa > 上日ツハき「都波岐＝唾」『新撰字鏡』、ツハき「涎、痰」・ツハきはく「唾」『名義抄』

　ただし、ツワ (tçuua『日葡辞書』) が歴史的には正しく、ツハはハ行転呼音と逆の表記である。類例に、4.6.68 の *tuwa、5.3.04 の *awaŋ がある。『名義抄』には、ツー「吒、咤（呉音 [zha]、漢音 [ta]）＝唾」も出ている。この場合、祖語形の語頭音節を継承した 1 群の語彙に該当する (4.2. を参照)。

　語中では、次のように変化した。

34) *ulaR (PMWP)「蛇」> ular (Mal)：ula/ala (Cham)：(ʔa)la³³ (回)：ulaṭa (Mad)
古日 *ura/*uro > 上日ヲロち「遠呂智＝大蛇」『古事記』(上)、ヲロち「乎路知＝虵」『和名抄』、ヲロち「虵」『名義抄』

　ウラ・オロ－ は、-a/-o の交替による派生語かと思われる。なお、5.3. の注 a を参照されたい。「－ち」は「霊威あるもの」(『日国辞』)で、みつち「美都知＝虯」『和名抄』の語尾も同じであろう。万葉仮名の遠、乎は、ヲを表す。この場合、祖語形の語頭母音が「入り渡り」の w- をともなった *woro- が起源なのか、奈良時代のア行との混乱なのかという問題が起こる。次の 35 から判断しても、いずれが正答かは決められない。なお、村山はヲロちをオルチャ語（ツングース諸語の一つ）の vərə-「蛇」に比べるが、これは祖語形ではなく単発の形であり、偶然の似寄りであることを排除できない。また一方で、満州語の数詞「9」uyun/uyutu もヲロち「九岐大蛇」？ と無関係ではあるまい (1995:252–255) と述べていて首尾一貫しない。

　さらに語頭では、*lahud (5.2.06)、語中では、4.6. から *bilaq (35)、*bulat (40)、*bulu (41)、*təraŋ (63)、*tiru (65)、*gilaŋ (70)、*girik (71)、*guluŋ (72)、*karaq (74)、*kilat (75)、*saruŋ (80)、*Zilaq (83)、および *baluy (5.2.02)、*silak (5.3.01)、*gəlap (5.3.02) を参照されたい。

4.6.4.　*b, *p > *f/*ɸ > *h の変化

35) ***bilaq (PWMP)**「片、枚」> bilah (Mal)：wilah (Jav)：bila (Nga)
古日 *fira > 上日 はなヒラ「波奈比良＝花弁」『和名抄』、くさヒラ「久佐比良＝蔬」『和名抄』、揭焉なるヒラ『源氏物語』(梅枝)、ヒラかね「金鈸」『名義抄』

　ヒラが計量詞ともなるのは、マレー語 bilah と同じである (sə-bilah paraŋ「鉈一挺」)。また、ヒラは -a/-o の母音交替により、ヒロきつ「比盧岐頭＝廣津」『日本書紀』(雄略 7)、ヒロし「比呂之＝広し」『万葉集』(5:892)、ヒロし「汎、宏、寛」・ヒロむ「廣」『名義抄』を派生する。5.3. の注 a を参照されたい。

36) ***birbir (PWMP)**「縁、端」> bibir「縁」(Mal)：(ag-)birbir「縁を付ける」(Ilo)：birbir「合わせ目」(Mar)
古日 *fira > 上日 くちヒル「久治比留＝口唇」『東南院文書』(天平勝宝 2 [750])、くちヒル「唇」『名義抄』

　この祖語形は、Blust (1980) による。上代日本語「くちひる」は、「口」との複合語である。語末母音「る」の -u の成立については明らかでないが、各地で見られる「くちビラ」というラ音語末の方言形 (岩手・秋田・愛知など) が古形と考えられ、『日国辞』のくちべり「口縁」の意という説明は新しい解釈であろう。また、*biRbiR (PMP)「唇」の *R は、古代日本語で *y に変化するから日本語の語源ではない。この点に関する村山・大林 (1973:74) の指摘は正しいが、一方で *biRbiR の鼻音代償形 *mimiy が「耳」になるという見解は恣意的で、意味変化としても非常に不自然である。

37) ***bi[t]uqən (PWMP)**「星」> bituwin (Tag)：puti'on (Chmr)：he'u (Sa'a)：fetū (Sam)
古日 *putsi > *fusi > 上日 あかホシ「安加保之＝明星」『神楽歌』、ホシ「保之＝星」『和名抄』、あかホシ「阿加保之＝明星、金星」『名義抄』

　同じ母音の音位転倒が日本語の近くに位置するマリアナ諸島のチャモロ語でも起こっているのが注目される。また、フィリピンのカパンパンガン語で batwin、イバナグ語で bitun と言い、語頭、語中における母音のゆれがある。古代日本語では、母音の *t の口蓋音化 [ts] が前舌母音 *i の前で起こったと推定される。村山 (1978:242–243) も、「星」の語源を *bi[t]uqən の音位転倒に求めているが、*ti の古代日本語 *tsi への子音変化に問題があるとしている。なお、

上代日本語 tuki/tuku「月」の語源をオーストロ・カダイ祖語の *bi(n)tuqan「星・月＝輝くもの[*-an]？」に求める説がある (Benedict 1990:248)。しかし、音韻変化はともかく、この祖語形を保持する民族集団において、例えば星が集まって月になったとか月の一部が欠けて星となったというような民話、伝説でもないかぎり、この説はまったく荒唐無稽である。

38) *bukid (PMP)「丘、台地」> bukit「丘」(Mal)：bukid「畑、田舎」(Tag)：vuhiṭa/bukiṭa「丘・盛り上がった」(Mad)：buke-buke「土山」(Fij)：puʻe「土山」(Sam)：puke (Ton)

　古代日本語 *fuki の変化形ホキ（二次形ホケ）は「崖」を意味し、『山家集』や『日葡辞書』に foqi- の語例があるが、九州、四国に多い地名とされる（楠原ほか 1981)。意味変化的には、丘の斜面は崖である。徳島の大歩危、小歩危もその例で、渓谷を挟んで丘が迫る。なお、ヤマ「山」の語源としては、アルタイ祖語形の *da(m)ban「峠」が指摘されている（村山 1988:40)。

39) *bu(ŋ)kul (PWMP)「瘤」> boŋkol/boŋgol (Mal)：buŋkul (Jav)：buŋkol (Nga)：bukol (Tag)
古日 *fuku > 上日フクレ「布久礼＝脹れ」『万葉集』(16:3821)、フクル「布久流＝肉憤起」『和名抄』、フクれたり「脹」・フグり「布久利＝陰嚢」『名義抄』

　なお、5.3. 注 d の *a(ŋ)kat も参照されたい。

40) *bulat/*ma(N)-bulat (PMP)「丸い」> bulat (Mal)：bulat (Nga)：balat/bulut (Cham)：pulat(oʻa)「目を丸くする、熟視する」(Sam)：(faka)pula(mata)「目を丸くする」(Ton)
古日 *ma-fura > 上日まホラ「麻保良」『万葉集』(5:800)、まホロば「麻本呂婆」『古事記』(中・歌謡)

　「大和は国のまホロば」『古事記』のように国土への美称として用いられたまホラ（まホロは、順行同化による二次形）は、「丸い」に由来する。小山 (1966:48–49) は、縄文時代の遺物や遺構に時代を通して繰り返し現れるパターンは同心円であり、集落も円形であり、縄文人はマンダラの円輪と酷似した世界観をもっていたと述べている。丸く閉じて完璧な世界観は、古代日本語で「丸い状

態にある」と表現された。多くの民族はみずからの世界や宇宙を描くとき、自己完結した「丸（円）」で表現する（キャンベル・モイヤーズ 1992:379–380）。古代日本民族に同じ発想があったとしても不思議ではない。マはオーストロネシア系の前鼻音化なしの接頭辞で状態を表し、上代日本語でもまだその機能は残っていたと考えられる。したがって、マを美称、ホを秀・穂、ラを接尾語と説く司馬遼太郎の音義説（『縄文まほろば博・縄文の扉』1996）には従うことができない。ただし、*bulat に由来するホラ・ホロという語は、接頭辞とともに平安時代以降になるとすたれてしまった。

41) *bulu (PMP)「毛、羽」> bulu（Mal）：bulo「綿毛」（Tag）：vulu（Mad）：vulu(a) 'pubes'（Fij）：fulu「羽」（Sam, Ton）

　主として九州、四国の方言に広がるホロ「鳥の羽毛」（熊本・南部、鹿児島・薩摩）、「羽毛の疑似餌」（徳島・海部、長崎・壱岐）がオーストロネシア系であることは、村山（1974b:152, 1975b:265–256）によってすでに指摘されているが、そのことに問題はない。ただし、『日国辞』が肋骨を意味するホロ『色葉字類抄』（1177–1181）を原義とし、羽毛を同じ見出しで扱っているのは不可解である。

42) *butuq (PWMP) 'penis' > butuh（Mal）：botó?（Tag）：vutu（Mad）
古日 *futu > 上日ホト「富登＝陰所」『古事記』（中）、ホト「陰」（北野本訓）『日本書紀』（崇神 10）

　上代日本語で、このような男性から女性への性の転換が起こったのは、タブー語のためであろう。なお、男性タブー語の語源については、66 の *titih を参照されたい。

43) *paŋil (PWMP)「くるぶし」> paŋi-paŋil（BTK）：(am)paŋil（TM）：(tam)paŋi（KAD）。
古日 *faki > 上日ハキ「波岐」『正倉院文書』、ハキ「波岐＝脛」『和名抄』、ハキ「胕、踝」『名義抄』

　この祖語形は、フィリピン諸語から建てられた Blust（1983–1984）による。略号順にパラワンバタク語、ティムゴンムルト語、カダザン語のほかに、イロカノ語 piŋíl「足首」、マンヤン語 biŋul「かかと」など母音の合わない例も掲げて

いるが、厳密に言えばフィリピン祖語形である。現代語ハギのギは、上代語でキ「岐」と書かれ、清音になる (大野 1953a:60)。

44) ***patay/*matay (PMP)**「死ぬ」> mati (Mal)：pate (Tob)：patei (Nga)：patáy (Tag)：mətai (Cham)：taai[32] (回)：fati/mati (Mad)：mate (Fij)：mate (Sam, Ton) 古日 *fatai > 上日ハテ (hatë)(連用形)「半手＝果」『万葉集』(11:2383)、ハツる「波都流」『万葉集』(15:3697)、ハツる「剝、扒」『名義抄』

　この説は、村山がすでに指摘している (村山 1974b:158)。確かに、ハテには「死ぬ」の上代日本語の例、現代の方言例 (高知) もある。語源としては、意味的には *padəm (PWMP)「消える」> 古日 *fate がよいと考えられるが、音変化からはハツは上代日本語で下二段活用をし、連用形は乙類母音となるから、*fataiをより適切な語源とみなす。

45) ***paya (PMP)** 'k.o.small fish, sardine or anchovy'（Geraghty 1994）> faya「オオイワシ」(*Thrissina baelama*) (Chmr)：vaya「マイワシ類」(Fij)：fā「イセゴイ属の一種」(Sam)
上日 *faya > 上日ハエ「鮠」『名義抄』、ハヤ「コイ科モツゴ」(東京、下総)、「コイ科ウグイ」(東京、長野、佐賀)

　ハヤがハエ (波江＝鮠『和名抄』) とも言われるのは、属格後置詞の付いた *faya-i に由来する。ただし、『和名抄』の江はヤ行のエであるが、『名義抄』でハヱと書いているのは混乱である。武井 (1831:35) はハヱと記し、形はコノシロに似ていて下総印旛沼および近江湖 (琵琶湖)、伏見小倉に多く産する、と言う。同じくコイ科のモロコ、オイカワもこの仲間で、広く淡水魚を指す。祖語の意味は不詳であるが、日本ではもともと広範囲に「雑魚」を意味したと考えられる。

46) ***pucuk (PWMP)**「先端」> pucuk「若葉」(Mal)：pusuk「ヤシの若芽」(Tob)：pusok「高揚」(Tag)
古日*poo > 上日ホ「穂」『古事記』(序)、「穂」『万葉集』(2:28)、ホ「穂」『名義抄』

　祖語の前部要素に由来すると考えられ、『名義抄』では低平調で記している。本書の分類では、1 群 (4.2. を参照) に属する。ただし、この語について

は、*pu(ñ)cak (PWMP)「頂上」> puncak (Mal)：putsah(an)「匍枝」(Tob)：pusak「芽」(Tag) に由来する可能性も考えられ、あいまいさが残る。

47) ***punay (PAN)**「ハト科の種類」> punái「ハト」(Kan)：punay「野バトに似た野鳥」(Pai)：punai「アオバト属」(*Treron* spp.) (Mal)：punay「アオバト」(Tag)：funi/foniŋgu「マダガスカルルリバト」(*Alectroenas madagascariensis*) (Mad) mbune「クロアゴヒメアオバト属」(*Ptilinopus* spp.) (Fij)

古日 *funai > 上日フネ (hunë)「赴尼＝船」『日本書紀』(歌謡)、「布禰＝船」『万葉集』(17:4027)・「夫禰＝船」『万葉集』(18:4048)、フネ「船、舫、艝、刀」『名義抄』。ただし複合語形として、フナで「布奈弖＝船出」『万葉集』(15:3627)、フナゑひ「船酔」・フナうた「舟歌」『土佐日記』、フナどこ「布奈度古＝船床」『和名抄』、フナこ「舟子」・フナはた「舷」・フナたな「枻」『名義抄』。

　高天原と地上との間を行き来する船として、『古事記』(上) のアマノトリフネ「天鳥船」(アマノはアメノとも訓じられ、天は美称) があり、『日本書紀』(神代・下) で熊野諸手船、またの名を「天鴿船」と言う。この鳥が鴿 (＝鳩) であったことは、意味変化を知るうえでの重要な契機となる。しかし、これまでの鳥船神話研究では鳥への言及に留まり、鴿を問題にした論は皆無のようである。また、鳥と船とは形が似ているなどと言うのは強弁にすぎない。フネ「船」は、ハト「鳩」に語源の鍵があったのである。意味変化の過程でいうと、フネ「＝ハト」(古代日本語) > ハトフネ「鴿船」(神話) > フネ「船」(上代日本語) のように意味の連鎖的変化が起こった。

　松本は、筑後珍敷塚と珍敷塚近傍で発見された、鳥船信仰の存在を考古学的に証明する最初の古墳壁画 (6世紀後半) を掲げているが、舳先と船尾に描かれた鳥の種類については何も言及していない (松本信 1978:123)。また、松本は船の上に描かれている二重丸を太陽とみなし、古墳人に日本固有の日船の観念があったと言う。ただし、二重丸を鏡と見る説もある。壁画をよく観察すると、ハトの首振り歩行する特徴がとらえられ、見ようによっては嘴の上には鼻瘤らしきものも描かれている。古墳であるから、黄泉の国を案内する鳥としてハトが描かれ、その船を総称して *punay「ハト」と呼んでいたのである。これが古代日本語 *funai を経て、上代日本語フネ (hunë) へと変化したことになる。古墳のこの鳥を、ポリネシアの古代航海中に大きな役割をもった軍艦鳥がカラス

などに置き換えられたものだという説(茂在 1979:29)がある。茂在は、カラスとは断定はしていないが、画像に見るずんぐりとした体型はハトに近いと思われる。壁画(図2)とともに実際のハト(図3)、カラス(図4)の画像を掲げる。

中国をはじめ世界的に鳩を食用にする地域は多いが、日本では古来、鳩を食べる習慣がない(記録では、江戸時代の料理書『料理物語』第4部に料理法が初出するが、好事家向けであろう)のも、鳩を神使とみなし、食物上のタブーとしていたためと考えられる。現代の「おくり鳩」は、このような信仰に起源をもつものであろう。伝説では、宇佐八幡宮から石清水八幡宮への15代応神天皇の分霊の際、船の帆柱に金鳩が神使として現れたという。現在も宮中で用いられる「船入」という用語は、鳩を黄泉への遣いとみなした信仰の名残であり、これがゲルマン的な船葬と無関係であることは言うまでもない。なお、上代日本語にすでにある鳩(波斗『古事記』下・歌謡)の語源については、擬声語とするなどよく分かっていない。

地名として、京都市船岡山、船田(『和名抄』相模)、船山(『和名抄』信濃)などがあるが、いずれも船とはおよそ関係のない地域である。しかし、このような地名は、鳩を意味した船と関係するのではないだろうか。当然、船という字は後世の当て字である。内陸部の「船」が付く地名に対する「船形」という説明(『古地辞』)は、何をもって船形と見るのか(あえて解釈すれば、逆さ船)大変不自然であるし、船岡も字義どおりに解釈すれば、大変不自然な語の組み合わせであると言わざるを得ない。「船頭多くして船山にのぼる」のは決してよい意味の諺ではなく、むしろ想定外の事柄を指している。船は船着場があったことに由来するという説明がされることも多いが、ほとんどの場合、船にかこつけた後世のこじつけである。明石・船上城は明石川の湿地帯に築かれた字義どおりの水城であった。ただし、実際に船との関係をうかがわせる地名(『和名抄』越前・船津、志摩・船越、丹波・船井など)もあることを否定するものではない。千葉・船橋は、海老川の川幅が広く橋の代わりに舟を並べたことから付けられたと言われる。『播磨国風土記』餝磨郡伊和里の船丘は、火明命が父の大汝命の船を打ち壊した所という由来があり、また『出雲国風土記』大原郡の船岡山は、阿波枳閇委奈佐比古命が曳いて据えた船がこの山になったという言い伝えがある。ただし、逆さ船になった理由は述べられていない。

京都の船岡山は都を代表する葬送地であったことが、「(死者を)鳥部野、舟岡、さらぬ野山にも送る数多かる日はあれど送らぬ日はなし」(鳥部野、舟岡、

4.6. オーストロネシア語系語彙の古代日本語への変化　109

［図2］　珍敷塚古墳 壁画（「舟・鳥」、九州国立博物館 提供）

［図3］　ハト（Tristan Ferne 撮影・CC BY 2.0）

［図4］　カラス（Francisco Restivo 撮影・CC BY 2.0）

そのほかの野山に葬送の多い日はあるもののない日はない）吉田兼好『徒然草』(137段)と述べられていることから知られ、現代の「鳩山」の意味的な淵源は、古代人における船岡(舟岡)であったことになる。ただし、埼玉・鳩山が、『太平記』(14世紀後半)に記載された旗山の換字であるような例もある。

　なお、「船、舟」の語源として、ツングース祖語 *gurə「ほどく、繋船？」(福田昆 2007:97) をあてる説には従いがたい。また村山 (1979:76–77) は、フネの語源を *baŋka (PMP)「舟」とみて、この形から幾段階もの推定形 *bəŋka > *bəŋŋa > *pöŋa > puna を経てフナを導こうとしているが、大変恣意的な説明であると言わざるを得ない。なお、-a/-ë 交替については、5.3. の注 b を参照されたい。

　フネとは通常セットになる「櫂」は、現代のマレー語・ジャワ語 kayuh「櫂」を類似形として古代日本語への音韻変化も説明できる (*kayuq > 古日 kayu/kayu-i [限定的後置詞] > 上日カヰ「賀伊＝橈」『万葉集』[10:2052])。しかし、kayuh の分布は狭く、比較できる祖語レベルにはない。ただし、トルコ語 kayïk「櫂、小舟」(村山 1979:68) よりはよほど可能性があり、悩ましい言葉と言える。オセアニアにおいては、多くの民族に儀礼用の櫂が知られており、沖縄でも谷茶前節は漁師を象徴する男役が櫂、女役が笊を手に踊る。また、那智・勝浦や広島・仁方の櫂踊りも無形文化財となっている。櫂は、舟とは同じ意味的カテゴリーに含まれない語彙であった可能性もある。また「舵」について、村山 (1979:81) は *kamuDi (PWMP)「舵」を上代日本語カチ「可知、加遅＝梶」『万葉集』(17:4002, 20:4331)、カチ「榜、橈」『名義抄』に結び付けるが、語中の *-am- (*-mu-) が問題となり、その説明は不可能である。

48) *pusəj (PMP)「へそ」> pusat (Mal)：pusok (Tob)：puser (Nga)：pusod (Tag)：fuiţa (Mad)：viðo-viðo (Fij)：uso「臍帯」(Sam)：uho (Ton)
古日 *fusu > 上日ホソ「保曾＝臍」『和名抄』、ホソ・ヘソ「臍」『名義抄』

　泉井 (1975:217) はホトの語源をこの *pusəj に求めるが、ヘソから子供が生まれたという伝説、民話でもあればともかく、意味変化としては大変不自然である。ホトの語源については、42 の *butuq を参照されたい。

　さらに語頭では、*baRaŋ (4.2.04)、*bəRas (5.1.01)、*pa(n)daŋ (5.1.03)、*pajay (5.1.04)、*baluy (5.2.02)、*baRat (5.2.03)、*paRi (5.2.07)、*puyu (5.2.08)、*buñay

(5.4.01) を参照されたい。

語中では、次のように変化した。

49) *kapis (PMP)「二枚貝網の種類」> kapis「イタヤガイ科の一種」(*Pecten* sp.)
(Mal)：kapís「マドガイ」(*Placuna placenta*) (Tag)：kápis「マドガイ」(Bik)：kai
「二枚貝網」(Lamellibranchiata = Bivalvia) (Fij)
古日 *kafi > 上日カヒ「可比＝貝」『万葉集』(15:3709)、カヒ「貝、殻」『名義抄』

　マドガイ（俗称、カピス貝）は、中国やフィリピンでは格子状の窓枠にはめてガラス板のように用いられる。和名は、このような用途による命名である。総称への意味変化は、フィジー語に見られるとおりである。カイの歴史的仮名遣いをカヒとすることに問題はない。

50) *kupas (PMP)「剥く」> kupas (Mal)：kupas (Nga)：kupás (Tag)：hufa「篩う」(Mad)
古日 *kufa > 上日クハしめ「倶波絶謎＝美女」『日本書紀』(継体 7)、クハし「細、精、委」『名義抄』

　物事を詳しく知るには、対象を剔抉（てっけつ）、すなわち「切り裂いてほじり出」さなければならない。細やかで美しいという意味は副次的と考えられる。

51) *tapis/*tapiq (PMP)「腰巻」> tapih (Mal)：tapih (Nga)：tapí? (Tag)：tafi「衣類」(Mad)
古日 *tafi > 上日タヘ「多倍」『日本書紀』(雄略即位前)、タヘ「多敝＝栲」『万葉集』(14:3435)

　タヘは、布類の総称である。上代日本語における敝は甲類母音、倍は乙類母音であるから、表記に不一致がある。祖語形からは甲類母音とするのが正しい。ただし、歴史的仮名遣いをタヘとすることに問題はない。琉球・西表島でタピがクスノキ科タブノキ（*Machilus thunbergii*）に意味変化するのは、樹皮や葉から衣類を染めるための黄色染料を採る用途があるための意味的特化である。村山（1975a:219–222）は、*labay (PWMP)「つむぎ糸」にタヘを結びつけるが、不自然である。

52) ***timbun/*ta(m)bun (PMP)**「積む」> timbun/tambon (Mal)：tawan (Nga)：timbón/tabon (Tag)：tambu「かさ高い」(Mad)：tambon (aki)「圧倒する」(Fij)
古日 *tum-i > 上日ツミあけ (連用形)「都美安気＝積みあけ」『万葉集』(20:4408)

　祖語形 (*təmbun) は前鼻音を含むため、*-mb- は古代日本語で *-m- に変化する。4.2.12 の *qumbi を参照されたい。

　さらに語中では、*apuy (4.2.06)、4.6. の *Rabut (17)、*Rəbi (20)、*qa(m)pit (27)、*labuq (30)、*kapis (49)、*kupas (50)、*tapis (51)、*təpuŋ (62)、*tipis (64)、および *sabaq (5.1.06) を参照されたい。

4.6.5.　*d /*D , *t /*T > *t の変化

53) ***dakəp/*ma(N)-dakəp (PWMP)**「抱く」> dakap/dəkap (Mal)：dahop (Tob)：dakíp (Tag)：rako「合わす」(Fij)
古日 *ma-tak-i/tak-i > 上日かきむダキ (ダギ) (連用形)「可伎武太伎＝掻きむ抱き」『万葉集』(14:3404)、うタキ「于田支＝抱き」『霊異記』(下 9)、いタク「抱、懐」・うタク「拱」・むタク「懐」・かきうタク「揞、勒」『名義抄』

　接頭辞 *ma- の前鼻音を含む祖語形 *-nd- は、古代日本語で *d に変化した可能性がある。このような前鼻音化接頭辞の前部を落とす現象は、古ジャワ語 (ジャワ語)、バリ語などでも見られる。ただし、上代日本語においてダク、タクが混在していたことが『万葉集』『霊異記』の表記からうかがえるため、祖語音が *-d- か *-nd- かを決定できない。ムタクを一語とみなし、古代日本語 *məndak- を語源とする説がある (村山・大林 1973:71–72)。ただしその場合、イダクの説明ができない。また、ダクをイダク・ウダクの変化した語とする説明 (『日国辞』) も疑わしい。イは対象指示のオーストロネシア系接頭辞で、後から付いたものである。類例には、行く・イ行く、出す・イ出す、つく・イつく「居付」、ます・イます「在」、のりと「祝言、祝詞」・イのり「祈」など、多くがある。

54) ***TakTak (二次形 *TukTuk) (PMP)**「ぶつかる」> tutok (Mal)：ṭ(r)aṭa (Jav)：t(ag)uktók「打つ音」(Tag)：tataka「砕く」(Mad)：tā/tutu「叩き切る、叩く」(Fij)：

tata/tuʻi「打ち砕く、叩く」(Sam)：tata/tutuk(i) (Ton)
古日 *tatak-i > 上日タタキ (連用形)「多多岐＝叩き」『古事記』(上・歌謡)、「多多企」『日本書紀』(継体 7)、タタク「叩」『名義抄』
古日 *tuk-i > 上日ツク「都久＝突く」『古事記』(下・歌謡)、ツク「豆久」『新撰字鏡』、ツク「觸、衝、突」『名義抄』

　この例は、母音調和を含む PMP の語家族 'word family' が古代日本語にも継承されている点で、語史的にも重要である。56 の *taŋga も参照されたい。

55) ***tambaq (PMP)**「加える」> tambah (Mal)：tambah (Nga)：ndamba「まとめる」(Fij)
古日 *tama > 上日タマリ (連用形)・タマる「水多麻流＝水溜まる」『古事記』(下・歌謡)、タマリみつ「涓」『名義抄』

　「溜まる」の原義は、液体などが流出せず、後からさらに加わって集積することである。なお、この古代日本語形は、前鼻音化した部分が残った例と考えられる。

56) ***taŋga (PMP)**「梯子」/ ***tiŋgi (PMP)**「高い」> taŋga/tiŋgi (Mal)：taŋga/tiŋgi (Nga)：tsiŋgi「頂上、突出部」(Mad)：taŋga「重ねる」(Fij)
古日 *taka > 上日タカみ「多伽彌＝高み」『日本書紀』(歌謡)、また後置詞 -i をともなう交替形、古日 *taka-i > 上日タケ (takë)「多気＝嶽」『古事記』(上)、「多気＝嶽」『万葉集』(5:873)・タカく「多可久＝高く」『万葉集』(20:4411)

　嶽のケ、「多気＝竹」『万葉集』(5:824) のケはともに乙類で、同じ語源である可能性は高いが、竹のタケ (-ë) をタカ (-a)「多可思吉能宇良＝竹敷浦」『万葉集』(15:3702)、タカかわら「竹瓦 (taqagauara)」『日葡辞書』の交替形とみる考えもある (川端 1979:12)。その場合は、*taŋga > *taka の変化において、すでに比喩的意味「竹」も発生していたことになる。村山 (1974:157–162) は、*sakay (PMP)「登る」('besteigen' を村山は「乗りあがる」と訳している) に taka「高」の語源を求めるが、語頭子音の対応と意味変化に問題がある。この例は、54 と同じく、オーストロネシア語族にも古くは母音調和が存在したことを示しているが、具体例に乏しく、祖語段階での母音調和を一般化して記述することはできない。

57) *tawu (PMP)「人」> tao (Tag)：tau (Nga)：(i-) tau「友」(Fij)：tau (tai)「(海) 人」(Sam)

古日 *töö >上日 ひト「比登＝人」『古事記』(中・歌謡)、「比騰＝人」『日本書紀』(歌謡)、「比等＝人」『万葉集』(5:804)、ヒト「人、者」『名義抄』

　トーに対する複合語形として、タまたはトを、タむら「多牟良＝儻(ともがら、人のむれ)」『霊異記』(下 17)・トむら「戸牟良」『霊異記』(下 24)に求める説がある(村山 1975a:67–68)。村山は、「戸」の甲・乙類は不明と言うが、橋本(1950:197)によれば戸は甲類であるから、トーとは母音が一致せず、「戸牟良」には問題が残る。なお、ひトの前部要素「比」は甲類で、ひト「人」は複合語である。ただし、「ひ」の語源は不明である。なお、はゐト「南の人」のトは *tawu > *tau > *töö に由来するが、長母音のトーは後部要素となったため単音節化した。はゐ- については、*paRi (5.2.07) を参照されたい。

　本項は、PAN では *Cau と再構される (Tsuchida 1976:249)。この形を継承すれば、古代日本語では *söö となるはずであり (4.6.07 を参照)、くまソ「熊曾＝熊襲」のソ(乙類)にその可能性がある。その意味は、熊者(くまモン)である。ソは、トと時期を違えて上代日本語に入った二重語であるが、村山は、このトとソを方言差とみなす (1974b:86)。

58) *təkək (PWMP)「トカゲ亜目 (Sauria)」> təkek/tokek「トッケイヤモリ」(Gekko gecko) (Jav, Mal)：tukó? (Tag)：tekka (Ilo)：tikí? (Samar-Leyte Cebu)

古日 *toka- >上日 トカケ「止加介＝石龍子、守宮」『本草和名』、トカゲ「蠑螈」『名義抄』

　デンプウォルフの再構形は *təkik であるが、この形ではフィリピン諸語への母音変化の説明ができないので、見出しのように改める。また、タガログ語、セブアノ語の語末の -? は、音韻対応では説明不可能である (Dempwolff 1934:76)。マレー語 tokek は、擬声語に由来すると言われることがある。ヤモリはトカゲ亜目ヤモリ属 (Gekko spp.) に分類され、トカゲはその上位に立つ。日本・琉球列島にトッケイヤモリは生息しないため、*təkək はトカゲに昇格し、もとのトッケイヤモリが人家内外の害虫・害獣(ネズミ)を捕食することから、新たにヤモリ「家守」と命名された。トカゲの語末ゲは、生物名に付いた古い後置詞(クラゲ、ゲンゲ、ハゲ[別名カワハギ]、スゲ、ツゲ、ムクゲ、ササ

4.6. オーストロネシア語系語彙の古代日本語への変化

ゲのゲ）であるか、あるいは、開音節化の母音 'supporting vowel' をともなって祖語形の語末 *-k が残った可能性もある。

59) ***təman (PMP)**「慣れた」> təman「友」(Mal)：toman「貞節」(Tob)：təmən「忠実」(Jav)：toma「伴う」(Fij)
古日 *tuma > 上日ツマ [tuma]「都麻＝配偶者、妻、夫」『古事記』(上・歌謡)、ツマ「菟磨＝妻」『日本書紀』(歌謡)

　*təman は、*təmu (PWMP)「会う」に接尾辞 *-an が付いた派生語で、「会う相手（対象）」が原義である。しかし、すでに語根となっている。この接尾辞 *-an は、日本語には伝わらなかった。tu は、室町時代の末にはツ [tsu/cu] と破擦音化した（橋本進 1959:88）。村山 (1974a:37–40) はツマのほか、*təman > *təmo > tömö のような中間的推定形を経てトモ「友」に変化したとみるが、乙類母音の発生に対する説明になっていない。乙類母音の起源からみて、*təmu はトモとは関係ないと思われる。

60) ***tənun/*ma(N)-tənun (PMP)**「織る」> tənun (Mal)：tonun (Tob)：tenuna (Mad)
古日 *nunu > 上日ヌノ「沼能＝布」『和名抄』、ヌノ「布」『名義抄』

　語頭音節 *nu の u は、逆行同化による変化である。古代日本語形は、前鼻音化をともなう接頭辞 *ma- が付いた *ma-nənun（「織物を織る」という同族目的語）に由来する。なお、4.2.k を参照されたい。

61) ***tənaq/*maN-tənaq (PMP)**「中」> tənah (Mal)：taŋah/tiŋah (Cham)：teŋŋa (Ilo)：tena-tena (Mad)：(taulo-)toaʻiŋa (Sam)
古日 *ma-naka/*naka > 上日ナカ・マナカ「奈可＝中」『万葉集』(14:3445)、ナカ「仲、中」『名義抄』、マナカ『宇津保物語』

　古代日本語マナカは、前鼻音化をともなう接頭辞 *ma- の付いた *ma-nənaq「を中にして」に由来する。ナの母音は、逆行同化による変化である。

62) ***təpuŋ (PWMP)**「粉」> təpuŋ (Mal)：tepoŋ (Nga)：tapuŋ (Cha)
古日 *tupu > 上日ツブたつ「都夫多都＝粒状に現れる」『古事記』(上)、ツブら

「豆夫羅＝円」『日本書紀』（歌謡）、ツフし「御胸を潰し給ひつつ」『源氏物語』（賢木）、ツフらか「いと円らかに」『宇津保物語』、ツフ・ツフる「刊＝けずる」『名義抄』

　語頭音節 *tu- の u は、逆行同化による変化である。工学的定義では、粉と粒は粉粒体 'particulate material' に含まれる。したがって、意味変化は容易に起こり得る。形容動詞は原意（粒＝円）に近いが、動詞「潰れる」は、ものがけずられたりして粉状・粒状になることを意味する。

63) ***təraŋ (PWMP)**「明るい」> təraŋ (Mal)：toraŋ (Tob)：taraŋ (Nga)：talaŋ「紅雲」(Tag)

古日 *tira/*tera > 上日テラす「弖良須＝照らす」『万葉集』(20:4486)、テラす「氐良須」『新撰字鏡』、テラす「照」『名義抄』

　この項についてとくに記すことはない。

64) ***tipis/*ma(N)-tipis (PMP)**「細い」> tipis (Mal)：(ma)nipis (Nga)：nipís (Tag)：tifi/nifi (Mad)：(ma)nifi (Sam, Ton)

古日 *tifi > 上日チヒ [tihi] さい「知比佐伊＝小さい」『新撰字鏡』、チヒさし・チイさし「小」『名義抄』

　平安時代前期の『新撰字鏡』は、チヒさしのイ音便形を記している。また、歴史的仮名遣いはチヒが正しいが、『名義抄』には混乱（チイはチの長母音表記？）が見られる。

65) ***tiru/*maN-tiru (PWMP)**「騙す」> tiru (Mal, Jav, Tob) /mə-niru (Mal)

古日 *ma-ne > 上日マネ（連用形）・マネ「万禰乎為＝真似をす」『霊異記』(中5)、「飲むマネ」『宇津保物語』、マネす「為」『名義抄』、人をマヌル (manuru)『日葡辞書』

　マネるは、祖語形に接頭辞 *maN- をともなったまま古代日本語に入った語であるが、古代日本語の用例は少ない。同類の語彙に、*maN-bulat >マホラがある (4.6.40 を参照)。祖語形からの意味変化は、「声を真似て耳を騙す」という関係に認められる。ただし、*maniru にマネルがそのまま対応するのではなく、動詞終止形の語尾の起源は別の問題である。祖語形の語末音節 *-ru は、古代

日本語において規則どおり脱落する。マネがマナフ(「學、傚、爲」『名義抄』)のように母音交替(ë/a)するという見解があるが(川端 1979:13, 167)、マネのネが乙類母音(në)である証拠はないうえ、またそのもっともらしい意味的関係(真似〜学)は措くとして、マナフの発生は時期的には後になるから、このような交替関係が共時的に存在したかどうかは確かでない。

66) **titih (PWP)**「胴体突出部、乳房」> tetek「乳房」(Mal, Jav) : titiʔ 'penis' (Tag) : titiʔ「尿」(Mar) : teti(ka)「鼻筋、瘢痕文身、丘」(Mad)
古日 *tii > 上日 チー[tii]「知許布我其登久=乳乞うが如く」『万葉集』(18:4122)、「うつくしげなる御チ=乳房」『源氏物語』(薄雲)、「人のむねにあるチ=乳房」『名語記』(1275)、ちうし「乳牛」・チおも「妳=乳母」・チさ「苣=萵苣」(*Lactuca sativa*)・チふ「癰=乳房のおでき」・いしのチ「石鍾乳=石の乳」『名義抄』、チ(chi)「男や女の乳首」『日葡辞書』

　崎山によるこの祖語形をさらに支持する例に、インドネシア・スラウェシ島のモンゴンドウ語[t]eteʔ、ウマ語 tiiʔ、ボネラテ語 titi、ムナ語 titi、スマトラ島のコムリン語 titɩʔ/tiʔtiʔ、ランプン語 teteʔ、マレーシア・ボルネオ島北部のビントゥル語 titiʔ、ティムゴン語 titiq、フィリピン・ミンダナオ島のイロンゴ語 titi (Greenhill et al. 2008)などがある。いずれも、「乳房」を意味して方言周圏的に分布し、オセアニアではミクロネシアのコシャエ語 titi、ポーンペイ語 dihdi、メラネシア(ヴァヌアトゥ)のヒウ語 tit などで保持されている。マレー語の語末子音 -k は、*datuh (PMP)「家長」> datuk (Mal) : datoʔ (Tag)、*kakah (PMP)「兄・姉」> kakak (Mal) : kakáʔ (Tag)、*mamah (PWMP)「オジ・オバ」> mamak (Mal) : mamaʔ (Tag) の対応例と同じ環境における出現例であるが、Dempwolff (1937:22)はこれらの例におけるマレー語の語末の -k を呼格接尾辞 'Vokativ-Suffix' とみて例外的な形としているので、本項でもそれに従う。フィリピン・南部ミンダナオ祖語形として T. D. Savage (1986) が建てている *tutuh「乳房」(Greenhill et al. 2008) は、本項 *titih の二次形とみることができよう。タガログ語、マラナオ語、マダガスカル語などへの意味変化から判断すると、原初的な祖語形の意義素として、「哺乳類の胴体において突出し、体液が滲出する器官」(解剖学的定義では生殖器系 'systemata genitalia' にあたる)と定義し得る。本項に関連する語彙として、*susu (PAN)「女性・動物の胸、乳房、乳、授

乳する」が建てられているが（Dempwolff 1938, Blust 2015）、日本語への関与の痕跡は見られない。本項により、マライ・ポリネシア祖語の初期段階で、*titih「乳房」が *susu「乳」に対して意味的に区分されていたことが分かる。例えば、マレー語の air susu は「乳なる液＝乳」という複合語であるが、susu sapi「牛乳」、susu kelapa「ヤシ水＝胚乳」、kopi susu「ミルクコーヒー」では、susu「乳」の原意が保たれている。

　古代日本語では、語頭音節の *ti- が長母音化（代償的延長）して *tii と発音され（4.2. で説明した1群の語彙に属する）、室町時代末期にはチーと破擦音化した（濱田 1946:80、橋本進 1959:88）。ただし、短音節は現代語でも、チきょうだい「乳兄弟」、チのみご「乳飲子」、チくび「乳首」のように、語頭で保持されている。日本語に入った *tii には、意義素の「突出部」の意味も保持されていたとみられ、「チのもの＝突出したもの」は、隠語からタブー語となった。

　日本語のンボをもつ語尾は、「のもの」に由来し、「赤坊」のアカンボは「赤のもの」、「腫れ物」のデンボは「できのもの」、アメンボ「水馬・水黽」は「飴のもの＝飴の臭いを発するもの」、トンボ「蜻蛉」は「飛びのもの」（飛ぶ生物は多くいるが、日本人の生活においてトンボとの関わりは特に深かった）、ハランボは「腹のもの＝鰹のかま」、イソンボは「磯のもの＝イソマグロ」（*Gymnosarda unicolor*）、サクランボは「桜のもの」、ツクシンボは「土筆のもの」、ウメンボは「梅のもの＝干し梅」、またカクレノモノから「隠れんぼ」、タチノモノから「立ちんぼ」、ケチノモノから「けちんぼ」、トオセヌモノから「通せんぼ」、地方語では、ナニ（何）ノモノから「ナンボ＝幾ら」（関西方言）、イカ（烏賊）ノモノから「イカンボ＝凧」（岐阜方言）、サガリ（下がり）ノモノからサガンボ「つらら状に加工されたアブラツノザメ（*Squalus acanthias*）の干物」（栃木方言）などが生まれた。ボウは、ボに当て字された「坊」が字音読みされた結果の民間語源の発音であり本来の語形ではないことが、方言では語尾がボ・ポで終わる語が多いことからも分かる。トンボが古くはトンバウの変化した語という説明（『日国辞』）は、メデトウ「目出度う」をメダタウと書く類の旧仮名遣いのことであり、変化の順序が逆である。平安時代以降、ノモノはいずれも語中で撥音便ンボになった。

　チがチチと重複形になったのは、幼児や小生物に対する情愛を込めた表現に由来するのであろう。「おテテ（手）つないで」「おメメ（目）覚めたら」「可愛いおハハ（歯）」などを参照されたい。『名義抄』には、チチのはくさ「紫参＝乳葉草、

シソ科アキノタムラソウ（*Salvia japonica*）」、チチむま「牝馬＝乳馬」のような生物名が出ている。なお、首里方言ではチー（cii）は、乳、血、気を意味する同音異義語となる。

　なお、血を乳と同じ語源と見る説があるが（例えば、加茂百樹『日本語源』1943）、この説は、血を上代日本語の、みずち「水霊」、いかずち「雷」、おろチ「大蛇」などのチ「霊」と同じと解釈するためである。しかし、『名義抄』で乳（チ）のアクセントは低平調で現代京都方言の乳（チチ）は低高調、また血（チ）のアクセントは高平調で現代京都方言と同じであり、上代日本語において乳と血は語源を異にしていたことが判明する。また、血をモンゴル語の血 cisun に結びつける服部四郎説も、血は古くはツ（tu）とも言われていた（和泉国泉郡大領血沼県主『霊異記』中2）として、村山（1978:60–61）が退けている。血の語源は、いまだ明らかでない。

67) ***tuli (PMP)**「聾」> tuli（Mal, Jav）：(tu)tulí「耳垢」（Tag）：ndule「耳垢」（Fij）：tuli「聾」（Sam）

　古代日本語では、語頭音節の *tu が長母音化（代償的延長）して *tuu と発音され（4.2. で説明した1群の語彙に属する）、室町時代末期にはツーと破擦音化した。上代日本語におけるトゥーの用例は見当たらないが、祖語形前部を継承したトゥは、ツノモノから生まれた差別語 tsumbo という複合語があることによって、その存在が確実に裏付けられる。この変化には、66 で述べた類例と同じ過程が働いている。tsumbo の記録された用例では、tçūbo(ni)『羅葡日辞書』（1595）が古い。ツン「聾」を tsumbo の略（『日国辞』）とみるのは、変化の順序が逆である。

68) ***tuwa/*tuqa (PMP)**「老いた、熟達した」> tua（Mal）：(ma)tua（Tob）：(ma)tua「兄姉」（Mad）：tua「祖父（呼称）」（Fij）：(ma)tua「親」（Sam）：(ma)tu'a（Ton）
古日 *tuwa > 上日 ツハ［tuha］もの「兵、武、戎」『名義抄』

　上代日本語においてツワの単独例はないが、ものは「者、物」であることが明らかである。副次的意味とされる「信頼できる人、自分の所信を曲げない人、強情な人」『日国辞』が原義を保ち、『古事記』『日本書紀』における「兵、兵戎」は当て字とともに派生した意味であると考えられる。ツハは、ワ行と混乱した表

記である。

　さらに語頭では、*taŋan (4.2.01)、*tanəh (4.2.11)、4.6. から *daRi (22)、*duRuq (23)、*tapis (51)、*timbun (52)、また *dəkat (5.2.05)、語中では、4.6. から *Ratus (19)、*qituŋ (29)、*butuq (42)、*patay (44)、および *pa(n)daŋ (5.1.03) を参照されたい。

4.6.6.　*k/*g (語頭), *-ŋ-/*-ŋk-/*-ŋg- (語中) > *k-, *-k-/*-g- の変化

69) ***gigi (PWMP)**「歯」> gigi (Mal)：gigi (Tob)：hihi「歯肉」(Mad)
古日 *kii > 上日キかみ「牙喫み」『万葉集』(9:1809)、キ・キハ「牙」『名義抄』

　『万葉集』で牙をキと読ませているのは、後世の訓読みであることは言うまでもない。この例は、崎山の1群（または2群）に当たり、『名義抄』の声点では低平調のキーと記される。現代京都方言にこの言葉が残っていれば、語末音節が高くなるはずである。この語源説は村山 (1974a:16) がすでに述べているが、妥当である。語頭部分がいったん上代日本語に入ったあとで重複語になる例が、同じく身体語彙の *titih (66) にも認められるが、キは *baRaŋ (4.2.04) 起源のハとともに複合語キハを作り、重複は起こらなかった。

70) ***gilaŋ (PMP)**「輝く」> gilaŋ (Mal)：gilaŋ (Jav)：ʻila (Sam)：ki-kila (Ton)
古日 *kira > 上日 キラ・キララ「岐良良＝雲母」『和名抄』、キラキラ（ギラギラ）し「伎良伎良之」『金光明最勝王経音義』、キラキラし「支良支良志＝嫩、媄、妍」『新撰字鏡』、キラキラし「潔」『名義抄』

　この項についてとくに記すことはない。

71) ***girik (PWMP)**「錐」> gerek/girek (Mal)：girik (Tob)：girik (Nga)：hirika「孔」(Mad)
古日 *kiri > 上日 キリ「吉利＝錐」『正倉院文書供養料雑物進上啓』、キリ「吉利」『新撰字鏡』、キリ「錐、鐕」『名義抄』

　この項についてとくに記すことはない。

4.6. オーストロネシア語系語彙の古代日本語への変化　121

72) *guluŋ (PWMP)「転がる」> guluŋ (Mal)：guloŋ (Tag)：huluna/huruna (Mad)
古日 *kuru > 上日クルマ「久流末＝車」『正倉院文書万葉仮名文』、クルマ「車」『名義抄』

　船よりも車の発達の方が遅れたようである(『時国辞』)。車以前には修羅(室町時代中期の名称)と呼ばれるV(またはY)字型の運搬具(木ぞり)があり、最古のものは三ツ塚古墳(大阪・藤井寺、5世紀?)で発見されているが、オーストロネシア系の民俗事例としてはインドネシアのスンバ、マダガスカルに残る。またバタン諸島でも使用されているが、V状でなく、車輪のない陸ぞりである(臼井 2001:74)。語末の「-ま」は、形状言を体言化するマ(川端 1979:48–52)であろう。古代日本語 *kuru は、現代語の「コロ(転)ぶ、コロ(転)がる」の語源となった可能性がある。また、クル「繰る」も、「少しずつ引き出す・巻き付ける」意味に「転がる」との接点があり、同源と考えられる。タクル(タは手?)は、「(袖を丸めて)まくり上げる」、マクル「捲る」(接頭辞マは、第6章01の*ma- を参照)は「巻き上げる、(丸めながら)はがす」の意味で、いずれも派生語となる。マクルは動詞連用形にも付き、「席巻する」の意味で用いられる。マクルは動作の結果(状態)に重点が置かれているのに対し、二次的接頭辞メをともなうメクルは「付いたものから剥がす、壁紙・魚の皮を剥ぐ」の意味で、動作そのものに重点が置かれている点で異なる。

73) *kama (POC)「輝き、光り」> kama (Fij)：kama (Tua)：'ama (Haw)
古日 *kama「あま(天)＝日、月、星などが運行し、神々のいる上界」・*taka-kama「高天」> *taka-ama(語中音消失 'synocope' ?) > 上日アマ「高天原＝高阿麻原＝たかアマはら」『古事記』(上)、「高天原」『日本書紀』(神代・上)、たかマ「高間＝高天」『万葉集』(7:1337)

　アマ「天」の語源は明らかでないが、オセアニア祖語の *kama の語頭子音 k が脱落した形という問題提起をしておく。したがって、古代日本語の意味も推定である。紀元前 2,000 年以降にマライ・ポリネシア祖語から分かれたオセアニア祖語形であることは、この語が日本語に取り込まれた時期が極めて古く、縄文時代後期以降ではあり得ないことを意味する。したがってカマは、「高天原」という複合語(-kama)にもとの語源が含まれていたのが、高(taka-)との同音反復を避け、本来のカマの語頭子音が脱落し定着した形であることになる。

『古事記』冒頭の例文では、「天」の訓に「阿麻」と読むよう注をしている。タカマガハラという異分析された格助詞を含む表現は後世のものである。ただし、アマは高天原に関する事例として、アマ路、アマ人、アマ降る、アマ翔るのように用いられ（『日国辞』）、また「天皇の敷きます国と天原磐門を開き」『万葉集』(2:167) は修飾語の高を略した例、「安麻久母（＝天雲）に雁ぞ鳴くなる」『万葉集』(20:4296) は、アマ雲を「雨雲」とは読めない例である。高天原のアマは、普通名詞アマ「天」、その派生語アメ「雨」の語源ともなった。

　高天原は宮廷内の特殊な世界であり、民間伝承や地方神話と重ならないから、それを海外に尋ねるのは誤っている（青木ほか 1982:316）という見解がある。要するに、「高い」世界だからという理屈であるが、言葉で言葉の説明をしているから循環論法であり牽強附会である。古代日本語から上代日本語にかけて、同じような語構成法が 18 の *Ra(ŋ)kit で説明したマナシカタマにも見られる。

74) *karaq (PMP)「殻」> karah「タイマイ、鼈甲」(Mal)：kara「鼈甲」(Tob)：kala「タイマイ、鼈甲」(Tag)：hara「真珠貝」(Mad)：kara「貝殻で削る」(Sa'a) 古日 *kara > 上日カラ「箕、幹」・やカラ「簳＝矢の幹」・おにのやカラ（かみのやカラ）「續断（赤箭）＝鬼矢幹＝ラン科ヌスビトノアシ」(*Gastrodia elata*)『名義抄』

　殻は、抜け殻、籾殻、貝殻、亡骸のカラと同じで、生物の外部を覆っている外皮を意味した。マライ・ポリネシア諸語ではタイマイの殻、すなわち鼈甲へと意味変化している例が多いが、日本語では「裳抜けの殻、亡骸」のような用法から、カラ「空、虚、脱」へと意味が分化した。さらに、カラ「幹、柄＝芯が抜けた（中空の）もの」も同じ語と見ることができよう。音韻的・意味的にオーストロネシア祖語起源であることがこれほど分かりやすい例も珍しいが、これまで誰も指摘していない。

75) *kilat (PWMP)「稲光」> kilat (Mal)：kilat (Nga)：kidlát (Tag)：helaṭa (Mad) 古日 *kira > 上日キラめき『宇津保物語』、キラめかす『宇津保物語』

　『日国辞』が、キラを擬態語と断定的に述べているのは誤りである。なお、*kilap/*gilap (PWMP) も語末子音が異なるだけで、「輝き」を意味するが（デ

ンプウォルフは *kilat の二次形とする)、古代日本語がこの形のどちらを継承したのかは決定できない。

76) *kusa (PWMP)「イネ科の種類、雑草」> kusa-kusa「イネ科インドヒエ」(*Echinochloa colona*) (Mal)：kuse(n)「ツヅラフジ科ハスノハカズラ」(*Stephania japonica*) (Iba)：husa(na)「ベロジア科の種類」(*Xerophyta dasylirioides / X. eglandulosa / X. pinifolia*) (Mad)

古日 *kusa > 上日クサ「久佐＝草」『万葉集』(5:886)、「久佐＝草」『和名抄』、クサ「草、卉、種」・クサのいほり「庵」・いなクサ「粮」・うしクサ「蔦蓄」・はやひとクサ「美草」『名義抄』

インドヒエは水田の雑草、ハスノハカズラは蔓草、ベロジア科は固い繊維をもつ単子葉の草本で岩場に生える雑草である。クサを含む複合語と考えられている、さきクサ「佐岐久佐＝三枝」『和名抄』、さきクサ「葛(チョウ)」『名義抄』については、古来、多くの解釈が行われている (小泉丹 1943:283–310)。しかし、檜と幸草という解釈など、植物が同定されていない。クサに草本・木本の区別がなかったとは考えにくい。粮はイネ科チカラシバ (*Pennisetum japonicum*) のことで多年生の田畑の雑草、蔦蓄はイネ科ウシクサ (*Andropogon brevifolius*) のことで山野に群生する一年草である。ウシクサは、『本草和名』にすでに「宇之久佐」とある。クサ「草」について、村山 (1988:23) は河野六郎説に従い、中期朝鮮語 *kuč「花」がクサの語源とみる。サを tsa と解釈するのは、河野説および有坂説 (1957:145–159) によったためである。しかし、この朝鮮語の語末は *č であって *ča ではない。上代日本語の語末の *a とは何か。また、*č の対応語例もあまりに少ない。10 世紀以降という中期朝鮮語の時期的な新しさからくる時代錯誤 (古代日本語で「草」は何と呼ばれていたか)、そしてさらに問題となるのは花が草になるという唐突な意味変化である。私は、朝鮮語語源説に疑問を抱かざるを得ない。また、有坂の、字音研究の圏外にある 5 世紀以前に、サが tsa であったという確証は何もない。この字音研究自体が、文字遣いの偏向を過大に評価していると考えられる。村山 (1988:17–20) は、日本語最古の記録である稲荷山鉄剣銘 (西暦 471) では、多沙鬼獲居 (タサキワケ＝人名) の沙が sa、加差披余 (カサハヨ＝人名) の差が tsa、斯鬼宮 (シキミヤ＝宮殿名) の斯が si、多加披次 (タカハシ＝人名) の次が tsi のように、サ行子音が s とも ts とも書かれて

いることを発見しているから、日本語史におけるサ＝tsa音説は単なる錯覚であった可能性が大きい。それにもかかわらず、村山が河野・有坂の *kuč 説を受け入れたことは、上代日本語のサ行音に多重対応を認めたことにもなる。

橋本はサ行子音の決定は困難であると指摘し、軽々に ts やそのほかの子音とみる解釈を戒める（橋本進 1950:68）。比較言語学的には *sa を含む *s 音は、古代日本語から現代日本語に至るまで正道を途中で逸脱することなく、首尾一貫して保持されていたと考えられる。

77) ***kuwat (PWMP)**「強い、固い」> kuat (Mal)：kuwat (Jav)： kuat (Nga)：huat (Tob)

古日 *kuwa/*kowa > 上日 コハく侍る『竹取物語』、コハいひ「古八伊比＝強飯」『和名抄』、コハし「強、剛、健』『名義抄』、コハもの「こは物＝強者』『吾妻鏡』(1200)

とくに、語中音が w であったことを示す例として、「当摩蹶速（人名）＝たいまのクヱはや」『日本書紀』（垂仁 7）があり、「クヱはや」という人名は、クヱ「強い」が後置詞 *-i をともなった *kuwa-i に由来し、はや「早」と複合語を形成して「強くて早い」を意味する。文字「蹶」が当てられたのは、漢音でクヰイ [kuai]（呉音ケ [ke]）と発音されるためで、*kuwa-i という推定形が正しいことを証明している。ただし、平安時代以降、コワに対してコハきという誤表記が定着するなかで「石山なんどのコワき（固い）物」『日蓮遺文法華題目鈔』(1260)、コワもの「強者」『史記抄』(1477) と、正当に書いた例も残されている。

デンプウォルフは言語間の借用を問題にしているが、ここでは関係がない。上代日本語では、ハ・ワの両形で記されているが、語源としてはコワが正しく、コハとする表記は誤りである。

さらに語頭では、*kaən (4.2.05)、*kahuy (4.2.14)、*kapis (4.6.49)、*kupas (4.6.50)、*gəlap (5.3.02)、語中では、*ikan (4.2.15)、*taŋis (4.2.16)、4.6. から *Rakit (18)、*ləkət (32)、*bukid (38)、*bu(ŋ)kul (39)、*dakəp (53)、*TakTak (54)、*taŋga (56)、*təkək (58)、*təŋaq (61)、*wakaq (90)、および *aŋin (5.2.01)、*dəkət (5.2.05)、*a(ŋ)kat (5.3.03)、また *-ŋg- の有声音化については、5.3. の注 d を参照されたい。

4.6.7. *C, *c, *j, *s, *z > *s の変化

78) *cu(ŋ)kil (PWMP)「穿つ」> cuŋkil「掘り出す」(Mal)：suŋkil「鉄梃」(Nga)：tsuki「尖った」(Mad)
古日 *suki > 上日 スキ (連用形)「須岐＝鋤」『古事記』(下・歌謡)、スキ「須岐＝鋤」『和名抄』、スキ「鋤、鍫」『名義抄』

　初期の焼畑稲作に、鋤は必要な農具ではなかった (佐藤 2002)。最初期のオーストロネシア系移住者は、鋤という言葉をともなっていなかった。鋤が新たに造語された語であることを、この例は物語っている。

79) *cupcup/*səpsəp (PAN)「吸う」> copcop (Ami)：súpsúp (Bik)：sosop (Mar)
古日 *suf-i > 上日 スヒ (連用形)「須比＝吸い」『霊異記興福寺本訓釈』、スフ「須布＝吸ふ」『華厳音義私記』、スフ「吸、啑、呷、噏」『名義抄』

　Tsuchida (1976:129) は、再構音 *θ を建てて *θəpθəp (PAN) のように再構成した。しかし、このような新たな音素を建てる考えはその後退けられた。ここでの祖語形は Blust (1989) による。音声学的に無声摩擦音 s には変種が発生しやすく、言語間の対応を細かく峻別すればするほど規則化からは遠ざかるという矛盾に陥るからである。

80) *saruŋ (PWMP)「外被、鞘」> saruŋ「腰巻」(Mal)：saloŋ「鞘で被う」(Tag)：saroŋ (Nga)：saruna (Mad)「カバー、蓋」
古日 *saru > 上日サルまた「猿股」

　この例の、上代日本語の記録は見当たらない。ただし、『魏志』倭人伝に記された、男子の「其衣横幅」(おうふく)は、中国南部から東南アジアにつらなる腰巻式のものと考えられる (大林 1985:264)。現在、サルは猿と当て字され、本来の意味を失って複合語の一部となっているが、唯一「サルまた」の同義語としてのサルももひき「猿股引」に、かつての独立語の意味的痕跡が残っている。サルは、猿釜、猿滑 (百日紅)、猿走、猿似、猿楽、猿団子、三猿 (否定助動詞の「ざる」に掛けた) などのように、多くの複合語の要素として登場するが、猿との間で意味的裏付けが取れる場合がほとんどである。しかし、「サルまた」は猿からはまったく説明がつかない。そのせいか、キャルマタ、ケエロマタ「蛙股？」という方

言形を語源とする説もあるくらいである(『日国辞』)。したがって、「サルまた」の猿は当て字にすぎない。文献からは証明できないが、日本語のサルまたは男性用「股隠し」がその語源である。パラオ語では、日本統治時代に sarumata が日本語から借用され、現在、下着の総称として再び祖語の意味が戻った。なお、衣装に関する語彙として、51 の *tapis/*tapiq (PMP)「腰巻」を参照されたい。

81) *sawaŋ (PMP)「海岸」/*wasa (POC)「海」> sawaŋ「海水」(Mal)：wasa「海」(Fij)：wasa (Sam)
古日 *wata > 上日 ワタつみ「和多都美＝海霊」『日本書紀』(神代・上)

　*wasa はオセアニア祖語形であるが、*sawaŋ の子音の音位転倒形である。ただし、*s の古代日本語 *t への変化は反則であるが、語形全体から判断してあえて例示する。なお、*sawaŋ に対して、Blust (1983–1984) はマラナオ語 saoaŋ「おぼろな」、古ジャワ語 sawaŋ「ぼんやりした」から「霞んだ」という意味を与えている。しかし、「遠く離れた方＝沖」という意味を契機として、「海岸」とは同じ語であるとみなされる。マダガスカル語 sawana「広々した」も同族語彙であろう。PMP からオセアニア祖語への音韻変化の傾向を古代日本語でも受け継ぐ例であるが、紀元前 2,000 年紀に始まるオセアニア祖語の形成年代から推定すると、日本列島への最初の渡来年代とも関係する重要な語彙である。

　ワタの語源について、村山 (1988:124–125) もオセアニア祖語の *wasa「大海」を指摘しているのは正当であるが、その語史にまでは言及していない。そのほか、朝鮮語の pata/patal「海」説、タミル語の pat-ar「光や火が広まる」(ワタは、wat-aru「渡る」!? と切る。禅問答的に「海は何する為にあるや？」「渡る為なり」)説などあるが、時代の誤り (古代日本語 *w は *p に由来しない) や不自然 (こじつけ的) な分析で、とうてい納得できない。

82) *sisi[r] (PWMP)「櫛」> sisir (Mal)：sisir (Tob)：sisir (Nga)
古日 (ka)sira > 上日 クシラ「久西良＝櫛」『大隅国風土記』(逸文)、クシ「久志＝櫛」『新撰字鏡』、クシ「櫛」『名義抄』

　デンプウォルフは、タガログ語の対応例を欠くため、ジャワ語・トババタク語の語末 -r だけでは語末の祖語音を決められないとして、暫定的に [r] と再構する (Dempwolff 1934:94–95)。ただし、この祖語音は日本語との対応では関係

がない。語根 *sir に受動の接頭辞 *ka- をともなった形 *ka-sir「梳<ruby>った<rt>くしけず</rt></ruby>」を異分析し、*kəsi > クシと変化したと解釈される。ただし、「櫛」に対しては *seru (POC)(Wurm and Wilson 1975) も再構されており、この形に基づく *ka-seru の方がクシラにはむしろ近い。接頭辞 *ka- については、第 6 章 04 を参照されたい。

83) ***Zilaq (PAN)**「舌」> j-m-ilaq「嘗める」(Pai)：dila (Tob)：jela (Nga)：dilah「炎」(Jav)：la^{55}「回」：díla? (Tag)
古日 *sira/*sita > 上日シタ「之多＝舌」『和名抄』、シタ「舌、簧」『名義抄』

　この祖語形は、デンプウォルフが *dilah (PWMP)「舌」と再構した形を、Dahl (1976:79) が修正した形である。*Z は、ブラストの *z にほぼ相当する。上代日本語における語中の *-r- から -t- への変化は例外であるが、変則的なロータシズム (r 音化) の一種とも考えられる。ただし、ダールは一方で *l₁id₃aq (PAN)「舌」をマレー語 lidah、ジャワ語 liḍah、パイワン語 liḍaliḍ の対応から再構しているから、古代日本語に由来したのは、*Zilaq とこの *l₁id₃aq との混合形 *Zidaq であった可能性もある。シタという語は上代から使い続けられていたが、幼児語のベロが西日本から広まり、現在、方言地理的に両形は複雑な分布を示している (『日国辞』)。

　語中では、次のように変化した。

84) ***ucap (PMP)**「述べる」> ucap (Mal)：usap (Tob)：usap (Tag)：(v)osa (Fij)
古日 *usa > 上日ヲサ「長、譯」『名義抄』

　『源氏物語』『大鏡』などではオサと書かれているから、『名義抄』におけるア行混乱も否定できない。意味的にスピーカーが議長 (the Speaker) になるのは、いつの世も変わらない。「村ヲサ」には年貢の徴収、治安、治水などの仕事があったが、基本的には巧みな話術によって維持された。ヲサをヲス「治す (四段) ことを役とする人」とみる説 (阪倉 1990:291) があるが、上代日本語の名詞語彙の語末音節がイ列音に次いでア列音が多いことからも、ヲサを基本形とするならば問題はなかろう。なお、辞書ではヲサ「長」とヲサ「通事」の項を別に建て、異なる語源であるかのような扱いにしているが (『日国辞』『時国辞』)、両

者が意味的にはっきり分かれたのは平安時代以降である。

そのほか、語頭の *s については、*səpsəp (4.6.79)、*sabaq (5.1.06)、*suwan (5.1.08)、*silaR (5.3.01)、語中の *s、*c、*j については、*əsuŋ (4.2.13)、*qasap (4.6.28)、*pusəj (4.6.48)、*kusa (4.6.76)、*pajay (5.1.04) を参照されたい。

4.6.8. *m > *m (無変化)

85) *i(m)pi (PWMP)「夢」>(m)impi (Mal)：ipi (Tob)：(k)impi「目を閉じる」(Mad) 古日 *imi > 上日 イメ「伊目＝夢」『万葉集』(4:490)、「伊米＝夢」『万葉集』(5:809)、イメみし「夢」・ユメ「夢」『名義抄』

この項についてとくに記すことはない。

86) *lumut「モ類・コケ類」(PMP) > lumut (Mal)：lumot (Tag)：lumuṭa (Mad) lumu (Sa'a)：limu (Sam, Ton) 古日 *moo > 上日 モー「茂＝藻」『日本書紀』(神代・下)、「藻」『万葉集』(11:2781)、モー「藻」『名義抄』

モは祖語形の後部要素に由来すると考えられ、代償的に長母音となり、『名義抄』では下降調または低平調で記載されている。本書の分類では、2群に属する語彙である。

語頭では、*mata (4.2.02)、*maRi (4.6.25)、接頭辞の ma(N)-bulat (4.6.40)、語中では、*kaməy (4.2.08)、*inum (4.2.10)、*Rumaq (4.6.21)、*Səmay (5.1.07) を参照されたい。

4.6.9. *n, *ñ, *N > *n (*m) の変化

87) *ñamñam (PMP)「味わう」> namnam (Tob)：namnám (Tag)：ñamñam (Chmr)：nana (Sa'a) 古日 *nama-i > 上日 ナメ (namë) (連用形)、ナメ給ひて『竹取物語』、ナム「奈武＝嘗」『万葉集』(8:1635)、ナム「奈牟＝啜」『新撰字鏡』、ナム「啜、嘗、飲、飡」

『名義抄』

　ここでの祖語形は、Blust（1989）による。嘗めるの意味は「味をみる、味わう」が原義であり、「舌先で物にさわる」（『日国辞』）というのはその後の変化である。なお、メは乙類である。

88) *ni (PAN)「属格・与格・処格小辞」、***na (PAN)**「連結・同格小辞」> 古日 *ni, *na（二次形 *no）

　4.2.e で述べたように、古代日本語においてオーストロネシア語族から受け入れた文法的要素のうち、後置詞については *-i 以外にないとみられるが、文法的小辞としてはここに示した形が古代日本語を経て、それぞれ、上代日本語の多機能の助詞ニ、ナに継承されていると考えられる。

　na については 4.2.a でも触れたが、格助詞として、みナと「瀰儺度＝水門」『日本書紀』(歌謡)、たナかみ「多那伽瀰＝田上」『日本書紀』(歌謡)、うナはら「宇奈波良＝海原」『万葉集』(15:3648)、みナそこ「美奈曾己＝水底」『万葉集』(20:4491)、まナかひ「麻奈迦比＝目交」『万葉集』(5:802) などの例がある。

　ni については、フィジー語で bilo ni tī「茶の器＝茶碗」のように属格、パラオ語では *ni の規則的変化形 el [əl] が cherm-ek [ʔərmek] el bilis「私の飼っている犬 (私の犬)」のように同格小辞、古ジャワ語では warṇa ni-ng kuda「馬における色 (馬の色)」が「詩歌に巧み、糸竹に妙」『徒然草』(1331) の「に」にも見られる、対象を指す属格的機能をもつ。また、受動表現の行為者を表すタガログ語の ni は b-in-ilí ni Joan「ジョンに（よって）買われた」、マダガスカル語の ny [ni] は a-petraky ny vahiny「客に座られた」のように、上代日本語の「か行けば人爾厭はえ、かく行けば人爾憎まえ」（あっちに行っても人に嫌がられ、こっちに行っても人に憎まれ）『万葉集』(5:804) の「爾＝に」の用法と同じである。またマダガスカル語では、*na は音変化によって ny となるため、*ni と同音異義になり、vahin' ny reni-ko「私の母の客」のような属格用法ともなる。タガログ語の ni は、人称冠詞主題形 si（人称冠詞）の斜格形である。この人称冠詞属格の ni は、台湾諸語（アミ語、サイシヤット語、パイワン語、プユマ語、ヤミ語など）でも見出される。この属格小辞のニも日本語に存在していることは、日本語の混合的特徴を判断するうえでの重要な徴候 'symptom' と言うことができる。なお、タガログ語 si は、オーストロネシア系 3 人称複数人称代名詞（人称

接辞)の *si/*siDa に由来する形であるが、上代日本語において人称接辞(人称代名詞)イ(単数)と対立するシ(複数)として継承されている(第7章を参照)。

89) *añam (PMP)「編む」> añam (Mal)：añam (Nga)：yana-yana (Fij)
古日 ami > 上日アミ(連用形)「安美＝編、網」『万葉集』(17:3917)、アミ「網、罠」・アム「編」『名義抄』

　この例の場合も、語末子音の脱落というオーストロネシア祖語形からの変化傾向を考えると、語中の *ñ が m に変化したとみるほうが妥当である。その場合、*ñ が古代日本語で同じ鼻音系列の *m に変化あるいは相通したことになるが、その条件は不明である。同じ交替の例が、琉球のミルヤ・ニルヤ「竜宮」(柳田 1978:105)、生物名の、かミラ「賀美良＝韮」『古事記』(中・歌謡)、ミラ「彌良」『新撰字鏡』、コミラ「韮」に対してニラのはな「菁＝韮の花」『名義抄』のほか、ミナ「彌奈＝蜷」とニナ「爾奈＝蜷」『新撰字鏡』、ミナ「河貝子」とニナ「蜷」『名義抄』、ヌカコ「零餘子」とムカコ「珠芽」『名義抄』などにも認められる。m/n の相通として、江戸時代中期の『耳塵集』がニジンシュウと呼ばれ、マニラ(地名)をメメラと書いた事例(『播州人米国漂流始末』嘉永3[1850])もある。また、沖縄今帰仁城(なきじん)の祭祀の広場ウーミャー「大庭」は、首里城のウナー「御庭」と音韻的に対応する。同じ関係は、日本語のミャク「脈」・ミヤコ「宮古(島)」が首里方言でナーク(naaku)となり、日本語の動詞ミル「見る」、カム「咬む」が首里方言でヌーン(nuuN)、カヌン(kanuN)「食べる」となることにも見られる(『首方デ』)。なお、金田一(1992b:439–441)には、標準形と方言形との間に現れる「鼻音と鼻音の交替」例がこのほかにも多く示されている。

　注意すべき例として、ウミさち「宇美佐知＝海幸」『日本書紀』(神代・下)、ウミへ「宇美邊＝海辺」『万葉集』(18:4044)、ウミかめ「鼈＝海亀」『名義抄』のようなウミの正当な例がある一方、ウミ「海」には複合語形として、ウナくだり「宇那俱娜梨＝海下り」『日本書紀』(歌謡)、ウナはら「宇名波良＝海原」『万葉集』(5:374)、ウナかみ「宇奈可美＝海上」『万葉集』(5:813)などの例がある。*m/*n 交替形のように見えるから、ウナは「ウミ(海)の」の意を表す(『日国辞』の「うな」)という説明が現れる。しかし、ウナくだり、ウナはら、などに含まれるナは、4.2. ほかで述べた、たナこころ「手の心＝掌」、まナこ「目の子＝眼」、かナへ「食物の器＝鼎」などにおけるナと同じ連体助詞(連結辞)とみるべきで、ウ

ミのミが変化したのではない。川端は、ウミ「海」の複合語形（被覆形）をウとみ、このウに連体助詞ナをともなった形がウナで、独立形のウミに対する複合語を構成する (1979:38-39) と言う。もとの語形の前部要素が保持され、連体助詞の存在を認める点では私見と同じである。ただし、ウミの語源は明らかでない。しかし、川端が引用した語例はウナだけで、たなこころ、まなこ、かなへ、などの類例についてまったく触れていないのは腑に落ちない。

そのほかの変化例について、語頭では、*maN-taŋis > *ma-naŋis に由来する *naki (4.2.16)、*maN-tənun > *ma-nənun に由来する *nunu (4.6.60)、*ñatuq (5.4.05)、*niyuR (5.6.04)、語中では、*tanəh (4.2.11)、*punay (4.6.47)、*inay (5.1.02)、*sinaR (5.3. 注 c) を参照されたい。

4.6.10. *w > *w（無変化）

90) ***wakaq (PMP)**「割る」> wakaʔ (Man)：waʔa (Saʼa)
古日 *waka-i > 上日ワケ (wakë)（連用形）「和気＝分け」『万葉集』(20:4297)、禾く「分、班、別」『名義抄』

なお、ケは乙類である。

91) ***iwak (PMP)**「魚」> iwa (Jav)：(fa)iva「魚釣り」(Sam)
古日 *iwa > 上日 iwa イワし「伊和志＝鰯」『平城宮址木簡』、イヲ「魚」・イヲとり「以乎度利＝漁者」・イヲのふゑ「脟」・ほしイヲ「鮭」・とひヲ「鱃」・ウヲ「魚」『名義抄』、イハし「鰯」『名義抄』

現代ジャワ語 iwak を「魚」に当てるのはラバトンで、村山 (1979:72) もそれを支持している。本項の *iwak は 15 の *ikan「魚」と異音同義になるが、語の分布に地域差が存在する。イワに対するイヲさ「伊乎佐＝魚矢」『万葉集』(20:4430)、イヲ「魚＝伊乎」『和名抄』は、-a/-o の母音交替の例とみることができる。イワシの語源をイヲよわし「魚弱」とみる説があるが、イヲの部分はよいとしても、「よわし」が正しいかどうかは分からない。シは形容詞の語尾であるから、「イヲ青し、イヲ廉し」とでもなんとでも言える。また、イヲさの「さ」を矢の古語としつつ「忌小矢」と解釈する音義説まがい（『時国辞』）は納得できない。『名

『義抄』がイハしと記すのは、ハ行転呼音の逆の誤記例である。イヲさの歴史的仮名遣いをイホさと解する(『国学辞』の「ハ行転呼音」)のは、この誤記に影響されたのであろう。なお、新潟・村上方言ではイヲの不規則形イヨが「鮭」を意味する一方、語源不明のボヤ「魚」(「鯛」をタイボヤという)と複合語を形成したイヨボヤも「鮭＝魚のなかの魚」の意味と言われるが(日本海事センター2012:130)、語源的には「鮭という魚」であろう。石川、富山で「鮭」をサケノイオ、仙台でサケノオと言う。なお、イワ・イヲ(-a/-o)の母音交替については、5.3. の注 a を参照されたい。

さらに語頭では、*tuwak (4.2.09)、*wuru (5.1.09)、語中では、*luwaq (4.6.33)、*tawu (4.6.57)、*tuwa (4.6.68)、*suwan (5.1.08)、*zawa (5.1.10)、*awaŋ (5.3.04)、*uway (5.4.07) を参照されたい。

4.6.11. *y > *y (無変化)

PAN (PMP) においては、語頭に *y- をもつ形は大変少ない。5.1.05 の *i-qənay は接頭辞をともなう形で、この例にはならない。語中では、*layu (31)、*puyu (5.2.08) を参照されたい。

4.6.12. 母音の変化への注

母音の変化例は前出の各例から明らかになっているから、個々については再説しない。図 5 は、日野 (2003:193) が従来の所説を比較しながら、日本語内部の内的再構成によって日本祖語 (＝古代日本語) から奈良中央方言 (＝上代日本語) への母音変化をまとめたものである。

アステリスクが付いた母音記号右の数字 1、2 は、それぞれ、甲類・乙類を意味する。また、アステリスクが付いていないものは、上代日本語の語中で起こる変化、すなわち日野の注記によれば、ia は saki-ari > sakeri「咲けり」、au は kura-u > kuro「黒」、ai は taka-iti > takëti「高市」、ui は kamui > kamï「神」となる。しかし、この語例において kura- に付く -u とは何か、kamui という形はどこから得たか (kamï を導くための作為？) など不可解な点もある。4 母音しかない PAN から古代日本語における甲類・乙類母音の発生を検証すると、ui/əi に対して *apuy「火」(4.2.06) > *fi2 = *fəi > ヒー (乙類)、*babuy「猪」(4.2.07) > *fawuy > *wi2 = *wəi > キー (乙類)、*kahuy「木」(4.2.14) > *ki2 = *kəi > キー

4.6. オーストロネシア語系語彙の古代日本語への変化　133

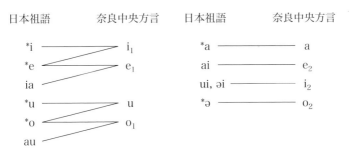

［図5］　日本祖語から奈良中央方言への母音変化

（乙類）、ai に対して *taŋan「手」(4.2.01) > *te2 = *ta-i> テー（乙類）、*mata「目」(4.2.02) > *me2 = *ma-i> メー（乙類）、*kaən「食う」(4.2.05) > *ke2 = *ka-i > ケー（乙類）、などからもその正しさが指摘できる。ただし、*ə>o2 = ö に適う例は、*Rəbi「宵」(4.6.20) > yöfi だけであり、例外的である。また、*qən[a/ə]y「砂」(5.1.05) > yönë「ヨネ（米）」は、*ə が乙類母音 ï の逆行同化によって ö に変化する。PAN *ə から古代日本語へは、4.3. で示した法則 *ə > *a, *i, *u のとおり、原則的には同化によって、*əsuŋ「臼」(4.2.13)、*tənun/ *ma(N)-tənun「織る」(4.6.60)、*təŋaq/*maN-təŋaq「中・マ中」(4.6.61)、*təpuŋ「粉」(4.6.62) のように変化する。この法則における PAN *au が、上代日本語 ö の来源となったとみる根拠は、*lahud「海側」(5.2.06) >「トー（遠）(tö/töö) き」、*tawu「人」(4.6.57) >「ひト (*tö)」の例に基づいている。

民俗語彙例―音変化と意味変化

* 第 5 章 *

　比較言語学は、諸言語の比較によって語彙の祖語形を再構成する手続きの過程で、必然的に祖語形における語彙の意味を明らかにする作業とも関わってくる。音変化は目に見える形で法則を発見することが容易であるが、語彙の意味は、当然のことながら、現実の諸言語から「帰納的」に与えられるものであり、その意味が当初から決定的であったことを何ら意味するものではない。橋本の次の言辞も、意味変化の研究の困難を指摘している（橋本進 1946:283）。

　　語の意味の変化は、その語の各時代の文献に於ける用例から帰納せられた各時代の意味、辞書注釈書等に挙げられたその語の意義等に基づいて歴史的研究法により、且つ各種の言語（ことに諸方言）に於けるその語の意味の比較研究によって之を明らかにする外無い。

　比較する言語が新たに加わることによって、再構形の意味の妥当性を検証すべきことも当然起こってくる。例えば、マライ・ポリネシア祖語において*bilis「未同定の魚」、*qalu「ダルマカマス」の意味を、それぞれ「ニシン科の種類」、「カマス属」と修正したのもその例である（崎山 2012:216）。再構形に示されている意味を金科玉条としてはならない。比較された言語例から最も妥当なものとの意味を探る作業には、厳密な方法論を提示することは難しい。また、具体的な個別言語への意味変化を示す過程においては、往々にして個人の思い込みや恣意的発想、強弁などが介入することが多いことにも注意しなければならない。また、日本語の系統論者には限らないけれども、音韻は変化しても意味は永劫不変と考えている人も多いようである。このような場合も、比較研究には寄与しない。一方、意味変化について注目すべき見解が述べられている。少

し長くなるが、全文を引用する。「祖語に *i という一個の母音からなる形態素が認められるとする。それが A 言語では a という用法に変わり、B 言語では b という用法に変化し、C 言語では c という用法を持つに至ったと仮定する。ところが D 言語では、形は同じ i という形をしているが、a という用法もあり、b という用法もあり、c という別の用法もある。つまり変化しうるすべての用法を持っている、というような言語、および形態素が一つでもあるのだろうか」(土田 2002:110)。このような場合は、形態素の音韻変化に問題がないとすれば、途中で意味変化の契機が検証できない限り、D 言語の意味はすべて祖語形の意味として還元すべきである。具体的には、より包括的な概念を求めるべきであるし、学名でいえば、下位範疇は上位範疇に格上げすべきことになる。具体例は、*punay (4.6.47)、*titih (4.6.66)、*bəRas (5.1.01)、*Səmay (5.1.07) などの扱いに認められるであろう。また、「指されるもの」の相補的分布にも注意を払うべきであり、その具体例には、*daRi (4.6.22)、'buñay (5.4.01)、*ñatuq (5.4.05)、*niyuR (5.6.04) などがある。どの言語の意味 (a, b, c) をもって原意とするかといった発想は、確たる歴史的根拠がなければ方法論としても成り立たない。

意味変化について、言語の共時的研究を主眼とする構造言語学では、F. de ソシュールは意味論そのものについてすらほとんど何も述べていないし、L. ブルームフィールドも「意味の記述は言語研究の弱点である」と述べ、「意味的変化」ではヨーロッパの言語の個別的事例を並べるのみで一般論を提示するには至っていない。また、文を生成することを目的とする生成意味論において、ここで述べたような語彙の意味変化が研究対象とされるはずもない。

以下に、どの民族にも普遍的に存在し認識されているとみなされ文化的に中立とされる基礎語彙とは相反する民俗語彙の比較によって、オーストロネシア語族に語源をもつ日本語を示す。なお、民俗語彙というのは、口頭で伝承されてきた語彙のことで、文化と深い関わりをもつがゆえに、言語の系統を考えるさいにも重視しなければならない性質をもっている。わが国では、柳田国男の指導のもとに収集された民俗語彙を中心に、国立歴史民俗博物館でデータベース化された民俗語彙 (約 3 万数千件) が Online でも公開されている。

5.1. イネ関連の語彙

西部マライ・ポリネシア諸語において稲作文化を特徴づける重要な語彙が

再構成されており、その祖語形に対して与えられた意味は、次のようである (Blust 1988)。すなわち、*bəRas 'husked rice'「コメ」、*pajay/*pajəy 'rice plant'「イネ」、*Səmay 'cooked rice'「めし(飯)」がそれである。なお、ブラストは、古代日本語のアワと類似した形、すなわちアハに近い形として祖語形 *qapa (PMP/PCEMP) 'rice husk'「もみ」も掲げているが、ブラストのほかの論文ではこの形が見当たらない。何かの誤解だろうか。しかし、これら以外にも、以下に述べるようないくつかの重要な語彙を再構成することができる。これまで古代日本語におけるこれらのオーストロネシア系語彙の存在が気づかれなかったのは、音韻変化、意味変化に対する大きな認識不足があったせいである。以下の各項で再検討した祖語形の意味に基づいて得られた結論を先に述べよう。

　オーストロネシア系言語から日本語に継承される過程で、ヒエは *bəRas「脱穀穀物」、ワセは *pajay「早生種イネ」、イネは *inay「イネ科植物」、ヨネは *qən[aə]y「砂、砂利」、コメは *Səmay「主要作物」から、それぞれ日本語で意味変化を起こした言葉である。

　祖語形の意味について、それ以降の意味変化をまったく考慮せず、原初の意味を保持し続けていると判断してよいであろうか。もしそうだとしたら、自ら方法論の幅を狭めていることになる。例えば、オーストロネシア系言語には言及しないものの、意味的にイネと同じ系統の言葉がヨネであるという柳田（1969:71, 73–74）、コメがすなわちヨネであるという柴田（1980）、オーストロネシア系言語では *bəRas が固定的にコメであるとみる Blust（1976, 1988）、Tsuchida（1976）、松本克（2012）などにおいても、同様の傾向が見られる。とくに松本氏は、意味の扱いのみならず、オーストロネシア祖語形 *pajay/*pajəy「イネ」、*bəRas「コメ」をそれぞれ *pa-ɣay、*bə-ɣaʒ と改変し、「pa-, bə- はどうやら接頭辞、ɣay/ɣaʒ は同じ基幹から分化した」(2012:88) という独断的見解を開陳しているのは理解しがたい。この口頭発表は歴史言語学会(2011/12/17、大阪)で行われたものだが、その分析はオーストロネシア語比較言語学からすれば完全な誤謬である。*pajay/*pajəy, *bəRas は、デンプウォルフの再構形ではそれぞれ *pagʻaj, *bəɣatʻ と書かれていたが、ブラストは *gʻ を *j、*tʻ を *s と書き換えただけで、音価はまったく同じである。この書き換えは Dyen（1971）により提案され、現在一般的に使用されている。gʻ, tʻ という音声記号が汎用されているユニコードに登録されていないため、大変使いづらいからである。松本氏の結論である、「イネの伝来は「稲作渡来民」によるという通説は否定さ

れる」(松本克 2012:93) という説明は成立するはずもない。松本説は、オーストロネシア諸語を含め、オーストロアジア諸語、タイ・カダイ諸語、ミャオ・ヤオ諸語、タイ諸語、チベット・ビルマ諸語、漢語、朝鮮語、ドラヴィダ諸語などと日本語との関係もすべて否定するから、もしその見解が正しいと仮定すると、そのオーストロネシア諸語の分析の誤りから、日本語の稲作関連語彙のルーツとなったのはオーストロネシア系語彙のみという皮肉な結論に至ることになる。

以下、民俗事例に基づき、それぞれの語彙について考察する。

01) *bəRas (PAN)「脱穀した穀物（ヒエ、コメなど）」/ vrīhí（サンスクリット語？）、'bra（チベット語？）> vəlac (Ami) : boax (Ata) : bəras (Mal) : boras (Tob) : behas (Nga) : băras (Bid) : bigás (Tag) : (a)byás (Kap) : brah/barah (Cham) : pugas (Chmr) : berás (Pal)
古日 *fiya > 上日 *hiya-i > ヒエ (hiye)「比要＝稗」『万葉集』(12:2999)、ヒエ「比衣＝稗」『和名抄』、ヒエ「稗」『名義抄』

上代日本語ヒエがオーストロネシア祖語に語源をもつことは、規則的な音変化からも証明される。語末に付いた -i は、限定的後置詞「その（＝田畑の）」（この用法については、第6章06のiを参照）であり、また万葉仮名の「要」はヤ行のエ (ye) を表すから（橋本進 1950:61）、歴史的仮名遣いがヒヘとならないのは正当である。『和名抄』の「衣」はア行のエ (e) を表すが、平安時代初期（村上天皇の頃）にヤ行のエがア行のエと同音になったためである。

本項に関連して述べると、ウルチ「粳」のサンスクリット語説、マレー語説はともに大変疑わしい。また、サンスクリット語、チベット語は PWMP と音形、語形が似ているが、借用を含め、その関係は不明である。一方、ヒエの語源はこれまで知られていない。中国語の稗（上古中国語音 *b'ĕg）とも結びつかない。『日植圖』は、「盛んに茂るから日得、または稗の字音に補音エ」と述べるが、いずれも疑わしい。イネ科のヒエ (*Echinochloa esculenta*) は縄文時代に栽培化が始まっていたとされる（吉崎 1997）が、日本列島に渡来したオーストロネシア民族は、列島で主要穀物であったヒエを脱穀した穀物とみなしたのである。ヒエが主流穀物であったことは、その後もイネ科ではあるが別属の雑穀類にシコクヒエ (*Eleusine coracana*) やトウジンヒエ (*Pennisetum typhoideum*) の

ように、ヒエという名を付したことからも分かる。注目すべきは、タガログ語 bigás がコメを含む脱穀した穀物全般 'hulled grains' を指すことで、それが古代日本語の段階ですでに行われていたとすれば、ヒエへの意味変化がいっそう容易に理解できる。フィリピン北部の離島のイトバヤト語でも、viiyas は、トウモロコシ、アワ・キビ、コメなどの穀物 'grain, cereals' を総称する（Yamada 2016:39）。台湾でも、プユマ語で vəras はコメではなく実を意味し、コメは正確には「イネの実」と呼ばれ、またブヌン語では、*bəRas 系統の lās/lāts は、穀物・果実の実、肉の赤身などを指す（馬淵 1969:365-366）。ただし、Tsuchida (1976:129) は *bəRas を Proto-Hesperonesian（PMWP と同じ）とし、プユマ語、ブヌン語は示していないが、掲げられたパイワン語 vat 'seed, kernel, grain' にも同じ意味内容の傾向がある。*bəRas が、フィリピンの一部の地域においてイネを意味することも注目される。フィリピンの諸言語における bigas/bugas の意味変化には、ビサヤ語 bigas およびビサヤ語パナイ方言 bugas「ムクロジ科の一種」(*Lepidopetalum perrottetii*)、ビサヤ語パナイ方言およびイゴロト語 bugas「マメ科キンキジュの近縁」(*Archidendron ellipticum*)、イゴロト語 bugas「クロウメモドキ科の一種」(*Alphitonia zizyphoides*)、カラガン語 bugas「マメ科カリン」(*Pterocarpus indicus*) などのように、マメ科のほか、ムクロジ科、クロウメモドキ科など多種にわたるが、いずれも果実、種子が利用される点で共通する（Madulid 2001）。したがって、*bəRas には英語 grain のほか、fruit を含む意味もあったことが考えられる。インドネシアでは、ほぼ全域で *bəRas 系の言葉がコメを意味するのは、紀元前 2,500～1,500 年頃、フィリピンで穀物一般からコメに意味的に特化した言葉が、イネとともにフィリピンからインドネシア方面に拡散したことを意味し、西部マライ・ポリネシア系の民族移動の時期とも一致する。このように、意味変化から判断すれば、インドネシアのイネはフィリピンから伝わったことが明らかである。この点で、フィリピンとその付近の島々を稲の起源地とみる、ヴァヴィロフ、それを支持する盛永 (1969)、最近の農業生産資源研究所の見解 (Izawa et al. 2008) は、言葉によっても正当さが証明できる。また、チャモロ語では祖語音 *b が p に変化する pugas は、インドネシア祖語系の古層に属するが (Costenoble 1940:91-103)、マリアナ諸島では紀元前 1,700 年以降の赤色土器に米粒の圧痕を残していることと関連する（第 8 章を参照）。一方で、パラオ語の berás は、語形から明らかに借用語で、インドネシア方面から入ったものである。

02) *inay（フィリピン祖語）「イネ科（Poaceae）の種類、ススキなど」> ene「トキワススキ」（*Miscanthus floridulus*）（Bat）：(ay)inay（Mang）
古日 *inai > 上日 イネ（inë）「伊禰＝稻」『万葉集』(14:3459)、イネ「伊祢」『和名抄』、イネ「稻」・イネのよね「稻米」・イネのもやし「糵米」『名義抄』。なお、複合語形として、イナから「伊奈賀良＝稲茎」『古事記』(中・歌謡)、イナむしろ「伊奈武思侶＝稲筵」『万葉集』(11:2643)、イナのほ「伊奈の穂＝稲穂」『神楽歌』(9世紀後)、イナくら「伊奈久良＝稲倉」・イナつひ「伊奈豆比＝稲粒」『和名抄』、イナき「稲機」・イナくひ・イナくさ「粮」・イナつか・イナつみ「積」・イナつま「電＝稲妻（稲に添うもの）」『名義抄』。

フィリピン諸言語の例は Madulid (2001) によるが、いずれもミンドロ島の言語である。ほかの地域からの資料がないため、局地的な祖語形に留めざるを得ない。したがって、他の語彙と比べて信頼度が弱くなるのはいたしかたない。トキワススキはフィリピン各地で名称が異なることが多いが、屋根葺きに利用される。また奄美群島でも、トキワススキは屋根葺き、垣根、小屋の壁、畳表、炭俵、等などに広く利用される。*inay は、もとはイネ科の植物を広く指したと考えられる。イネ科のうち、有用植物として、フィリピンではトキワススキに、古代日本語ではイネ（ジャポニカ種？）に特化したと考えられる。紀州方言で稲穂を積み上げたもの（堆）をススキというのは、ススキと形態の似た新来のイネに、対象を取り替えたからである。

オーストロネシア語圏では、*inay はジャポニカ種に近いイネを指し、その後に広まったインド型のイネを *pajay と呼んで区別したものと推定される。

なお、イネが語中でシネともいわれるのは、古代日本語における母音の重複を避ける傾向によって発生したもので（あらシネ「荒稲」、また同じ音韻現象として、はるサメ「春雨」）、二次的な形にすぎない。ただし、異分析によるシネ（『名語記』1275）という独立形が発生している。また、その後もイネには、たなつもの「水田種子＝種之物」という複合語が現れ、はたけつもの「陸田種子＝粟稗麦豆」（『和名抄』、『名義抄』）と対立的に用いられていた。

なお、馬淵東一 (1969) が東南アジア島嶼地域で示している bənih 系統（benih, inih, wene などの「種籾」）の稲米語彙には、inih のようなイネに似た形も認められるが、これらの祖語形は *bəniq/*biniq (PWMP) (Dempwolff 1938)「種子」にさかのぼり、かならずしも稲籾だけを意味しないのみならず、イネとも音韻

変化的につながらない。

03) ***pa(n)daŋ (PWMP)**「原野」> padaŋ (Mal)：padaŋ (Tob)：padaŋ (Nga)：paraŋ「草地」(Tag)：fanḍa/faṭana「平地、林空」・(vurun) paṭa「林間（鳥）＝絶滅したエピオルニス」(Mad)

上日ハタけ「波多気＝畠」『万葉集』(18:4122)、やきハタ「夜岐波太＝火田」『和名抄』、ハタ・やきハタ「䵃」・ハタけ「白田」『名義抄』

　ハタけ（乙類）の語末要素「-け」は語源不明である。なお、国語辞書ではハタ、ハタケともに同じ字「畑、畠」を与えるが（『日国辞』）、ハタ「畑」は字面からも明らかなように、本来、焼畑の行われたところであり、ハタけ「畠」とは区別されていた。

04) ***pajay/*pajəy (PAN)**「イネ」(*Oryza sativa*) > panay (Ami)：paday (Pai)：pazay (Paz)：padi (Mal)：parei (Nga)：pǎdi (Bid)：palay (Tag)：fa'i/fae/palaii (Chmr)：padai/dei (Cham)：thaai[21]（回）：fari「イネ科サトウキビ」(Mad)

　チャモロ語で祖語音 *p が f に変化する fa'i/fae は、インドネシア祖語系の古層に属し、*p が p になる palaii は、フィリピンのインドネシア系の中層に属するという解釈をしたのは Costenoble (1940:91–103) である。また新層は、メラネシア・ポリネシア諸語系となる。このような言語重層説への評価はともかく、実例としてタガログ語の palay と対応するチャモロ語の palaii は、「イネ科オキナワミチシバ」(*Chrysopogon aciculatus*) へと意味変化している (Stone 1970:229)。この雑草は、イネ科多年草で種子に粘着性があり繁殖力が強いが、花序が紅紫色でイネの穂に似ていることからの類推であろう。ただし、イネの意味の複合語 palaii aromatico「細粒で芳香ある種」が、フィリピン方面から新しく導入されている (Stone 1970:200)。なお、フィリピンのイトバヤト語では、paray が「イネ、コメ、めし」を意味する拡大的変化が起こっている (Yamada 2016:63)。

　ミクロネシアのポーンペイ語で「カシュウイモ」(*Dioscorea bulbifera*) を palai、パラオ語で bellói、またポリネシア西部のニウエ島からラロトンガ島にかけて「ナンヨウヤマノイモ」(*Dioscorea nummularia*) を uhi palai/ufi parai と呼ぶ (Barrau 1956)。サモア語でも ufi palai と呼び (Parham 1972)、このように、

*qumbi (4.2.12 を参照)に由来する uhi/ufi が複合語を形成する場合がある。主食であった *pajay は、オセアニア祖語に分岐する紀元前 2,000 年以前からオーストロネシア祖語ではすでに知られていたが、オセアニアではいったん消滅したあと、オセアニアに移動した民族が再びこの言葉を意味変化とともにフィリピン方面から借用した可能性が大きい。カシュウイモはムカゴが大きいのが特色であり、成長が早く他種に絡みついてその成長を妨げる。*pajay が早生種のイネであったことと、意味的に関係があるのだろうか。オーストロネシア祖語音 *p、*l が、それぞれ u、i に変化するパラオ語の bellói は借用語であることが分かり、オーストロネシア祖語音の *-j- が *-c-/*-s- に変化するオセアニア祖語 (Blust 2013:600–601, 30) においても、ポーンペイ語、ラロトンガ語、サモア語など、すべて借用語である。

　この祖語形が日本語において規則的に音韻変化すれば、古代日本語で *fasai、上代日本語でハセ/ハゼとなり、ウルシ科ハゼになるように見えるが、ウルシ科にはイネとの関連を示すような何の共通点もないから、無関係である。しかし、古代日本語の *fasai が上代日本語でハセ (hasë) へと変化する頃、ワセと混乱した可能性を示唆する音韻的証拠がある。ハ行転呼音は、原則的に語中でしか起こらないとされているが、語頭にも現れることがある。ワシ「斯多備袁和志勢＝下樋を走せ」『古事記』(下・允恭)、「和斯里底＝走りて」『日本書紀』(雄略 6) におけるワシ「和志、和斯」は、ハシ (走) の転呼音であることが明らかである。『名義抄』も、ハしる「走、駆」・ワしる「趍、驟」の両形を記している。この変化を論外とする (『時国辞』「上代語概説・子音」) か、まったく別の言葉として扱う (『日国辞』の「はしる」「わしる」) か、国語学上でも統一的見解がない。橋本は、「語頭におけるハ行子音の発音を推定する根拠としてまだ不十分」(橋本進 1950:32–33) と言うが、奈良時代以前に起こっていた音変化と考えられ、ワシル・ハシルのほかにも、ワズカ「僅か」・ハツカなどの例がある。それらに本例が加わることによって、日本語音韻史におけるこの問題は軽視できなくなったと思われる。またこれに関連して、地名のワニ「和爾」(滋賀、奈良)、「和珥」(対馬) の語源をハニ「埴＝陶器に適した粘土」(波邇『古事記』上) に求める鏡味完二・池田末則説を『古地辞』は音韻史から疑問とするが、意味問題も考慮すべきことながら、その可能性は否定できないであろう。

　ワセを複合語の要素とした、ワサた「早田」『万葉集』(7:1353)、ワサた「和左多＝早稲田」『神楽歌』(9 世紀後半)、ワサはぎ「早芽子＝早萩」『万葉集』

(10:2113) などからは、奈良時代にすでに、イネから植物全般の早咲き、早成りへの意味の拡大があったことが知られる。現在、「早生みかん」「早生たまねぎ」などと言われるのもその例である。ワセの語源について、柳田 (1969a:93–94, 1969b:306–307) の「早稲をワセという所があるから常識みたいになっているが、ワセという言葉はエチモロジーに早い時の稲という意味があるとは思えない。ワセという言葉は単に稲とか何とか言う言葉の代の詞（ママ）、代語であったかもしれない。…中国地方でサビラキ（5月初旬の田植え初め）をワサウエと言っているところがある…」という発言には少し混乱があるものの、本項で明らかにした、*pajay「イネ」から日本語のワサ・ワセ「早稲」への意味変化を支持するものと言ってよい。ワセを早生と書くのは当て字であるが、語源としての実態には即している。

　結論として、語頭のハ行転呼音は論外であるとする説に、ここで重要な一石を投じたい。上代日本語ハセは、ハシ/ワシと同じ混乱を被ってワセに変化するとともに、イネの早く成熟する種「和世＝早稲」『万葉集』(14:3386)、禾セ（ワセ）「稑」『名義抄』を意味するようになったのである。事実、イネの早生品種は、西南暖地を含む日本の各地に成立している (佐藤 1990:8)。

05) *qən[aə]y (PAN) /*one/*qone (POC)「砂、砂利」> ʔənái (Kan)：òné (Gay)：ĕnne (San)：una (Chmr)
古日 *i-onai > 上日ヨネ (yönë)「与禰＝穀実」・しらけヨネ「志良介与禰＝白米」『新撰字鏡』、しらけヨネ「之良介与禰」『和名抄』、ヨネ「米」・いねのヨネ「稲米」・もちのヨネ「粳米」・ましらけのヨネ「糳」・しらけヨネ「粺＝精米」・ヨネのもやし「糵」・もみヨネ「糙＝脱穀していない米」『名義抄』。なお、複合語形として、ヨナむし「与奈牟之＝穀象虫」『和名抄』

　PAN の祖語形としては、末尾音節母音に *qənay/*qənəy の両形が与えられているが、古代日本語へは *i-*qənay から乙類の yönë に変化した。古代日本語の語頭の *i- は、場所指示の接頭辞（第 6 章 06 の f を参照）で、もとは「砂のあるところ＝砂地」を意味した。イさわ「沢」、イの「野」、イやま「山」、イわ「廻」、イくた「朽＝生田」、イみず「水」、イむら「村」などの地名（固有名詞）に残るイと同じ接頭辞であろう。地名イナ「伊那、伊奈」は、砂を古くヨナといったものの転（『古地辞』）という説明があるが、ヨナは後に述べるように、イナの語源

5.1. イネ関連の語彙

とすることはできない。ヨネのヨは、ネが乙類母音（*-nay *-në）のため、逆行同化により乙類となったものである。ヨネが米を意味しながらもまだ多義的であったことは、その複合語の多さからも分かる。『名義抄』に見られる、いねのヨネ「稲米」という複合語は、オーストロネシア祖語形（*inay-*na-*qənay）のみで構成されていて、「イネの砂粒＝米」という表現に由来する。

このような状況は、琉球では「ヨネ米のこと、又砂をもヨネといふ事有、元三の旦内裏の御庭に砂を置くをヨネまくといふなり」と、古琉球語辞書『混効験集』(1711) にあることによっても分かる。現代首里方言でも、yuni、yuna には米と砂の両意がある（『首方デ』）。ヨネは、琉球諸方言の与那国 duni、竹富・鳩間 yuni、波照間 yunee、石垣 yuuni、首里 yuni と対応し、これらはすべて「砂洲」を意味する。与那を、琉球語ユーナ「オオハマボウ」(Hibiscus tiliaceus) や上代日本語ユフ「由布＝木綿」と見る説（伊波 1975:100–101）は、音変化のみならずその植生からも不自然である。しかし、日本語の米に対する名称ヨネは、その後、コメによって置き換えられてしまった。

意味変化を考慮せず、当初から「ヨネ＝米」と見なしたための誤解が、これまでのいくつかの説（柳田 1969:324 など）に見られる。ヨネのもやし「蘖」を、「米をもやしにしたもの」（『日国辞』）という語釈もそれである。イネのもやし「蘖米」『名義抄』に影響されたのであろうか。オーストロネシア語族が稲作をもたらしたのなら、そのことが語彙に現れて然るべきという Vovin (1994:385–386) にも誤解が見られる。ヴォヴィンは、ヨネを「米」としたうえで、その日本祖語として *dəna-Ci を建て、それが日本祖語 *(z)ina-Ci「イネ」とは異なると言うが、ここでも意味変化が考慮されていない。琉球・宮古島方言の yuni は、畑にある多年草のアワ aa に対して、粟粒を意味する。柴田武は、宮古島方言では材料から食品にいたるまで一般に名称を変えないなかで、この例は珍しいという (1980b:96)。そして、もともと収穫したばかりのコメを意味した yuni に、「粟粒、麦粉（= yuni-kuu「米粉」）」の意味が及んだので、コメに対して琉球で一般的な mai という呼称をあらたに採用した（柴田 1980a:115）という、回りくどい説明をしている。最も古い穀物がコメ、すなわちヨネであったという前提に立っているからで、それは事実に反する。

06) ***sabaq (PMP)**「灌漑した田畑」> sawah「水田」(Mal)：saba (Tob)：(ma)nyawa(an) (Nga)：ðava「収穫期」(Fij)

古日 *safa > 上日なるサハ「奈流佐波＝鳴沢」『万葉集』(14:3358)、サハあららき「佐波阿良良岐＝沢蘭」『本草和名』、サハ「佐波＝澤」『和名抄』、サハ「澤、隰」『名義抄』

村山 (1978:197–198) は、タガログ語 sápaʔ「小川」もこれを語源とするとみているが誤りで、タガログ語形はフィリピン祖語 *sapa「川」(Wurm and Wilson 1975) に由来する別語である。なお、現代語のサワに対する歴史的仮名遣いのサハは正当である。関西で「湿地」を指す地名サワが関東では「谷川」を意味するのは、サワがもとは擬音（？）で、それが畿内で「湿地」の意味となり、古い意味での谷川が周圏に分布するようになった（『古地辞』）という説があるが、フィリピン祖語が別途、東日本に残ったと考えられなくもない。南アルプス市の「鮎沢」という地名も、沢が谷川であるからこその名称である。長野に多い涸沢「水の干上がった川」は、僻地に取り残されたオーストロネシア語系地名で、*kaRaŋ「涸れた」＋ *sapa「川」> カラサハに由来する地名であろう。唐沢がカラサハの換字とすると、凍御市(とうみ)には縄文時代後期の唐沢岩陰遺跡がある。*kaRaŋ については、4.4. で述べたように、村山の指摘した例外的変化例になる。

07) *Səmay (PAN) 'cooked rice'「主要作物」> həmái (Ami)：sumái (Paz)：imai (Mal)：humáy (Akl)：glmay (Sub)
古日*komai > 上日 コメ (kömë)「渠梅＝米」『日本書紀』(皇極 2)、やきコメ「也岐古米＝糒米」『和名抄』、コメさき「糒」・やき（やい）コメ「糒」『名義抄』

この祖語形とその比較語彙は、Blust (1988) による。しかし、この祖語形に関連する台湾のイネ (*Oryza sativa*) 語彙として、Tsuchida (1977:89) はパイワン語 komai、プユマ語 lumay を示し、また Madulid (2001) はフィリピンにおける関連語彙として、アッタ語 ammay、ビサヤ語・ブキドノン語 humay、カラガン語 umay、ママンワ語 homay、マノボ語 omay、サンギル語 may などを採録している。ただし、フィリピンのサンギル語 may とインドネシアのサンギル語 ime/əmme は語形が一致しない。そのほか、インドネシアのスラウェシの諸言語でも、mai、mei が報告されている (Afriastini 1992)。馬淵 (1969:367–373) は、稲米の意に用いられる一群の言葉をəmai 系統 と呼び、スラウェシ北部のトベンテナン語 mai「イネ」、フィリピンのビサヤ語 homay「イネ」、マギンダ

ナオ語 umey「イネ」、インドネシアのバタック語 ome/eme「イネ」のほか、意味変化したトバンテイック語 mei「飯」、ミクロネシアのヤップ語 lome「米？」(崎山ノートでは komëy「ヤムイモの一種」[*Dioscorea alata*]) などを掲げている。

ブラスト形の語頭の再構音が妥当であるとはとうてい考えられないが、ひとまずこのままに留めておく。ただし、その推定された意味とともに比較語彙の見直しが必要である。私はこれらの比較から、この祖語形は「主要作物（主食となる作物）」'staple crop'（とくに [穀類] 作物・'[grain] crops'）を意味したとみなす。主要作物は、オーストロネシア語域西部ではイネ属であり、東部ではパンノキであった。それらを調理した食品がブラストの祖語形の意味である。中尾 (1966:50) は、パンノキはマレーシアの東部の島で栽培化され、品種改良が重ねられながら東方のポリネシア諸島へ運ばれたと述べているが、バロー (Barrau) は品種の多様性から、もう少し東寄りのフィリピン、ニューギニア、西部ミクロネシアを含む地域を原産地と考えている (1961:52)。この見解は、オーストロネシア語族の移動とも平行し、重要である。

太平洋地域では稲作は行われないが、ミクロネシアでは主要作物であるパンノキ (*Artocarpus altilis*) がポーンペイ語で mahi、ウリシー語で mäi、ウォレアイ語で mai と呼ばれ、これは東部のキリバス語 mai からポリネシアのトンガ語 mei にまで至り、ポリネシア祖語として *mei が再構されている (Wurm and Wilson 1975)。ただし、チャモロ語では lemae/rimae (Stone 1970:248) と言い、前部に不可解な要素をともなう。いずれも、主要作物の意味に由来すると考えられる。ただし、パンノキの固有名 *kuluR (PMP) が別にあり (Blust 1988:61)、マレー語 kulur、ビサヤ語 kolo、マラナウ語 kolo、ポリネシアのワトゥナ語 kulu、サモア語 'ulu のように変化するが、パンノキのポリネシア原産説では、パンノキがポリネシアからフィリピン、マレー方面に逆移動したことになり、祖語形の音韻構造と矛盾する。

フィリピンでは、イネに対して 04 の *pajay 系とこの *Səmay 系が折半して分布するが（また、*bəRas がイネを意味する地域もある）、この違いがイネ属の何に対応するのかは不明である。断片的な情報ではあるが、同じ *pajay 系の言葉でも、タガログ語 palay は *Oryza praecpx* (sic) または *Oryza montana*、ボントク語 pagey は *Oryza glutinosa*、イロカノ語 pagay は *Oryza sativa*、そしてイバナク語（および It. ?）ammay は *Orysa aristata* (Angela Stuart-Santiago ⟨http://www.stuartxchange.com/Palai.html⟩ (参照 2016–11–30)) を指す。

盛永(1969:334)は、すでにフィリピンでは非常に多くの種類のイネが作られているると述べているし、実際、統計的にもアジア各国のなかで改良型品種の普及率が特に高いことが指摘されている(金田 1975:275–276)。ヴァヴィロフに従えば、イネの起源地に近いということである。Karlgren (1966) によれば、マイは漢語音(古代漢語音 *miər、中古中国語音 *miei、現代北京音 mǐ)に類似している。村山(1974b:146)は、広東方言 mai⁵ との関係を示唆するが、馬淵は米の日本での漢字音読みがマイ、ベイ(閩南語 bí)であると断りつつも、このəmai 系統が日本語のコメとの関連性の問題を提起しうると述べている。借用語であると軽々には決められないことになる。ただし、mai の分布がスラウェシ北部(フィリピンのサンギル語は、インドネシアのサンギル島からの移住者の言語)に局地的に偏在する点が問題として残る。一方で、スラウェシの mai は、中国語からの借用語とは考えられない。この地域だけが中国南部とことさら密な関係にあったという何の証拠もないからである。したがって、*Səmay からはスラウェシ北部と琉球列島で、同じ語頭音脱落 'aphaeresis' が発生したことも考え得る。コメの語頭音のコは乙類で、メと母音調和している。しかし、*S- からは古代日本語の語頭子音 *k- の説明ができない。現代日本語のマイには、地名と姓氏にマイばら「近江・米原」、マイだ「米田」のような伝統的用法はあるものの、新米、古米、玄米、粳米、外米のように漢語の後部要素として、制限的に複合語としてしか用いられない。琉球方言にはこのような複合語は見られないことから、マイが日本語から琉球語へ伝わったとは考えられない。沖縄諸島、奄美群島のように分布は限られるが、琉球では南下した日本語のコメ系の言葉(首里方言クミ[kumi])によってマイは置き換えられてしまった(天野 1979)。ただし、沖縄の球美(久米島『続日本紀』797)、西表島・古見などの地名の語源をコメと解釈するならば、それは 8 世紀以前の出来事になる。コメの語源について柳田(1969:73–74, 224–225)は、稲作の前に物忌みをしたコモル・コモリがもとだと述べている。しかし、コメとコモリの語末母音の不一致は説明のしようがない。また、マイが中国系であるとしても、長江中・下流域から琉球列島に達してコメの総称となり、その後日本列島に及んだことになる。八重山・宮古島では、穀物の種子を積んだ神秘の船が年ごとに異郷から島に来航するという信仰がある(小島瓔 1977:47)ことも重要である。

08) *suwan (PMP)「掘棒」> suwan「鋤」(Jav)：suan「植える」(Tob)：sua「突き

通す」(Fij)：sua「掘る」(Sam)：huo「開墾する」(Ton)
古日 *suwa-i > 上日 スヱ (suwë)（連用形）「須恵＝据え」『万葉集』(2:202)、ウヱ (uwë)「宇恵＝植え」『古事記』（中・歌謡）、ウヱ「笱」・スヱ「標、後」『名義抄』

スヱとウヱについて、その意味的連関を証明する用例がある。

「世の中のいつもの道理（ことわり）かくさまになり来にけらしスヱし種から」（世間の常の道理でこのようになったのだろう。自分で植えた種子ゆえに）中臣朝臣宅守『万葉集』(15:3761)

この歌は、「植え」が「据え」から変化したことを証明している。いずれも、下二段連用形で乙類である。また、「所定の位置に安定した状態でものを置く」ことから、スワる「坐」も同じ語類として考えられよう。動詞スウ「据」とウウ「植」がサ行頭子音の有無のみを差として、本来は同一の語であったと考えられている（川端 1979:145）というような消極的な推定に留まらず、*suwan という語源によって同一であることが証明されたと言ってよい。スヱ、ウヱという歴史的仮名遣いは正当である。語頭子音 s- の脱落については、さる「然有」・アる「有」、さかる「離」・アかる「別」、さら「更」・アら「新」、シヌ（四段）「往、去、死」・イヌ（ナ変）『名義抄』、シネ「稲」『名語記』(1275)・イネなどへの類推が考えられる。

09) *wuru（台湾ツオウ祖語）「調理したコメ（？）」> 上日 ウルいね > ウルしね（宇留之禰＝粳米）『本草和名』、ウルしね「粃」・あはのウルしね「粱米」『名義抄』

*wuru は、李(Li) 壬癸 (1972) による再構形であるが、大正時代に日本語から借用されたとは考えにくい。また、与えられている意味が元来の意味であったかは問題である。ウルは、琉球語諸方言（首里方言ウル [ʔuru]）の礫、砂利（大粒の砂）を意味するウルと語源的に同じで、これが原意であろう。粃というのは、実の入っていない、砂状の籾のことである。ウルには、コメの粉で作った神仏に供える小さい団子を比喩的にウルまんという、喜界島のような例（『日民辞』）がある。このウルにも、ヨネに見られたような特別な用法が認められる。複合語となったウルチ、ウルシネは、ウルシネが *wuru + *inay であって、語中の -s- は母音連続を避けるために余剰的に発生したものである。ただし、異分析されたシネが、独立形（シネ『名語記』1275）として用いられることもある。

米粒の形状を砂に見立てた命名である。また『名義抄』の、あはのウルしね「粱米」の粱は、縄文時代から栽培されていたアワ (Setaria italica) のことで、同じく粟粒を砂に見立てている。したがって、ウルには穀物に対する一種の範疇詞のような用法があったことが考えられる。あは–の–ウルしねは、4.2.a でも述べた「の」の同格的用法に相当する。なお、ウルチのチについて、荒れ地に群生する多年草の茅 (チガヤ) (Imperata cylindrica) と同じと見る説もあり、これが正しいとすれば、その葉で巻いた食品がチマキである。

　台湾で栽培される水稲品種はほとんどがウルチ米であるが、台湾在来の中国大陸から来たインディカと内地種との交雑米は、日本時代に「蓬莱米」と命名された (渡部 1993:188)。蓬莱米誕生以前の台湾で作られた稲には山地の稲があり、高い草丈、大きな米粒、長い芒によってジャワの bulu 種を思わせる (盛永 1969:335) という。台湾祖語 *wuru からの変化についての私の説明は、正しく理解されていないようである (長田 1995:136)。私は意味変化を重視しているので、台湾祖語 *wuru が最初からウルチ米を意味したとは考えていない。なお、地名としてのウルについては 9.3.2. を参照されたい。

10) *zawa (PWMP)「雑穀類」'millet' > jawa「雑穀類」(OldJav)：jaba (Tob)：dawa?「イネ科コアワ」(Setaria italica) (Tag)：dawa-dawa「イネ科ヒエ」(Tag)：davi「タデ科タデ属の一種」(Polygonum senegalense) (Mad)
古日 *awa > 上日 アハ「安波＝粟」『万葉集』(14:3346)、アワ「禾＝粟」『大智度論天安 2 年点』、アハ「阿波＝粟」『新撰字鏡』、アハ「粟、禾」・もちアハ「秫＝コウリャン」『名義抄』

　*zawa には、サンスクリット語 (yawa-、むしろプラークリット語 java- に由来) 語源説があるが、この説に否定的なのは Blust (1976)、Tsuchida (1977) で、台湾ではすでに古くからアワは栽培されていたが、当時はまだサンスクリット語の影響はなかったという根拠による。確かに、PWMP にサンスクリット語の借用が始まるのは、早くても西暦以降である。ここでは、偶然の似かよりかも知れないが、サンスクリット語語源ではないという見解に従う。したがって、上代日本語のアワ「禾 (呉音ワ [ua])」には、奈良時代から発生していた歴史的仮名遣いの混乱が指摘できる。京都・山城国に残る古地名の「アワた」は粟田であろうが、『名義抄』は粟田「アハタ」と記していて混乱がある。このような

「ハ行転呼音」と逆の現象については、4.5. を参照されたい。祖語形の語頭音 *z は、法則 (4.6.7.) に従い古代日本語で *s に変化するが、*s が消失した明確な理由は不明である。なお、Blust (1988) は *zawa 'millet sp.' とは別に、古代日本語の混乱形アハに近い形として、祖語形のみ *qapa (PMP/PCEMP) 'rice husk'「籾」を建てている。しかし、ブラストはこの祖語形を建てる根拠となった言語例を記していないので、ここでは無視せざるを得ない。

5.2. 風・季節・方位名

01) *aŋin/*qaŋin (PMP)「風」> aŋin (Mal)：aŋin (Tob)：aŋin (Nga)：haŋin (Tag)：aŋin (Cham)：ŋin[33]（回）：anina (Mad)：ðaŋi (Fij)：aŋi「吹く」(Sam, Ton)
古日 *aki > 上日アキ「安吉（甲類）＝秋」『万葉集』(15:3688)、アギ・アキ「安伎（甲類）」『万葉集』(15:3629)、アキ「秋」『名義抄』

　秋（旧暦）は、さわやかな風、台風、木枯らしなど、風の種類が最も多様であるとされる。また、秋風（安伎可是『万葉集』[15:3659]）という複合語は、アキ（風）への語源意識が薄らいだ後の、同格的表現「アキという風」に相当する。夏とは異なる秋の風に対する平安時代初期の歌人、藤原敏行の鋭い観察「秋来ぬと目にはさやかに見えねども風の音にぞおどろかれぬる」『古今和歌集』があり、また清少納言にも「秋は（中略）日入り果てて、風の音、虫の音など、はたいふべきにあらず」『枕草子』がある。さらに下って、芭蕉の「あかあかと日はつれなくも秋の風」『奥の細道』(1702) も、風によって秋が知られるという趣旨である。現代においても、著名なエッセイストが「秋風というのは風の中でも特別製のいい風で、風が渡っていくのが目に見えるような気がする」『東海林さだおの弁当箱』（朝日新聞社 1995）と書いているのも、日本人のおおかたが抱く意識で、「秋＝風」の感覚を代弁している。しかし、古代人は季節の推移と風の関係について、現代人よりもいっそう敏感に反応したと思われる。秋の風も、「秋風は日に異に吹きぬ」（秋風は日ごとに強く吹きだした）『万葉集』(15:3659) と認識され、ついに突風が吹き始めると季節の認識が変わる。秋の終焉を告げ冬に向けて吹く強い風は、「ノワキノカセ＝野分の風」『名義抄』と呼ばれた。風の質が、秋と冬を分けるのである。冬は下記の *puyu (08)、春は下記の *baluy (02) を参照されたい。

カゼ（後部要素としてジ、ゼ）の語源は、諸説あって明らかでない。しかし、冬の風はアナジ・アナゼ、夏の風はマジ・マゼ、春の風はヤマジ・ヤマゼなどと複合語で呼ばれるが（『風事典』）、秋の風にはとくにそのような特別な名称はない。本項で明らかにしたように、アキは語源的にもともと風を意味する総称であったため、季節の名称として使われるようになった場合には、音韻論でいう欠如的対立をしつつその機能を留めている点に注目したい。文字遣いにおいては、国字で鮗と書いてニシン科コノシロ（*Konosirus punctatus*）の11月から2月にかけての旬に対応させ、国字ではない鯲は、9月からの旬である鯲「カジカ科カジカ」（*Cottus pollux*）を意味している。漢名で鯲は、鰌「ドジョウ」の新体字であり、季節とは関係がない。

なお、秋の原意が風であるとして、そこから「凪」を派生した可能性がある。上代日本語には通常、副詞として処理されるが、語頭に立って禁止を表す接頭辞「ナ」がある。「ナ…ソ」という不連続形態は、新しい発達である。平安時代以降に、ナコソ「勿来」（福島・いわき）の地名が生じた。上代日本語で連用形をともなうのは、連用形が名詞の機能をもっていたからで、「ナ」が名詞に接頭された場合には、否定の意味を表したと考えられる。ただし、カ変・サ変動詞でナコソのように未然形がつくのは例外とする。上代日本語の類例に、反語表現の打ち消しをともなう副詞アニ（豈）をナニ（何）の転と見る重要な指摘がある（『日国辞』の「あに」）。具体例には乏しいが、古代日本語の *na + *aŋin という語がもとになり、上代日本語の、あさナギ「朝奈伎（甲類）＝朝凪」・ゆふナギ「由布奈藝（甲類）＝夕凪」『万葉集』(13:3301, 15:3622)の「風の吹かないこと＝無風、凪」という語が生まれたものと考えられる。上二段動詞のナグ（和）との関係を言う場合、ナキなむ「名木（連用形、乙類）名六時＝凪いでしまうだろう時」『万葉集』(9:1781)となり、キは乙類になる。ただしキの子音は、両例ともに清音・濁音で書かれていて問題とならない。有坂（1957:69）のナギ（甲類）・ナゴ（甲類）母音交替説を批判する川端は、強形式（A）の名詞ナギ（甲類）と弱形式（B）の動詞ナグ（連用形ナギは乙類）の以前に、共通の形状言としてナグサ（「名具左＝和」『万葉集』[4:656]）・ナゴや（「奈胡（甲類）也」『万葉集』[4:524]）が存在したと説明する（1979:136–137）。いずれにせよ、私の、*na + *aŋin を最古形とみなす説とは合わないが、ナギはナグ（ナゴ）とは別語源と考えられる。有坂もそのように考えていた節がある（1957:55）。そもそも、日本人にとって最も好ましい秋風である「風が吹かないこと（ナギ）」と「気分がナ

ゴ(和)やかになること」とが意味的にどのように結び付くのか、不自然である。*na の起源は、ポウリー(A. Pawley)の建てたポリネシア祖語の否定仮定法 'negative subjunctive' の *naʔa (Wurm and Wilson 1975) との比較が可能と考えられる。古い接頭辞である禁止の「な」の語源については、形容詞「なし」の語幹、打ち消しの助動詞「ず」の未然形として想定される「な」につながる否定の語(『日国辞』の「な」)、あるいは「ぬ」「ね」等に活用する助動詞と同じものであったらしい(橋本進1969:192)などと言われるが、いずれも推定に過ぎない。また、「ず」の未然形は「ず・ざら」であるから、助動詞「ず」説では、あらぬ想定をしていることになる。古代日本語にすでに存在した「な」は、ほかにも、「あり」の義あるいは転(『日国辞』の「なる」)という語源説にもあるように、「なり」が「ある状態から他の状態に移り変わる」、すなわち「もとの状態ではなくなる」という意味において、否定の機能をもつ「な」をともなう派生語とみなすこともできよう。現代語で「まだ子供であると思っていたが、もう青年になっていた」は、「子供でなくなっていた」ことを意味している。ただし、上代日本語の動詞活用では「あり」はラ変、「なる」はラ行四段で異なっているようにみえるが、それは、「あり」の終止形は「あり」、「なる」の終止形は「なる」のように異なるからにすぎない。そもそも終止形の起源には、語源として不明な点が多い。その「あり」ですら、室町時代には「きつねのわきに白毛がアル」(『蒙求抄』[1529–1534])のように終止形「ある」が現れ、現代語では四段活用になる。

　なお、アクセントは、アニとナニがともに低平・高平調、アル(アリ)とナルもともに低平・高平調(『名義抄』)であるが、アキ「秋」は低平・高平調(『名義抄』)で現代京都方言と同じである。ナギ「凪」の上代語アクセントは不明であるが、現代京都方言では高平・低平調となり、アキとは一致しない。しかしこの不一致は、アキのナギ語源説への反証とはならない。なぜなら、『名義抄』でウチ「中、奥」は高平・低平調で、現代京都方言と同じであるが、同じ語源に由来する1人称代名詞のウチは、現代京都方言では低平・高平調となるからである。

02) ***baluy (PWMP)**「再来する」> bali (OldJav : Jav) : (kem)bali「戻る」(Mal) : baloi「繰り返す」(Nga) : valu「戻る、後悔する」(Mad)
古日 *faru > 上日 ハルひ「播慶比＝春日」『日本書紀』(歌謡)、ハル「波流＝春」『万葉集』(5:3969)、ハルさめ「波流佐米＝春雨」『万葉集』(17:846)、ハル「春、治、

晴、昊、腫、張」『名義抄』

　日本語の秋（上記の 01）、冬（下記の 08）のオーストロネシア系語源から判断する限り、古代日本では一年の推移が風によって認識されていたと考えることは妥当であろう。秋から冬にかけて吹く非日常的（特徴的）な風が、春になると再び日常的な風に変わる（戻る）のである。むろん、早春はまだ風も寒く、春は名のみである（吉丸一昌「早春賦」）。しかし、春の東風（コチ）は梅の花の香を送り届けるほどの弱風であり、また青柳の垂れた枝を乱す程度の風である（『万葉集』10:1851）。そして夏になると、南寄りの風（ハイ・ハエ、下記の 07）が卓越するが、東風、南風は総称して陽風(ひかぜ)と呼ばれ、春から夏への移行は「春過ぎて夏来たるらし」（春が終わり夏がもう来ているようだ）『万葉集』(2:28) のように、秋から冬への移行に比べると風の大きな変動もなく穏やかで、夏から秋へ移る時のように風の音に驚くこともない。夏はウノハナとホトトギス、水のほとりのミズバショウ、摘採を待つチャノキのように、むしろ風以外によって知られる。ただし、夏の語源は明らかでない。ナツについては、アツ「暑」という語源説は音韻的に無理であり、意味対応も陳腐である。日本人における季節の巡り感あるいは回帰感は、言語表現では、日常的な風に戻る（すなわち、「春」）場合のほか、寒の戻り、花冷え、小春（冬の初旬）、ハルキク（*Chrysanthemum coronarium*、シュンギクは重箱読み、漢名は同蒿、葉の形がキクに似る）、「暑さ寒さも彼岸まで」、そして紀友則の作ともされる、次の春霞に対照させた秋霧のような、時空を越えた認識にも現れる。

　　「春霞かすみて去にし雁がねの今ぞ鳴くなる秋霧の上に」（秋の霧に還ったような春霞み、霞みを去った雁は今、霧の上に戻って鳴いているよ）詠み人知らず『古今和歌集』

　なお、従来の春の語源説は、『名義抄』に記された同音異義を反復するのみで信用できない。また、生きものが春を知るのは、発育限界温度となる温度の積算によってであるとされる（日高 2001:218–222）。この点では、そのような周期性とは無縁な人間文化と大きな違いがある。

　本祖語形語尾の二重母音 *-uy は、乙類母音の発生と関わり、*apuy「火」(4.2.06) は上代日本語ヒー（2 群）、*babuy「猪」(4.2.07) はキー（2 群）、*kayuy「木」(4.2.14) はキー（3 群）に変化するから、ハルの語末母音は例外的である。

5.2. 風・季節・方位名　153

ただし、リ(ri)に乙類母音がないのは、マダガスカル語における変化 valu と同様、祖語形の主音 *-u- を継承したためとも考えられる。なお、鹿児島方言のハイ「春」は、*paRi「南風」(下記の 07) が語源である。

03) *baRat/*qabaRat (PMP)「北西モンスーン、強風、西」> barat (Mal)：barat (Nga)：(ha)bagat「南西モンスーン」(Tag)：barak「北西」(Cham)：(a)varaṭa「北」(Mad)：(ð)ava「嵐」(Fij)：afā「嵐」(Sam, Ton)

　典型的な熱帯性気候では、平均して 11 月から 3 月までが雨期となり、連日、スコールが降り (北) 西風が強い。古代日本語にはこの言葉が疾風の意味で残った。古日 *faya > 上日ハヤち「波夜知＝暴風」『和名抄』、ハヤち「暴風」『名義抄』のほか、

　　「ハヤても龍の吹かする也。ハヤ神に祈りたまへ」(暴風は龍が吹かせている。暴風の神に祈りなさい)『竹取物語』

から明らかなように、上代日本語では祖語形そのままのハヤとしても用いられている。ハヤは福岡、佐賀、長崎で「春夏に吹く強く暖かい風」を指すが (『風事典』)、ハヤては琵琶湖岸に暮らす人々にとって最も怖れられている風 (一般に北西風) であり、滋賀の高島、沖の島では「2、3 月に北西から吹き湖上で遭難が多い風」をいう (青柳智 1999:241–244)。またハヤテが、東日本から西日本 (茨城、千葉、徳島、愛媛、大分、福岡ほか) にかけて点在し、いずれも風位によらない危険な突風を指すのは (『風事典』)、原初の季節風の意味を保持していると考えられる。「て」を、わざわざ「風」の意味とする (『日国辞』) 根拠はどこにあるのだろうか。上手、下手、追手、行く手などの手と同じで、方向を表す語とみて何ら問題はない。なお、07 の *paRi を参照されたい。

04) *baqəRuH/*bəRu/*qaRu (PAN)「新しい」> vaqu(an) (Pai)：baharu/baru (Mal) bahu(a) (Nga)：bago (Tag)：báyu (Kap)：baru/buru (Cham)：vauvau (Mad)：bəʔes (Pal)：vou (Fij)：fou (Sam)：foʻou (Ton)
古日 *ayu > 上日アユ「安由乃可是＝アユの風」『万葉集』(17:4006, 17:4017)、アユ「安由」『万葉集』(18:4093、19:4213)

　アユのかぜは、「東北風＝豊漁をもたらす風」(室山 2001) であるが、「くさ

ぐさの珍らかなる物を渚に向かって吹き寄せた風」(柳田 1978:20)であることも、季節のはじめに初物をもたらす「新しい」風という命名にふさわしい。また、『万葉集』でアユが「東風」を意味すると知られるのは、歌番 4017 に注記された「越俗語東風謂之安由乃可是也」(越の地方語で東風をアユノカゼと言う)によっているが、日本海航路では春から夏に京へ上るときの順風として利用され、アイ(アユ)系統の風名の方向は地域によって北東、北、その他の方向のように異なる(『風事典』)。いずれも、「航海に適した初風」の意味である。

05) *dəkət/*zəkət (PMP)「近い」> dəkat (Mal)：jehet「粘る」(Tob)：dikít「付いた」(Tag)：so'o「結ぶ」(Sam)：hoko-hoko (Ton)
古日 *tika- > 上日チカき「知可吉=近き」『万葉集』(17:3983)、チカく「知加久」『万葉集』(15:3764)、チカシ「傍、迫、附、隣」『名義抄』

　この項についてとくに記すことはない。

06) *lahud (PAN)「海側」> laut「海」(Mal)：laot「外洋」(Tag)：lau「風上」(Nga)：(a)lauṭa「海、湖名」(Mad)：lau「風上」(Fij)
古日 *töö > 上日トほ(トー) ひと「等保臂等=遠人」『日本書紀』(歌謡)、トほき「等保伎=遠い」『万葉集』(15:3691)、トほみ「登保美=遠み」『万葉集』(17:3988)、トほく「騰保久=遠く」『万葉集』(17:3978)、トをし「逈、遠」・トほし「遼、逖、遏、遠」『名義抄』、トゥー(tuu)「沖」(首里方言)

　マダガスカル語では、複合語 ta-lauṭa は「海からの(遠くの)人=アラブ人」を意味し、日本語への意味変化を示唆する。首里方言のトゥナカ(tunaka)は壱岐島方言トナカと対応する複合語で、「わた中(海中)、沖中位」の意味になる。ただし首里方言は、トゥーのみで原意を保持している(『首方デ』)。オーストロネシア祖語音の *-ahu- は、古代日本語で *-au- から乙類の *-ö-/*-öö- に変化したため(4.3.12 を参照)、上代日本語の表記において乙類(等、登、騰)で書かれる。語源的には等の表記のみが正当で、保(甲・乙類の区別なし)は音引きに相当する要素であろう。上代日本語のオホ「於朋、於保=大、多」は首里方言でウフィ・ウフ(ʔuhwi/ʔuhu)と対応するから、トゥーは上代日本語がトホでなくトーであったことを裏付ける。語源の当否は別にして、トとヲシ、トとホシに切る説もある(『日国辞』の「とおい」)。『名義抄』では、「トホし」「トヲし」の

両形を書くのはハ行転呼音の混乱例である。川端は、トホとトハ「永遠」を ö/a の交替とみなし (1978:132)、またトハはトコ「常」とともにトという窮極形に分析される (1979:255)、と言う。ここにトホを含めないのは、川端がトホはこれ以上分析できないとみているからだろう。なお村山は、トホしろし「河登保之呂思＝川遠白し」『万葉集』(17:4011) のトホの原義は「祖先」で、意味変化として「遠」「偉大」が現れたとみて、語源を *əmpu (PMP)/*tumpu (POC)「祖先」に求めた (1975a:119–123, 1998:276–277)。しかし、*(t)ə-/*tu- > *tö- という音韻変化と、うがった意味変化の説明は説得的でない。

07) *paRi (PMP)「ガンギエイ科 (*Rajidae*)、南十字星」> pari (Mal)：pare (Tob)：pahi (Nga)：pagi (Tag)：fai (Mad)：vai (Fij)：fai (Sam、Ton)
古日 *fayi > 上日 ハキ (hayi)「南、南風」、Faye『日葡辞書』

　古代日本語では、母音の重複を避ける傾向があったことが知られている (濱田 1946:92, 橋本進 1950:238)。したがって、平安時代初期にハイとなったために、ハヤ、ハエ (haye) が二次形として現れた。ただし、小刀を意味するサヒ「佐比 (甲類)＝鉏」『播磨国風土記』、「差比」『日本書紀』(推古 20) がサイに変化したため (サイつる「鎛」『名義抄』)、二次形サエ (saye) が現れたという説明 (阪倉 1951:26) は、サエにサヘ「裟陛 (甲類)＝鉏」『日本書紀』(斉明 5) と書かれた例があり、この語との関係が問題になる。サヘとサヒは、品詞性ではなく、音次元的な交替と見る説 (川端 1978:210) があり、川端は、s=f 構造をもつサヒと関連して、サク「割」、ソク「削」、スク「鋤」のような s=k の語中交替を考えている。しかし、日本語における子音交替というイリュージョンもさることながら、意味的連関としても行き過ぎであろう。サヒ (小刀) とスク (鋤) の間には農耕技術的にも大きな飛躍があり、意味交替としてとうてい納得できるものではない。なお、4.6.22 の *daRi にも、同じ傾向を示唆する資料がある。しかし、4.6.25 の *maRi にこの転韻現象が起こらなかったのは、*-Ri > -yi が表記上、ワ行のヰ (wi) と混乱したためと考えられる。ただし、平安時代初期にヰはイと同音になる。時代は下がるが、「隼人」をハキトと書いた江戸時代中期の槙島昭武『書言字考節用集』(1717) の注釈がそれを裏付ける。

　大航海時代以来、主に「南十字座 (俗称では南十字星)」が天の南極を測るために使われたという説明もあるが、オーストロネシア民族はその方法をとうの

[図 6] 南十字座（AOPD：2003 May 7, NASA [一部]）

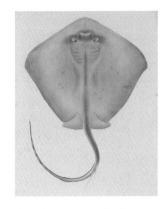
[図 7] アカエイ（写生、ナチュラリス生物多様性センター 蔵）

昔から航海に用いていた。北半球での北極星に相当する定点となる星がないため、南十字座を南極を認識するための定点として、魚のガンギエイ科をその菱形に見立てたのである。これは、心理現象のパレイドリア（変像）'pareidolia' にあたるが、意味変化の有力な原因ともなる。図6は南十字座、図7はアカエイである。

ただし、同じオーストロネシア系民族ではあるが、ミクロネシアでは同じく菱形をしたオキハギ（*Abalistes stellatus*）を南十字座に比定していて名称を異にする。エイが海面から跳躍し再び海中に没するように見えるのは、この星座が南極を中心に一日一回転するためである。八重山諸島を除いて、日本列島では南十字座は見えない。意味変化の結果、ハイ・ハエは琉球で南、南風を意味し、さらに西日本にかけて広く分布するが、富山・東砺波の「おハイ＝激しく吹く風」と志摩半島の「黒ハエ、白ハエ＝梅雨の前、後に吹く南東季節風」の日本アルプス南北線をもって本土の東限とする（第9章を参照）。ただし、ハイは黒潮に沿って静岡、伊豆諸島の一部まで広がるが、岩手・宮古のハイ「強くて出漁不能の風」（『風事典』）はこの分布域から外れ、例外的である。

08) *puyu (PMP)「突風」'Wirbeln' > puyu (Mal)：puyó? (Tag)：vuðu(ka)「叩き付ける」(Fij)

古日 *fuyu > 上日フユ「布由＝フユ」『古事記』(中)、「布由」『万葉集』(17:4003)、フユねぎ「冬葱」『名義抄』

　岡山・日生(ひなせ)には、冬、正月の「7 日に船出すな」という諺があり、その日の突風が恐れられている（⟨http://www.hinase-my6893.com/weather/weather.html⟩（参照 2016-11-30））。鹿児島・阿久根では、冬になるとアガイ（上い）風という西よりの突風が吹き荒れる（『風事典』）。東京・八丈島大賀郷のフユニシは、11 月中旬から 3 月上旬に吹き荒れる風、愛知・篠木のフユオコシは、夜、南風が強く吹いたあと大雪を降らす風（『風事典』）である。これらの風名に含まれるフユは、もともと突風を意味したと考えるほうが自然である。「突風のような風が吹いている。寒い冬を越して春一番が吹くと、この風の音も久方ぶりの木と木の会話のように聞こえる」森繁久彌『あの日あの夜』(中央公論社 2005)。冬の最後の突風（嵐）が「春一番」になる。春については、02 の *baluy を参照されたい。なお、フユ＝ヒユ（冷ゆ）説があるが、下二段ヒユは連用形ヒヱがより古形であり、フユとは母音が前後ともに一致しないし、そのような母音交替も知られていない。

5.3. 色彩名

　「白、黒、赤、青」は日本固有の色名と言われるが、最初は色名ではなかったことが語彙の比較から判明する。また、語根から派生語が体系的に生まれる仕組みが認められる。バーリン・ケイ (2016) の仮説は、すべての言語には第一ステージで「シロ」「クロ」があり、第二ステージで「アカ」が加わるという内容であるが、語史的（語源的）にみた場合、最初からそのように色彩語彙として確立していたかどうかは疑わしく思われる。しかし、古代日本語において、第一ステージで基本的な四色「シロ、クロ、アヲ、アカ」を表現する方法が存在したことは、チベット語の色彩語彙と同じである（長野 1980）。

　古代日本語で基本となる色彩語彙は、語源的に「光」から「シロ」、「闇」から「クロ」、「淡（アワ）」から「アヲ」、「(日)昇」から「アカ」が比喩的に生み出された。現代語の「夜が白む」という表現のルーツは、「夜に光りがさす」ことであった。ただし、色彩語彙「シロ」「クロ」「アヲ」を派生する語尾 (-o) あるいは母音

交替(-a/-o)の起源、機能については不明である。PMP *awaŋ は、オーストロネシア民族(台湾を除く)によって認識される、天と地の間の空間 'airy interspace between heaven and earth' のことで(漢語「空」の字源は、穴居の天井の意味)、この部分が色彩名として「アワ(淡)・アヲ(青)」と表現されたのである。色彩語彙の語源として光が、例えば、英語 white はインド・ヨーロッパ祖語の *kweit-「輝き」、black も *bhleg-「微光」(英語 blank、フランス語 blanc「シロ」もこの語根から)に由来する例がある。

		-a/-o[a]	-a/ (a-i>) -ë[b]
01) *silak[c] (PMP)「光線、輝き」>	シラ「白」	/ シロ「白」	/(シレ)
02) *gəlap (PWMP)「闇」>	クラ「暗」	/ クロ「黒」	/ クレ「暮」
03) *a(ŋ)kat[d] (PMP)「昇り」>	アカ「赤、明」	/(アコ)	/ アケ「開、朱」
04) *awaŋ (PMP)「中空」>	アワ「淡」[e] (アハは誤記)	/ アヲ「青」	/ アヰ「藍」

上の例に、注(a〜e)を加える。

注 a)　-a/-o の母音交替について、上代日本語においてこの交替が意味的にどのような機能を区別したのかは明らかでない。この交替を、橋本は「転韻」と呼んでいる(橋本進 1950:77)。川端は、異なる価値を担う a/u, u/o の交替に加え、この二種類が共存するような交替として、a/o の例を掲げている(1978:66–75)。ただし、このような交替の間にどのような意味的親近性の濃淡があるかを順序づけることは不可能であるという。植物では、シラたえ「キンポウゲ科クレマチス」(clematis spp.)はシロたえ「ツツジ科クルメツツジ」(Rhododendron spp.)と、またシラ菊「白菊」は夏シロ菊(Tanacetum parthenium)と区別され、水性生物ではシラ魚(鮊)「シラウオ科」(Salangichthys microdon)とシロ魚「ハゼ科」(Leucopsarion petersii, 素魚と書くのは当て字であろう。意味的にも不可解である。市場名イサザ)は別種である。ただし、『名義抄』にシロヲ「鮊」とあるのはシラ魚のことで、武井(1831)も鮊を「しらうお、しろを」と書き、シロ魚と区別していない。「明けぼのやシラ魚白きこと一寸」(芭蕉『野ざらし紀行』貞享2 [1685])、「踊りまくるシロ魚すぐに食はれけり」(東吾『濱』1999/02)は、それぞれの魚を詠んだ一句である。そのほか、シラ虎魚(おこぜ)(Inimicus japonicus)(小田原)とシロ虎魚「フカカサゴ科ハチ」(Apistus carinatus)(江ノ島)、シラ鱚

(*Sillago japonica*)(大阪、有明海)とシロ鱚(秋田、新潟・寺泊)、シラロ「ニベ科イシモチ」(*Pennahia argentata*)(熊本・有明)とシロロ(福岡、岡山)、シラ鯒(こち)(*Platycephalus* sp.)(明石)とシロ鯒(備後海)、シラす「カタクチイワシ科カタクチイワシ」(*Engraulis japonicus*)(和歌山、広島)とシロす「サバ科ヒラソウダ」(*Auxis thazard thazard*)(高知)などに方言差が見られる(高木 1970)。また、シラ海老「オキエビ科」(*Pasiphaea japonica*)とシロ海老(＝シバ海老)「クルマエビ科」(*Metapenaeopsis lata*)、シラ貝「キヌマトイガイ科ナミガイ」(*Panopea japonica*)とシロ貝「ニッコウガイ科サラガイ」(*Megangulus venulosa*)も別種である。さらにそのほか、シラ頭「白毛の槍の鞘の飾り」とシロ頭「能楽で白毛の蓬髪」、シラ木「削ったままの木」とシロ木「色の白い木材」、シラ子「雄魚の精巣」とシロ子「アルビノ」、シラ酢「野菜のあえ衣」とシロ酢「白梅酢」、シラ太「材の色が白い杉」とシロ太「豆腐(隠語)」、シラ玉「白玉、真珠」とシロ玉「全音符」、シラ肌「白肌」とシロ肌「杉の樹皮の色調や亀裂の一状態」、シラ干し「魚肉、野菜を塩なしで干す」とシロ干し「塩だけで漬けた梅干」、シラ焼き「魚肉をたれなしで焼く」とシロ焼き「印刷前の確認用刷り出し」、などの例もある。ただし、「白蟻」はシラあり・シロあり、「白梅」はシラうめ・シロうめ、「白壁」はシラかべ・シロかべ、「サギ科白鷺」はシラさぎ・シロさぎ、「白出し」はシラだし・シロだし、「白布」はシラぬの・シロぬの、「白旗」はシラはた・シロはた、「白木綿」はシラゆう・シロもめんの両方が言われる。最後の例では、漢語(モクメン)の借用語(もめん)にロ形が付いている。これらの例から、ロ形は複合語の要素として二次的に発生したことが明らかであり、一方のラ形はより古形を保持している場合が多いと判断される。シラ砂「白砂」に対するシロ砂「生物の死骸が積もり固まった堆積岩」は、考古学での新しい命名であろう。

　有坂(1957:58)は、シロ「白」に対するシラたま「白玉」と、サケ「酒」に対するサカずき「酒杯」とは、シロ・シラが形容詞の語幹であり、当然ながらともに被覆形(複合語形)の現れるべきところで、サケのような露出形は現れるべきところではないから、まったく別物であると述べているが、この説明では、意味の問題にまったく触れていない。また、「白髪」がシラ髪ではなくシロ髪「之路髪」『万葉集』(17:3922)、「白妙、白栲」がシラ妙でなくシロ妙「斯漏多閉」『古事記』(下・歌謡)・「之路多倍」『万葉集』(15:3625)、「白瓜」がシラ瓜でなくシロ瓜『名義抄』、「銀」がシラ金でなくシロ金『名義抄』と書かれていることから、被覆形であっても形態的制限を受けていることが明らかである。なお、『古地辞』は

地名のシラ「白」をシル「汁」のことで「湿地」と解釈しているが、音韻交替的にも意味的にも、きわめて不自然で、従いがたい。また、『日国辞』がシラ焼きとシロ焼き、シラ砂とシロ砂を同義としているのは正しくない。複合語の前部要素シラとシロの区別について、『日国辞』の記述は全体的に、はなはだ心もとない。東北地方の「おシラさま」の起源は、現在ではよく分からないと言われる。柳田(1978:307)は別の語源説を述べているが、この「シラ」は、その民俗的内容からして、輝く雪山の白、カイコや繭の白に由来するとみなすのが自然と思われる。そしてこの言葉は、カイコを指す「シロさま」(山形、新潟)と母音 -a/-o の交替をしている。

-a/-o が示す同じ意味的関係は、アワ海・アウみ(淡海)『万葉集』(7:1350)とアヲうなばら「阿乎宇奈波良＝青海原」『万葉集』(20:4514)、アワなみのかみ「沫(淡？)那美神」『古事記』(上)とアヲ波「安乎奈美」『万葉集』(20:4313)、アワ(淡)島『古事記』(上)とアヲ島(東京)、アワたのおとめ「粟(淡？)田娘女」『万葉集』(4:707)とアヲ田などにも見られ、「動かふともしないアワ雲が流れてる鳶がすうつと輪をえがく」(岡田自観『山と水』1949)のアワ雲とアヲ雲「安乎久毛」『万葉集』(14:3519)の違いは、アワ雲が「空の色が透いて見えるような薄い雲」、アオ雲が「青みを帯びた灰色の雲」(『日国辞』)を表し、微妙な色のグラデーションが -a/-o の交替によって区別されている。アヲ空に対しては、アワ空(京都加藤萬・正絹紋意匠ぼかし帯揚げ 桜ぼかし／淡空)といううるわしい商品名が創造されている。

このような意味的交替から、アヲ「青」はアハでなく、アワ「淡」から派生した言葉であることがいっそう明らかになった。すでに太田全斎『俚言集覧』(1797頃)は、アワ「淡」はアヲ「青」に通じ白色を表すと述べ、「淡」をアハと書く誤った表記に対して注目すべき(しかしながら当然の)見解を披露している。アワ・アヲの問題については、下記の注 e においてさらに触れる。

またクラとクロは、早くに「暗」(光)と「黒」(色)に意味が分化し、別の言葉になった。クラもの「暗物＝いかさま師」とクロもの「黒物＝鍋(女房詞)」では、意味的カテゴリーが異なる。有坂は、アヲ「青」とアキ「藍」、クロ「黒」とクリ「涅＝水の底によどんだ黒い土」の母音交替(-o/-i)は、語法関係では -a/-e 交替のアカ「赤」とアケ「朱」と同じと言うが(1957:69–70)、色彩名としてまとめるには、上記のような母音交替関係で示す方が明晰であろう。

なお、アカに対するアコは、地名の赤海をアコうみ「新潟」、赤水をアコず「三

重」、赤田をアコた「岡山、奈良」、赤荻をアコおぎ「岩手」、赤尾をアコお「三重」と読む例があるが、一般的ではない。またハタ科アコウ（*Epinephelus akaara*、キジハタ）は、アカうおの縮約形であることは言うまでもない。

　すでに示した *qasap「煙」(4.6.28)、*ulaR「蛇」(4.6.34)、*bilaq「枚」(4.6.35)、*iwak「魚」(4.6.91) のほか、本項の *silak (01)、*gəlap (02)、*a(ŋ)kat (03)、*awaŋ (04) 以外にも、下記の注 c のシナとシノは、同じ種類の交替 (-a/-o) とみられる。またアワとアヲについては、下記の注 e で詳説する。なお、阪倉 (1990:290–297) は、『万葉集』の名詞語彙の語末音節がイ列音に次いでア列音が全名詞の 23 パーセントを占め、動作・作用の本質的なところを実現した情態を意味する語彙であると説明するが、その語源の多くはオーストロネシア祖語に見出されることになる。また濱田 (1946:101) が、アマ、サカのような複合語にある形が語史的により古いとみるのも、語源的に正しい。

注 b)　-a 母音をもつ基本形に -i を付けて派生語を生み出す仕組みは、タカ「高」・タケ「嶽、竹」、アマ「甘」・アメ「飴」、ムラがる「叢」・ムレ「群」、アマ「天」・アメ「雨」にも認められる。このような意味変化のうち、アマ「天」・アメ「雨」の交替例は、ニューギニア島北方のオセアニア諸語とアドミラルティー諸島語でも見られ、タカ・タケという交替は、*tiŋgi「高い」(4.6.56) が、マダガスカル語で tsiŋgi「山頂、突出部」と意味変化する例によっても支持される。また、下二段の連用形を派生して乙類母音 ë となる。クレ、アケはその例である。連用形が名詞としても用いられる伝統は、現在まで継承されている。ただし、シレは、シレもの「痴者」をシラもの「白者」の転とみる説（本寂『和語私臆集』1789）があり、アヰ「阿井＝藍」『新撰字鏡』『和名抄』は、アヱの変化形であろう。アヰは、くれなヰ「久禮奈爲＝呉国の藍＝紅」の複合語として、同じくワ行のヰ（爲）で記されている。川端は、-i/-o の交替例としてアヰ「藍」、アヲ「青」は認めるが、アワ「淡」は、アハ説に従っているため、アワとの関連は認めない (1979:11)。

注 c)　*silak「光線、輝き」'Strahl' のほかに、ほぼ同意義の *[sθ]iNaR (PAN) (Tsuchida 1976)/*sinaR「光」(PMP) 'Licht' が再構成されるが、オーストロネシア語域では後者のほうが分布域は広い。日本語には両形が伝わっている。*silak を語源とする上代日本語のシラむは、「夜漸くあけ白む程に」『今昔物

語』のように、「空が輝く」の意味が残っている。シラが色彩名となる一方、上代日本語でシナは、「光」の意味を保持している。ただし、村山（1974a:102–103）は、筑紫の枕詞であるシラぬひを「光の日＝日光」（ぬは連辞）と解釈する。片岡山の枕詞として、シナてる「斯那提流」『日本書紀』（推古 21）が用いられるが、その意味について、「断層状になった山の片面に日が当たっているから」『日国辞』という解釈は説得性がある。ただし、シナは「志那都比古神」『古事記』（上）で風神となり、現在、滋賀・草津の志那神社でも風神をまつり光とは関係がないが、京都・山科のシナをシノと関連づけて光とみる説がある（吉田 2003）。シノは篠（竹の一種）と同音になるが、シノみね「篠峯」（大阪、奈良の葛城山の古称）のシノは光とみるのが自然であり、またシノノメは「東の空にわずかに明るさがさす頃、東雲」『日国辞』とされ、「光の目」を意味する。琉球語で「てるシナのまみや＝照るシナの真庭」・「てるシノ」『おもろさうし』のシナ・シノが、「御月之事」または「御日」と解釈されるので、原義は「光」すなわち *sinaR であったという村山説（1979:191–192）は正しい。台湾のアミ語 cital およびサイシャット語 (ha)hila、オセアニアのサモア語 (mā)sina・ハワイ語 (ma)hina では「月」に意味変化する。ただし、村山が「之多泥流＝下照る」『万葉集』（80:4059, 90:4139）のシタを、かなりの推定形を経てシナの変化とみるのはいかがであろうか。

　なお、琉球語に独特の語彙として、ティーダ「太陽」（首里方言 tiida）がある。この語を「毛毛知陀流＝百千足」『古事記』（中・歌謡）のももチダルと関連づけ、さらに台湾諸語（*[sθ]iNaR > アミ語 cital「太陽」ほか）にも関係ありとみた新村出説に対して、琉球語への音韻変化では *sinaR の *s は t に、また *n は d に変化しないからティーダは問題にならない、とした村山（1979:180–184）は正当であった。一方で、上村孝二・亀井孝の「天道」語源説を有力とみたが（村山 1979:185–190）、この説も、平板型のティーダのアクセントは天道の字音からすれば下降型となるべきであるという理由で、天道語源説も否定するに至っている（村山 1988:140）。テダの語源には諸説があるが、照るものの義と解して疑わない柳田（1978:93）の強硬な主張にもかかわらず、ティーダの語源はやはり明らかでない。テラ「寺」は首里方言でティラ、テル「照る」は (tiri- > tii-uri > tijuN) ティユンと変化するから、柳田の「照る」説も疑わしい。

注 d）　法則（4.3.6 を参照）があるにもかかわらず、その例外となる場合がある。

祖語形 *akat からアカとき「安可等吉＝日昇のとき、暁」『万葉集』(15:3665) が生み出されるのに対して、語中の前鼻音形 *aŋkat からはアガリ「安我里＝上」『万葉集』(19:4292) のように、無声音・有声音で対立する語 (二重語) が生み出された。ただし、アガりには、アカリ「驥＝上」(前田本訓)『日本書紀』(雄略9) と無声音で読まれる例もある。類例では、*bu(ŋ)kul (4.6.39) におけるフクる「布久流」が語中で有声音化したフグリ「布久利＝陰嚢」『和名抄』・布久利「陰嚢」『名義抄』があり、表記の布久は同じであるが、二重語になる。『宇治拾遺物語』(1221) も、「ふぐり」と記している。ただし、有声音化現象として論じるには語例が乏しい。

注 e)　*awaŋ (PMP) は、各言語においてマレー語 awaŋ「中空」：タガログ語 awáŋ「空間」：マダガスカル語 avana「虹」：フィジー語 yawa「遠く」：サモア語 ava「間」のように意味変化するが、マレー語 awaŋ は述語ともなり、Persetujuan masih di-awang. は、「合意できるか、まだ五里霧中だ」を意味する。また *awaŋ「中空」は、'airy interspace between earth and sky' と説明され、単に 'ciel'、'Luftraum' と訳されて適訳がない場合が多いが、対流圏から外気圏を含む「圏」(spheres) を指す概念であろう。マレー語で Dilihat clari atas awang-awang. は、「上空の awang から眺める」すなわち「鳥瞰する」を意味する。オーストロネシア語族の認識では、この *awaŋ を蓋のように覆っているのが *laŋit「天、天蓋」である。ちなみに、重複形の langit-langit/lani-lani はマレー語・マダガスカル語で「口蓋」、タガログ語で langit-langit は「アーチ形天井」を意味する。

村山・大林 (1973:207) および村山 (1975a:187–191) は、*awaŋ から「淡」を無視してアヲ「青」への変化だけを考える。歴史的仮名遣いのアハへのこだわりがあったからと推定されるが、アヲは *awaŋ の語末母音からは直接説明ができない。また、Blust (1983–1984) は *Rawaŋ (PWMP)「隙間」を基本形として再構成し、*awaŋ/*lawaŋ を二次形とする。この *Rawaŋ を支持するのは、フィリピン諸語の「隙間」、マレー語の kərawaŋ「透かし編み」だけである。しかし、空の真ん中を指す「中空」と「隙間、透かし編み」は、意味的に大きな乖離があり、両者を結び付けるのは不自然である。別語とみなすべきであろう。

アヲ「青」は本来、白と黒の中間を示し、時には白、黒も指す (『日国辞』) ようなとりとめのない色、アワ「淡」い色のことであった。アワとアヲは、-a/-o の交替形である。アワしほ「眷塩＝食塩」『摂津国風土記』(逸文)、アワしほ「阿

和之保＝白塩』『和名抄』、アワしほ「白塩」・アハしお「鹵鹹」『名義抄』は、すべて「淡い」を意味する。ただし、『名義抄』は、「淡」に対してアハ・アワの両形を記している。そのほか、『名義抄』「澆」に記されたアハタスを、『日国辞』はアワタスと読み、語義未詳としながら「淡と同語根、軽視する」と語釈をしている。また川端も、ö/aの交替例としてオホ「鬱」・アハ「淡」たす、を示している（1978:79）。しかし、このアハもアワ「淡」の混乱した表記と考えられる。澆には浸すのほか、薄いの意味がある。アワタスとは、色を付けないで（情を加えないで）軽々しく扱うことである。

「春くれば滝の白糸いかなれやむすべども猶アワに見ゆらん」（春だというのに滝の水はどうしたのだろう、まだ淡くくすんだ色をしている）紀貫之『拾遺和歌集』（1004番）

この歌のアワ『古典文庫本』を『日国辞』は「淡」としているが、『新日本古典文学大系本』では「泡」の漢字を当てている。貫之の同じ歌が、他出では「アハにとくらん」とある。貫之の歌のアワは、白と対比して色がうすい（淡い）の意味で用いられているから、形状の「泡」と読むのは「文学的」読解として妥当だろうか。貫之には神戸の布引の滝を見て詠んだ別の歌もあるが、もし同じ滝なら、大阪湾から年間通じて吹く暖かく湿った南風の影響で、六甲山系の南側にある滝が氷瀑することはない。滝の落ち水が凍らない限り、泡は年中出ている。この歌は、滝の微妙な色の変化に注意が向けられているので、当然『日国辞』の読みを妥当とすべきである。同じアワの例でも、「待ちつけたてまつりたるかひなく、アワの御ことわりや」（お待ち申し上げた甲斐もなく、あっさりした言い訳ですこと）『源氏物語』（竹河）のアワは、「淡」と解釈して正しく読まれている（『日国辞』）。アワの読みで同じく問題になるのが、

「安波乎呂のをろ田におはる（生はる）タハミヅラ」（薄く霞んだ峰の上田に生えているタワミヅラ［未同定の蔓植物］）『万葉集』（14:3501）

で、この「安波」を地名とする読み方が定説化しているようだが、地名ならば通常、属格「の」をともない「田児之浦」『万葉集』（3:318）、「阿波乃山」『万葉集』（6:998）、「淡海之海」『万葉集』（7:1390）、「安乎能宇良＝英遠の浦」『万葉集』（18:4093）のように書かれるはずである。ことに、田児之浦、英遠の浦では初句で字余りとなるにもかかわらず、属格「の」は規則的に書かれている。「安波

乎呂」を地名とみたいのならば、「安波の乎呂」と書かれていて然るべきである。しかし、アハをろ「安波乎呂」の「乎呂＝峰」を修飾する形容詞として私の試訳のように読めば、アハ（＝アワ）「淡」にはアヲ「青」の意味も含蓄されていることになる。地名説は、安波を「淡」とみるのをためらったため、あえて不自然な解釈を試みているとしか考えられない。

　近江の語源とされるアハうみ「淡海、相海」『万葉集』(7:1350, 12:3157)、アフみ「阿布彌、阿甫彌、阿符美」『日本書紀』(歌謡)の歴史的仮名遣いにはワ行音との混乱があり、「アワうみ」が本来の語源であると考えられる。水深が平均四十メートルしかない琵琶湖の湖面は、中空の色を反射して鏡のように刻々と変化する。このような七変化する湖の色を、古代人がアワと認識したのは自然と思われる。あるいは、広い湖面に天空（アワ）が、プラネタリウムのように投影されるのを見ていたのかもしれない。JR 西日本の、立山黒部方面への旅行キャンペーンで、黒部ダムを「湖は、鏡になる」と表現している。琵琶湖と大きさでは比べものにならないが、そこには古代日本人と同じ発想が見られる。また海の色について、あるエッセイストは「北の海は季節にかかわらずいろいろ変化している。水蒸気の濃さや広さによって空は広がったり高くなったり急に狭くなったり。（それを映す）海の変化とつきあってゆくのが楽しいのだ」（椎名誠『北への旅』PHP 研究所 2014）と述べている。「アワうみ」に対するアヲうなばら「阿乎宇奈波良」『万葉集』(20:4514)・「阿乎宇奈波良＝滄溟」『名義抄』という、色彩のニュアンスを変えた同義語もあり、アワの交替形がアヲであることを、語形的にも意味的にもいっそう鮮明に示す例である。色彩に基づく水域の命名は、「アキがえ＝藍が江」（東京・八丈島）にも認められる。要するに、語源的に正しいアワ「中空、淡」の表記をアハと書く、表記の混乱が続いていたということになる。

　その他、淡路島は『古事記』(上) で淡道之穂之狭別島、淡道島と書かれ、『日
あわじのほのさわけのしま
本書紀』(歌謡)では阿波旎辭摩と書かれる。淡路島の語源についてはこれまで
あわでぃしま
明らかにされていないが、このアワも、中空を意味したと考えられる。とく
いざなぎのみこと　いざなみのみこと
に、伊耶那岐命と伊耶那美命が日本列島（大八島国）で最初に誕生させた島である点が注目される。黄泉の世界の創造は、順位としてまず最初に行われるべき
よみ
だからである。ただし、四国（現、徳島の一部）の阿波国『和名抄』は、粟の産地としての粟国を意味したかも知れないが、『日本書紀』の阿波旎の「旎」(di) を路と読み、淡路島を「（四国の）阿波国への道」とする説は不自然な解釈であり、

また発音が異なるから、「旎」を「時」(zi)と書かれる連結辞「の如き」とみることもできない。「旎」については、なお問題が残る。

「青の島」をニライカナイ（沖縄の常世国）と同じとみた仲松弥秀、谷川健一の考察を承けて、日本各地の「青」の付く地名およびその歴史を調べ、青が葬送・墓地に関係した島・場所であると結論づけた筒井の労作(2015)がある。その分析は、沖縄に7カ所ある奥武（オー＝青）から日本列島の各地を縦断して東北地方の地名にまで至っている。ただし、青（アウォ）の古い表記は淡、粟、阿波（その発音はアファ）であるが、ハ行音をワ行音で発音する「ハ行転呼」なのでアヲと書く(2015:193)、という対応は粗く遺憾である。また、なぜ青が葬制に結び付くのかを、仲松を引用しつつ「青の世界は暗黒でもなければ明るい世界でもない。むしろ明るい世界に通ずる淡い世界、古事記の黄泉と類似の世界」(2015:16)であると言う。しかし、青の意味をあまり詮索しても説得力に欠ける。いかようにも付会できるからである。アヲ「あの世」説は、*awaŋ に由来するアワによって、さらに補うことができる。アヲがアワに関連する具体的事例として、宮崎の青島は海幸山幸の舞台として有名で、古くは淡島と呼ばれていた（青島神社〈http://www.aoshimajinja.sakura.ne.jp/yuisyo.pdf〉（参照 2016–11–30））。アワは上に述べた淡路島のほか、島名、神社名に残る、阿波神社（徳島）、淡嶋神社（和歌山）、弥生遺跡のある淡島（静岡・沼津沖）、縄文遺跡のある粟島（新潟沖）のような例がある。また、阿房神社は栃木・小山、千葉・館山ほかにあり、阿房岳は長崎・蛎浦島で知られる。とくに注目されるのは、西日本各地で川の流域の村に「流し雛」の伝統が残り、その雛は海に出て和歌山に本家のある淡島神社に行くと信じられている（加藤 2011:204）ことである。このように、アワは淡のほか、粟、阿波、阿房などにも当て字されるが、粟に当て字され栽培植物のアワに無理に関連づけるような起源説も見受けられる。安婆島（『常陸国風土記』）のアワ（ワを婆と書くのはハ行転呼音の混乱例)は、現在の阿波（茨城・稲敷）に比定することができるが、東方で太平洋と向き合った常陸内海に位置する。むろん、内陸部に分社した神社はこの限りではない。ここに見られるアワの島や神社は、海と向き合う点で共通し、中空の原概念から黄泉の世界、あるいはあの世との接点としての島・空間として認識されていたと考えられる。流し雛の行く末でもある。

神宮・神社にあたる概念は当初、カミノミヤ（カムミヤ）・カミ（ノ）ヤシロと言われ、『万葉集』ではカミは可未、ミヤは美也、ヤシロは夜之呂などの文字

が当てられているが、一方で、8世紀以降の漢語からの借用語とともに、音読みのジングウ・ジンジャという呼称も広まった。ただし、クニツヤシロ「地神」(『名義抄』)のように、「神」は神社の意味でも用いられた。館山の阿房は、房総半島南端に位置し、人骨を含む洞窟遺跡でも知られ、粟島(香川・三豊沖)には浦島説話が残る点で注目される。浦島伝説は、『日本書紀』(雄略紀)の丹波国餘社郡の記述が最古とされるが、「語在別巻」と追記されていて、他所でも伝承があったことが知られる。なお、阿波・安房をアバク「暴く」と関係する「崖地、崩れ地」と説く語原説(『古地辞』)は、場当たり的である。

色彩としてのアヲは、中空の特徴を反映する色であり、上にも触れたように黒、白をも含む中間の幅広い色を指していた。ここで明らかにしたように、青(アヲ)はオーストロネシア祖語形 *awaŋ「中空」に由来する淡(アワ)の交替形であるから、葬送との関連を探るなら、アヲがアワに由来するととらえることで問題は一挙に解決する。

興味深いのは、言霊説を唱える神道で「あわ(の)歌」と呼ばれる神詞は、現在、「あ」「わ」それぞれに対し音義説は行われるものの、「あわ」が「あは」と書かれないことが重要であり、また中空にいます神々によって作られたとみなされていることである。

中空を意味するアワの概念は、沖縄ではグソー「後生」(gusjoo)という漢語からの借用語に置き換えられたが、実質は冥土(あの世)に対応している。後生の観念は、島ごとにまたは家ごとに甚だしく区々になっている(柳田1978:117)と言われるが、巷間で後生は、神と人間の世界との中間、すなわち中空にあるとされ、死後の世界は現実の世界(地界)の近くに存在すると思われている。中空にあるということは、その場所が柳田の言うように、広漠としてとりとめがない(何処とは明確に特定できない)ことにもなる。例えば、「沖縄人にとってグソーンチュ(あの世の人)は生き身の体がないだけの身近な存在であり、グソーは「雨垂れの下」といわれるほどの近い場所にある」(比嘉淳子『グソーからの伝言』双葉社)とも説明される。

アオは筒井も指摘するように(2015:203–204)、アイヌ語で解くことはできない。筒井の「青」論では、日本列島各地にこの中空を黄泉とする原初の観念が広がり、保持されていたことになる。また、その時期は鳥取・米子の青木遺跡が縄文時代晩期、山梨・北杜(ほくと)の青木遺跡が縄文時代後期であり(2015:54–58)、オーストロネシア民族の渡来時期ともほぼ一致することが注目される。

オーストロネシア系民族に属するパラオ人の中空観念では、具体的に冥土が示される。すなわち、「天は鍋を伏せたようになっている。その下に星がありその下に月がありその下に太陽があり雲がある。陸、島の周囲を海が取りまいている。陸地は海の底に深く根をおろしており、それが地下界に続いている。天と地界（島、陸、人間界）との中空に上界がある。この上界はそれぞれの下なる地界とそっくり同じものと考えられる。つまり、地界なるコロールの上には上界なるコロールがある。人が死ぬとその魂はそこへ行く」（土方 1991:282）と説明され、現代パラオ語でこの上界（宇宙的空間）は、半円球として認識されたbeluu i bab (*sic*)「地理的・空間的上界」と呼ばれる。また、ポリネシアのトゥアモトゥでも、地界がそのまま中空のドームのなかに具体的な階層状をなす宇宙観が存在する（Henry 1928:348–349）。しかし、沖縄のグソーではこのような階層観念はなく、「あの世」は現実の生活空間と密着し交錯しながら、四次元的に現実生活と日常的な関わりをもつように変身した。

この *awaŋ「中空」の概念は、上代日本語でソラ「空」に置き換えられた。ソラの語源について村山（1988:84）は、アルタイ系のモンゴル文語 sula「空虚な」、満州文語「閑散な」、エヴェンキ語 sula「弱い」などとの関係を指摘しているが、意味的（虚ろ？）な説得力に欠ける。

ここでは、表記上の問題とともに、アワは形態的には -a/-o の音韻交替、また意味および民俗事例からは色彩語彙体系におけるシラ・シロ、クラ・クロ、アカ・アコ、アワ・アヲのなかに位置づけられることを明らかにし、「淡」の歴史的仮名遣いがアハとされてきたことの誤りを正した。

5.4. 植物名

植物に関係する語彙については、「イモ」(4.2.12)、「木」(4.2.14)、「穂」(4.6.46)、「草」(4.6.75)、「イネ関連」(5.1.) などで言及したが、本項ではさらに具体的な植物名称のいくつかを掲げる。

01) *buñay/*biñay (PWMP)「トウダイグサ科ブニノキ」(*Antidesma bunius*) > buni (Mal)：wuni (Jav)：bugnay/bignay (ManyLgs)：vuna「トウダイグサ科ヤマヒハツ属の一種」(*A. petiolare*) (Sak)

デンプウォルフの *bun[i]「樹木の名」を、私は見出しのように改める。ブナ

科のブナ「橅」(*Fagus crenata*) は『名語記』(1275) に記載があるが、古代日本語はフナであったと推定される。ブナ・フナとブニノキは、ともに落葉高木であるが、前者が温帯域、後者が熱帯域の樹木で相補的分布をする。果実が食用となり樹皮が染料や薬用として利用されるが、木材は下等とされるなどの共通点がある。開拗音（ニャ）は、平安時代以降、漢語から借用されるまで日本語には存在しなかった。*ñ の *n への変化は、規則的である。ただし、母音変化において、ネには乙類がないため、*-ñay の主音が残ったものだろうか。

02) ***kasi (PWMP)**「薬用草本の種類」> kasi「オクナ科マタクタム」(*Gomphia hookeri*)・「ヤブコウジ科イズセンリョウ属の一種」(*Maesa indica*) (Mal)：hasi「ウルシ科の一種」(*Faguetia falcata*) (Betsim)：hasi「アオイ科ワタ属の一種」(*Gossypium* sp.) (Tandr)：hasi(na)「アオイ科キダチワタ」(*G. arboreum*) (Betsil) 上日ブナ科カシ「加斯＝樫」『古事記』、カシ「橿」『名義抄』

　低木から高木まで多くの科が含まれ、原義が特定できない。薬用による共通性かと推察される。イズセンリョウは皮膚病、ワタ属は目薬に利用される。カシは樹皮を染料に、また葉が大きいのでそれで餅を包んだりするが、これは薬効にも関係があるのだろうか。

03) ***muŋgu/*muŋu (PWMP)**「薬用草本の種類」> muŋgu「ショウガ科ビャクズク」(*Amomum cardamomum*) (Mal)：muŋgo/muŋo「マメ科ササゲ属の一種」(*Vigna radiata*) (Tag)：muŋgu「ノボタン科の一種」(*Dionychia bojeri*) (Betsil)：muŋgu「オトギリソウ科カンジス属の一種」(*Garcinia pauciflora*) (Mer)：muŋgu「オトギリソウ科オクロカルプスの一種」(*Ochrocarpus bongo*) (Betsim)：muŋgi「ベンケイソウ科カランコエベハレンシス」(*Kalanchoe beharensis*) (Tandr) 上日ニレ科ムク・ムクノキ・ムクエノキ「牟久＝椋」『和名抄』、ムク「楝」『名義抄』

　言うまでもないことではあるが、ムクとムクゲ「木槿」はまったく関係がない。ビャクズク、ササゲ、カランコエは草本（つる植物）、オクロカルプス、ムクは高木であるが、果肉に芳香があり薬用に、また枝葉が染色用に使われる点で共通性がある。ムクは、実が重要視されていたので、「ムクの実は生らば生れ、木は榎の木」（人に耳を貸さない強情さ）という寸句もある。ただし、木本

から草本への変化という問題点が残る。*muŋu が *muku になるのは、規則的変化である。『日植図』は、ざらざらした葉の裏で木地を磨くのに利用されるから剝くの意味かという。しかし、磨くと剝くとはだいぶ違う。Verheijen (1984) は、インドネシア東部の言語について地域的祖語形 *muku「リョウリバナナ」(*Musa paradisiaca*) を建てるが、意味的にもこの形とムクとは無関係である。

04) *na[d/l]a/*naRa（フィリピン祖語）(Wolff 1994)「マメ科インドカリン（インドシタン）」(*Pterocarpus indicus*) > nara (Tag)：nala (Iba)：narra (Ilo)
上日ブナ科ナラ「奈良＝栖」『和名抄』、ナラ「栖」『名義抄』

　いずれも高木で、インドカリンは街路樹にされ樹皮が薬用となるが、ナラとの共通性は明らかでない。ただし、ナラを朝鮮語の kalak-nam「紡錘の木」が訛ったものとする説は受け入れ難い。

05) *ñatuq (PMP)「アカテツ科」(Sapotaceae) > ñatoh「アカテツ科」(Sapotaceae generally) (Mal)：nato「ルソンガッタパーチャ」(*Palaquium luzoniense*) (Tag)：nato「ガッタパーチャの一種」(*Palaquium barnesii*) (Ceb)：natu/nantu「アカテツ科」(Mad)：neu「チーク」(Sa'a)
上日マツ「麻都＝松」『古事記』（中・歌謡）、マツのけ「麻都能気＝松の木」『万葉集』(20:4375)、マツ「松」『名義抄』

　アカテツ科には 100 以上の樹属が含まれるが、中高木で建築材、家具などの有用材である。Blust (1988) は、祖語形の意味をアカテツ科グッタペルカノキ属（ニャトー）(*Palaquium* spp.) に限定しているが適当ではない。実際には、フィリピン、インドネシア、マダガスカルで、*ñatuq 系の植物はニャトーだけではなく、アカテツ科の多くの属が含まれる (Burkill 1966)。松との大きな違いは、アカテツ科は葉が単葉であり果実が液果で食用になることであるが、樹脂が粘性ゴム（グッタペルカ、マレー諸島では古くから建築素材などとして利用されている。マレー語 gətah pərca から）の原料となる点で松脂が利用されるマツ科と共通し、またマツ科も建築材、木工材などの有用材となる。アカテツ科が熱帯・亜熱帯の産であるのに対し、マツ属は北半球を中心に分布する樹木で、温帯の日本列島のアカマツ、クロマツとほぼ相補的な植生分布をすることからの意味変化と考えられる。マツは「祀る」に掛けられて樹木を代表する一

方、平安時代以降に伝わった中国宋代の歳寒三友における「松・竹・梅」では、他の植物とセットになり、めでたい行事の象徴的存在となった。

06) *ta[d/r]aq（フィリピン祖語）「センダン科の種類」(Meliaceae) > tarah「ニレ科ナンヨウムク属の一種」(*Gironniera nervosa*) (Mal)：tara「トウダイグサ科アカメガシワ属の一種」(*Mallotus resinosus*) (Bln)：tara-tara「モクレン科キンコウボク属の一種」(*Michelia philippinensis*) (Ceb)：tara-tara「センダン科クリムノキの一種」(*Dysoxylum cumingianum*) (Tag)：tara-tara「センダン科ジュラン属の一種」(*Aglaia leptantha*) (Ceb)：tala「ゴマノハグサ科シソクサ属の一種」(*Limnophilia rugosa*) (Tag)：tara-tara「シソクサ属の一種」(*L. indica*) (Ilo) 上日ウコギ科タラ「多良＝楤」『本草和名』、タラ「桜」『名義抄』

　キンコウボク、クリムノキ以外は低木ないし雑草で、キンコウボク、クリムノキ、ジュラン、シソクサなどは、みな芳香を発する。フィリピン各地では、科レベルで植物種が異なるが、理由は香り以外には考えられない。タラは低木で、その芽が発するウドの香りが契機となったものだろうか。

07) *uway/*quwəy（PMP）「ヤシ科つる植物のトウ属」(*Calamus* spp.) > uway「フクロトウ属」(*Korthalsia* spp.) (Tag)：uɛi「トウ属」(Nga)：ʻu「イネ科トキワススキの一種」(*Miscanthus floridulus*) (Sam) 古日 *wii > 上日おほヰくさ「於保為具左＝大藺草」『万葉集』(14:3417)、ヰ「薙、井＝藺」『新撰字鏡』、ヰ「藺」『名義抄』

　ヰは、*uway の直接の変化形ではなく、本書の分類では 2 群に含まれる。ヰーは代償的な延長形で、『名義抄』では上昇調であり、低平調の豖とは区別される。

　イグサ科の藺は燈心になるが、ポリネシアのマオリ語では wi がイネ科ナガハグサ属の一種 (*Poa cita*) を意味し、牧草である。村山 (1979:16) が、マオリ語の wiwi を藺として引用した原論文のマオリ語の説明は誤りである。また、村山の説明は全形からの変化を、*uwai > *uwei > *uwï > *wii とみているので、*uwï という余計な推定形が建てられている。本書の 2 群の分類では、その必要はない。

オーストロネシア祖語形がいったん漢語に借用され、さらに漢語経由で日本語に借用された例も、以下のように若干ある。したがって、時期的には新しい。

08) *səpaŋ/*sapaŋ (PWMP)「マメ科スオウ」(*Caesalpinia sappan*) > səpaŋ「スオウ」(Mal)：sapaŋ (Tag)
上日スオウ「蘇芳、蘇方、蘇枋」『続日本後紀』、スハウ「蘇枋」『名義抄』

　スオウの語源について、山田孝雄説ではマレー語の sapaŋ を中国で音訳したものという。嵇含『南方草木状』(永興元[304])(小林 2003)には蘇枋と記載し、南方の人は赤の染料にする、とある。ただし、*sapaŋ がサンスクリット語 pattanga- にさかのぼるという説 (Burkill 1966) は疑わしい。

09) *pinaŋ (PWMP)「ヤシ科ビンロウ」(*Areca catechu*) > pinaŋ (Mal)：naaŋ[33] (回)
上日ヤシ科ビンロウ「檳榔」『和名抄』

　檳榔子（ビンロウジ）はその果実を指すが、木を指すこともある。広く熱帯アジアで、種子を咬噛料として用いる。『南方草木状』(304) には檳榔とあり、檳榔とともにコショウ科キンマを噛むこと、また客に檳榔をすすめる習慣があることをすでに記している。

10) *kanaŋa (PWMP)「バンレイシ科イランイラン」(*Canangium odoratum*) > kənaŋa (Mal)：kanaŋa (OldJav)
上日カンラン科カンラン「橄欖」『和漢三才図会』(1712)

　『南方草木状』(304) には橄欖とあり、噛みしめて味わえば馥郁とした芳香があると記している。イランイランは香料植物であり、カンランからも芳香樹脂が採集される。漢語において植物の意味変化が起こったのはそのためである。

5.5. ヤドカリ（アマン）神話の起源

　意味変化への傍証となり得るような口頭伝承による裏付けがあるかないかによって、問題となる語源 'etymology'（ギリシア語 'etymon' は「真であること」）の学問的な信憑性が変わってくる。ことに日本語のような言語系統に多くの議論がある言語の場合、単なる音と意味との相似による比較はもとより、意味変

化をほしいままに推定することによって行われる比較では、その語源説は説得力を欠いたものにならざるを得ない。本書ではこれまで、オーストロネシア語族に見出される、魚のエイを南十字座にみたて、米粒を砂にみたてる比喩によって、琉球語、日本語のハイ（ハエ、ハヤト）、ヨネ（ヨナ）の語源をそれぞれ 5.2.07、5.1.05 で説明し、民俗知識の重要性を強調した。

本節では、創世神話の人間の創造において出現した、人間として不完全な子が水生の小動物へと意味的に連合したこと、記号論的にいえば、記号のシニフィエ面 'signified' での連合によって、L. イェルムスレウの記号論における内包的記号体系 'connotative semiotic' に相当する現象が発生したこと、そして琉球諸語においてヤドカリを意味するアマンをキーワードに、琉球の国生み神話がオセアニア経由であることを、そのモチーフと言語の両面から考察する。

5.5.1. 神話の不完全な子

創世神話の一つのタイプである兄弟始祖型神話では、人間でない子が派生概念として登場する。

中国のミャオ、ヤオには、洪水の後、兄妹から最初に肉団（肉塊）が生まれたという神話がある（大林 1991:249）。また台湾のアミの創世神話では、兄妹の男神ララカンと女神ロチエの間に、最初にヘビ、ついでカエルが生まれる（佐山・大西 1923:10–14）。同じく台湾の別譚（民族名不明）でも、兄神妹神からヘビ、カエルに続き、トカゲ、魚、センザンコウが生まれでる（入江 1920:3–7）。ただし、タイヤル、サゼク、パイワンには、最初の兄妹婚から多数の、人間として完全な子女を得たという神話もある（佐山・大西 1923:688–690）。

ミクロネシアでは、ヤップの創世神話で、神々の夫婦であるゴネイとマウドックから四人の正常な子に続き、五人目にシャコガイが生まれる。洪水によって、それまで陸に住んでいたシャコガイは、海で住みはじめるようになる（秋野 1974:232–238）。ただし、物語では、最初から人間でない子が国作りに登場することがある。例えば、ミクロネシアのナウルでは、クモ、カタツムリから宇宙の起源がはじまる（大林 1993:137–139）。

インセスト（近親相姦）の概念は、文化的・社会的に規定されているものである。しかし、兄妹始祖とそれに続いて現れる人間でない子というモチーフの組み合わせが、とくにオセアニアと琉球、日本で見出される。このような人間として不完全な子は、ヒルコ（蛭子）あるいは水生の小生物に置き換えられ、象徴

化されたと考えられる。言語でいえば、タブーとなった名称に対して現れる婉曲表現 'euphemism' に相当する現象といえる。ヒルコが、後世、「昼子、日子」(滝沢馬琴説)などと解釈されるのもその類である。

オセアニアでは、シャコガイから世界が創造されるモチーフ(トンプソン A617)、幼虫から人間が生まれるモチーフ(トンプソン A1224.2)が分布するが、前者はタヒチとナウルからの例、後者はトンガ、サモア、トケラウ、ニウエからの例である(Kirtley 1971)。

サモアの創世神話(Steubel and Herman1987:101)

> 天界からタンガロアが地上をみおろすと、木が天に届きそうである。タンガロアはフェにこの木を切るように命じる。しかし、重みで枝が地表に垂れてしまう。タンガロアは様子をみるためにトゥリを地上に遣わす。地表で繁る木の養分がフェによって吸われていた。タンガロアは再度トゥリを遣わし、フェを倒す。以後、フェは地上に留まる。やがて死んだフェの死体からウジムシ(ilo)が現れる。タンガロアはンガイオという精霊を遣わし、このウジムシから人間を作らせた。

タヒチの創世神話(Henry 1928:336–338)

> 神々の始祖タアロアは、卵形の貝(pa'a、ただし、殻、皮の意味もある)のなかにひとりでいる。ある日、タアロアは貝を割って出て、それを天としてルミアと名づけ、また、あらたな貝をとって地とした。タアロアは地を夫とし、岩を妻とした(別譚では、タアロアの体の各部分から自然現象が生みだされた)。タアロアが神に乞うて人間を作ったのは、もっと後になってからである。

上のサモアの神話が示すように、ポリネシア西部(サモア、トンガなど)では、天上にいる神々が下界の海に石を投じて大地となし、そこへ神々が降り、さらに人間が現れるという、R. ディクソンによる「創造型」が主流であり、とくにウジムシから人間が生じるのは西部に限定される。一方、タヒチの例のように、ポリネシアの南部(マオリ)、中東部(ソシエテ)、北東部(マルケサス)では、宇宙の進化を象徴する神々が現れる過程で最後に陰陽二神が生まれ、そこ

から万物が誕生するという、ディクソンの系図型(進化型)神話が多くみられ、原初形態として卵(貝)が登場し、それが割れて天地が生じ、人間は、神やその子孫が土をこねることによって作りだされる点で、西部とは対照的になる(青柳真 1974:285–286)。

つまり、系図型(進化型)神話はポリネシアの古層文化に属し、創造型神話は比較的後世にインドネシア方面からもたらされた(大林 1990:26, 39)という解釈が行われる。ただし、創造型のうちでも、東南アジアでは、人間がナンキン、ウリ、竹のような植物から生まれるのが普通である(松本信 1971:196–199, 大林 1990:34)。しかし、人間でない子を、ヒルコをはじめ、ウジムシ、貝、ヤドカリなどの水生の小動物によって比喩的に置き換える、次のような地域的分布にも注目すべきである。

5.5.2. 島生みの並行性

開闢(かいびゃく)神話にヤドカリが登場するのは、八重山の特色である(小島瓔 1983:206)といわれる。白保には、次のような民間伝承がある(八重山 1953:21–22)。

> 大昔、日の神がアマン神に、天から降りて下界の島を作るように命じた。アマン神は土砂を槍矛でかきまぜて島を作ったあと、アダン林のなかでアーマンチャー、すなわちヤドカリを作った。その後、神は人子種を下し、ヤドカリの穴から二人の男女が生まれた。

この神話について、大林はとくにヤドカリには言及せず、地中の穴からでた男女が結婚する兄妹始祖神話のモチーフは、古層農耕民文化層に属するもので、中国東南海岸部の沿岸文化に起源がある(大林 1976:3–4, 大林 1991:127–128)とみる。

なお、水生の動物ではないが、琉球で稲の穂祭りのとき、ニルヤにむけて流されるネズミがある。このネズミは、下界に追われた神の生み損ないの子である(伊波 1974:542)とされ、ネズミは水生ではないものの、ここでは水生の原概念と関連していると考えられる。

次に、インセストを媒介とした無秩序から秩序への移行という大林の構造分析(1975:28–36)に基づき、オセアニア・琉球・日本の神話の構造を対比的に示す。

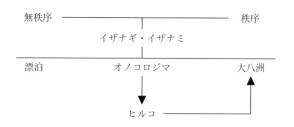

[図 8]　日本の創世神話

日本の創世神話(『古事記』)

　イザナギ・イザナミの二神が、漂う国を治めるため天命によって下界に降り、沼矛をかきまわしてオノコロジマを作り、さらに、みとのまぐわいによって生まれたのはヒルコであった。それで再度、天命を乞い、八つの島を生んだ(図 8)。

　八重山神話では、イザナキ、イザナミがアマン神に、そしてヒルコがヤドカリに置き換えられていると解釈できる。注意すべきは、現在、八重山神話ではアマン神とヤドカリの意味的関係が途切れてしまっていることである。なお八重山神話では、その後の具体的な島生みについては、なにも語られていない。

　これらの神話と類似するモチーフは、次のベラウの創世神話に見出される。ベラウのシャコガイ科オオジャコ(*Tridacna gigas*)は、八重山ではヤドカリに取って代わられる。八重山でオオジャコがヤドカリに取って代わられた一つの理由としては、自然環境による制約が考えられよう。熱帯のサンゴ礁に生息するオオジャコは、八重山ではほとんど見られないといわれる。オオジャコは、人びとの認識から後退したのである。

ベラウの創世神話

　この神話は、宮武 (1923:2–3)、土方 (1993:3–6)、Parmentier (1987:130–131, 151–153) で報告されているが、物語の細部には若干の相異がある。

5.5. ヤドカリ（アマン）神話の起源　177

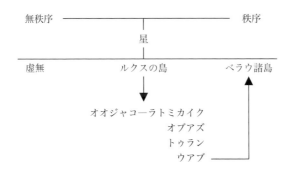

[図 9]　ベラウの創世神話

　大神ウエル・イアンゲズ（天の始祖）は、なにもない海をみて星を降らせ、アンガウル島（Ngəaur）とベリリウ島（Bəliliou）の間のルクス（Lukəs）と呼ばれる海域に島を盛り上がらせた。（Parmentier［1987］では、大神による星の降下は述べられていない。）続いて、オオジャコを下し、このオオジャコから生まれたラトミカイク（Parmentier［1987］では、オオジャコの名がラトミカイクとなる）から人間の始祖となる女神オブアズが生まれ、続いて女神トゥラン、ウアブが生まれる。

　ベラウの神話では、イザナキ・イザナミは超自然的存在である星として、そしてヒルコはオオジャコ（kim）で表現されている（図 9）。

　ベラウ諸島は、最初の巨人となって焼き殺された女神ウアブから生みだされる。ベラウ神話において日本神話の大八洲に相当するのは、ウアブの頭からできたバベルダオブ島（Babəldaob）北部のングルウロン村（Ngərəchəlong）、首からできたその南のアルレングズ村（Arreŋəd）、ヴァギナからできた南西部のアイムリク村（Iməliik）、背からできた東海岸、腹からできた西海岸、そして焼けた両足からできたバベルダオブ島南西のングムラウル島（Ngəmələchəl）である。

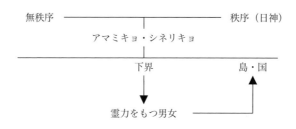

[図10] 琉球の開闢神話

琉球開闢神話

　琉球の国土創造は、『おもろさうし』(巻10の2)で語られている。以下では、仲原訳を摘要する(1975:328-334)。

　　天地のはじめに日神が下界をみおろして、アマミキョ・シネリキョに島を作るように命じた。作られた島じまには、アマミキョ・シネリキョの子孫ではなく、日神の子である霊力をもつ男女を下した。

　ただし、アマミキョ・シネリキョが二神であったか一神であったかについては、解釈が分かれる(山下1974)(図10)。

　なお、琉球の歴史書『中山世鑑』(1650)では、日神は天帝と表現され、国作りのため下界へ降りたアマミク(阿摩美久)神が島を作ったあと、再度、天に昇って天帝に人子種を乞うたとされる。『古事記』や『おもしろさうし』『中山世鑑』がベラウ神話と異なる点は、島の造成がイザナキ・イザナミやアマミキョ・シネリキョによって直接なされたのではなく、再度の天命に従って行われたことである。また、無秩序から秩序への移行という基本テーマも、明瞭に述べられていない。

　『おもろさうし』『中山世鑑』の記述は、アマミキョを国人の始めとする伝説とは矛盾し、アマミキョのうえに日神(天帝)が重なっているから、これらが成文化されたのは封建王国成立後である(仲原1975:331)との指摘は妥当であろう。

同じく琉球・宮古島の、コイツノ（古意角）神が天意によってコイタマ（姑依玉）女神を得、男神女神を生んだという『宮古島紀事仕次』も、その形式は『中山世鑑』系統である（小島瓔 1983:202）。

オセアニアでは、ナウルのカタツムリから月が生まれるという類話はあるものの（カタツムリとヤドカリが意味的に相関する点については、下記の「アマン」系同族語彙リストを参照）、ヤドカリが国生みに登場し、一方、琉球・日本では、オオジャコが国生みに登場する神話はこれまでに報告されていない。しかし、オセアニアと琉球・日本をつなぐ線は、人間の創造にあたって現れた不完全な子を、いずれも水生の小動物によって表現している点でつながっている。

5.5.3. アマンの語源

ブラストは、オーストロネシア祖語に「ヤドカリ」*quman（二次形は *kuman）を再構成する（1980:157）。ただし、オセアニア諸語のヤドカリ（トンガ語 'uŋa、サモア語 uŋa、ハワイ語 unau-na、フィジー語 uŋa など）への変化を説明するために、*umwa という二次形を建てる。この音韻変化には、*quman > *uman > *muan > *u-mwa > *u-ŋwa/*uŋma > *uŋa が推定される。中核ミクロネシア諸語（チューク諸語）には、*u-mwa の段階が反映されていることになる。しかし、ほかの東部オセアニア諸語形を説明するために、このような推定形を必要とすることは、それだけ語源としての信憑性を低めている。したがって、以下ではオセアニア諸語を除いた *(k)uman「ヤドカリ」系同族語彙リストのみを掲げる（沖縄関係の出典で法政大と略記するのは、法政大学沖縄文化研究所の報告書である）。

マレー語	umaŋ-umaŋ	「ヤドカリ」	(R. J. Wilkinson 1932)
ミナンカバウ語	umaŋ-umaŋ	「ヤドカリ」	(M. Thaib St. Pamoentjak 1935)
シマルル語	umaŋ	「陸ガニ」	(H. Kähler 1961)
ニアス語	huma	「カタツムリ」	(PPPB, Depdikbud 1985)
スンダ語	umaŋ	「ヤドカリ」	(R. Satjadibrata 1948)
イバン語	umaŋ	「ヤドカリ」	(A. Richards 1981)
バレエ語	umaŋi	「ヤドカリ」	(N. Adriani 1928)
モンゴウドウ語	umaŋ	「ヤドカリ」	(W. Dunnebier 1951)
トンテンボアン語	komaŋ	「ヤドカリ」	(J. A. T. Schwalz 1908)

トンダノ語	komaŋ	「カタツムリの一種」	(PPPB, Depdikbud 1985)
サンギル語	komaŋ	「ヤドカリ」	(K. G. F. Steller and W. E. Aebersold 1959)
タウスグ語	umaŋ	「ヤドカリ」	(I. Hassan 1975)
ティルライ語	kumaŋ	「カニ(総称)」	(S. A. Schlegel 1971)
マノボ語	key-umaŋ	「カニ(総称)」	(R. E. Elkins 1968)
セブアノ語	umaŋ	「有肺類」 'Pulmonata'	(T. V. Hermosisima 1966)
マンヤン語	ʔumaŋ	「カタツムリの一種」	(H. C. Conklin 1953)
ビコル語	umaŋ	「ヤドカリ」	(M. W. Mintz and J. del R. Britanico 1985)
イロカノ語	umaŋ	「ヤドカリ」	(M. Vanoverbergh 1956)
バブヤ語	omaŋ	「ヤドカリ」	(S. Tsuchida et al. 1987)
イトバヤト語	omaŋ	「ヤドカリ」	(S. Tsuchida et al. 1987)
イモロド語	omaŋ	「ヤドカリ」	(S. Tsuchida et al. 1987)
チャモロ語	umaŋ	「ホンヤドカリ科」 'Paguridae'	(D. M. Topping et al. 1975)
ハトホベイ語	umän	「カニ(非食用、ヤドカリを含む)」	(崎山ノート)
ソンソロル語	uman	「カニ(非食用、ヤドカリを含む)」	(崎山ノート)
プロアナ語	umaan-na	「ヤドカリ」	(S. Oda 1977)
プルワト語	wumwo-wum	「ヤドカリ」	(S. H. Elbert 1972)
チューク語	wumwo-wumw	「ヤドカリ」	(W. H. Goodenough and H. Sugita 1980)
マーシャル語	umw	「ヤドカリ」	(T. Abo et al. 1976)
カロリン語	umwa-l	「ヤドカリ」	(F. H. Jackson, J. C. Marck and J. M. Elameto 1991)
パラオ語	ʔum	「カタツムリの一種、ヤドカリ」	(L. S. Josephs 1990)
	ʔəmaŋ	「ノコギリガザミ」 'Scylla serrata'	(L. S. Josephs 1990)
ヤップ語	ʔumaŋ/ʔamaŋ	「ノコギリガザミ」 'Scylla serrata'	(J. T. Jensen 1977)

5.5. ヤドカリ（アマン）神話の起源

西表(八重山)	amoo	「ヤドカリ」	(宮良 1980b)
白保(八重山)	aamaŋ	「ヤドカリ」	(宮良 1980b)
多良間(宮古)	amam	「カニ(総称)」	(崎山ノート)
大神(宮古)	amam	「ヤドカリ」	(崎山ノート)
久米(沖縄)	ʔaman	「ヤドカリ」	(法政大 1980)
津堅(沖縄)	ʔamamu	「ヤドカリ」	(琉球大 1989)
首里(沖縄)	ʔamaŋ	「ヤドカリ」	(国研 1975)
今帰仁(沖縄)	ʔamaamuu	「ヤドカリ」	(『今方デ』)
沖永良部(奄美)	ʔamamu	「ヤドカリ」	(法政大 1982)
喜界(奄美)	ʔamamaa	「ヤドカリ」	(法政大 1978)
湯湾(奄美)	ʔamamuu	「ヤドカリ」	(法政大 1976)
小港(奄美)	amam'i	「ヤドカリ」	(宮良 1980a)
古仁屋(奄美)	amam	「ヤドカリ」	(宮良 1980a)
大和浜(奄美)	ʔamaŋ	「ヤドカリ」	(『奄方デ』)

　リストのうち、パラオ語の ʔum は、kum 'Pagurus sp.'「ホンヤドカリ属の一種」(Krämer 1929:370) とも書かれる。この ʔum は、Ngchesar 村で副食物のトップとされる (Akimichi 1980:601)。また、ʔəmaŋ の学名は Johannes (1981) による。ただし、gamaŋ (= ʔamaŋ) 'Carcinus sp.'「サンゴヤドカリ属の一種」と書かれ、ことに美味 (Krämer 1929:369) と報告されているものとこの ʔəmaŋ とは、語源的に同じであろう。

　オーストロネシア語史的に解釈すれば、ミクロネシア西部で *(k)umaŋ から姉妹語 'doublets' が発生した。二次的祖語形 *[q]uma は、パラオ語の ʔum (さらに *[q]uma の唇音化した *umwa は、プルワト語、チューク語、マーシャル語、カロリン語などチューク諸語の一部に残る) へと変化した。パラオ語では、類似の音韻環境に現れた例として、*buŋa (PMP) > buŋ「花」、*dəpa (PMP) > mə-reu「尋」(規則的に *p > u)、*kima (PMP) > kim「オオジャコ」、*kita (PMP) > kid「われわれ (複数包括形)」、*lima (PMP) > ʔim「手」、*mata (PMP) > mad「目」などもある。土田は、パラオ語の ʔum を *kumaŋ から直接変化した語、ʔəmaŋ を借用語 (ただし、何語からかは特定せず) とみる (土田私信)。パラオ語の baioŋ「傘」、kamiŋ「ヤギ」、rəŋ「ウコン」などは、マレー語からの借用語 (それぞれ、payuŋ, kambiŋ, ləŋa「ゴマ、呪術用植物」から) であることが、語形のみならず文化史的にも知られる。しかし、音韻変化が不規則形であるから

といって、主要蛋白源としてマングローブ湿地 (kəburs) に多く生息する ʔəmaŋ (Akimichi 1980:596–597) のような生物を借用語とみることには疑問が残る。

なお、*[q]uma という形は、ミクロネシアのパラオ語を含む西部インドネシア諸語に特徴的な、語末 -ŋ の脱着現象の一環として現れたものである。この現象は、結果として、語末の鼻音に不規則的な対応を出現させた。例えば、インドネシア東部のサンギル語から例をとると、以下のようである。

[マライ・ポリネシア祖語には存在しない -ŋ を語尾にもつ例]
*bulu「毛」> bulu-ŋ
*buŋa「花」> buŋa-ŋ

[マライ・ポリネシア祖語に存在した -ŋ を語尾にもたない例]
*pandaŋ (PWMP)「みつめる」> panda

[マライ・ポリネシア祖語の語末鼻音 -m, -n が -ŋ に変化する例]
*bulan「月」> bula-ŋ
*ku[dD]ən「土鍋」> kuri-ŋ
*paNDan「パンダヌス」> ponda-ŋ
*[zd]alan「道」> dale-ŋ
*Daləm「内、下」> dalu-ŋ
*inum「飲む」> inu-ŋ

ただし、-m, -n が -ŋ に変化する例も、いったん語末音が脱落したあと、再度、-ŋ を添加した語末音添加 'paragoge' の可能性も考えられる。したがって、正確に言えば音韻変化ではない。西表島の amoo「ヤドカリ」という形は、インドネシア東部諸語の -ŋ 脱落現象と関連する可能性がある。

パラオ語の ʔəmaŋ/ʔamaŋ、ヤップ語の ʔumaŋ/ʔamaŋ のような不安定な語形は、西部ミクロネシア地域で、*(k)umaŋ から第二末尾音節 'paroxytone' の弱まった二次形 *[q]əmaŋ が発生したことを物語っている。土田氏は、ヤップ語の ʔamaŋ を不規則形と言うが、その根拠は述べていない（土田 1992:54）。琉球諸語にはこの *[q]əmaŋ に由来する形が保持され、琉球祖語形として *[q]amaŋ が建てられる。ただし、琉球諸語の amaŋ/aman, amamu, amami などは、語尾の変化と対応が不規則的であるが、各語彙で独自に起こった変化とする以外にその原因を説明できない。

5.5. ヤドカリ（アマン）神話の起源

　宮良説では、アマンを大和言葉によりアマムシ「海虫」の義と解釈する。しかし、今帰仁 ʔamamuu, 奄美 amam'i などの語尾 -muu, -m'i を、-musi によって説明することは、音韻変化的に牽強付会する以外には不可能である。土田氏は海虫説を、奄美 -muu/-m'i は首里 -ŋ に規則変化するから「解る」と言うが（1992:54）、ムシの -si はどう考えるのだろうか。宮良説がアーマン・シューを「海人世」（『おもろさうし』でアマミヤ）とみなしているのも、同様の当て推量である。

　すでに述べたように、現在、琉球諸語のヤドカリを表す語と、神話上の名称であるアマミキョ、アマミヤとの間には、共時的に意味的連関は存在しない。
　琉球神話の神アマミク（『おもろさうし』ではアマミキョ）は、首里方言でアマンチュー ʔamaN(-cuu)（＝アマミ［キョ］）と発音される。そのため、八重山においてアマンチューをアーマンチャー（例えば、新城で aman-tsaa）、すなわちヤドカリとみなすような民間語源説が現れたという（八重山 1973:23）。しかし、実際はこの逆であろう。琉球諸語のアマン（アーマン）にこそ、ヤドカリの原意が留められていると考えられる。私のこの考えは、当山（2007:8）によっても支持されている。地名のアマミ「奄美」の語源についても、海部（海人部）、海見、海水、天廻などに求める諸説があり、決着をみていない。しかし、ヤドカリとの関係については、これまでに論じられたことがない。

　なお伊波は、アマミとアマミキョという名称から、日本建国以前に、琉球人の祖先となった海部族が九州から奄美を経て南下したと主張した（伊波 1974:597–587）。この見解は、それ以降の琉球（沖縄）研究に、宮良語源説もその例であるように、結果として一種の方向づけをすることになったことは否めない。

　本節で述べたように、地表の小さな生物ヤドカリへの比喩は、琉球では古来、アマミヤが天井に存するとは観ぜられず、国土と同一の平面上にあると信じられていたが、道教の広通によって天の思想へと発達した（伊波 1974:583–584）という指摘への説明としても成り立つ。また、琉球の開闢の時代（昔の世）はアマンユ（ー）（ʔamaN-ju[u]）と呼ばれるが、なぜヤドカリがアマンと呼ばれるのかが問題である（小島 1983:206–207）とも問われている。その答えは、本節で提出したことになる。

　大林は、東南アジア、ポリネシアと共通する創世神話の、日本における起源を弥生時代とみる（大林 1990:222–226）。神話のモチーフそれ自体は日本列島

にまで及んだものの、その後、キーワードとなったアマンという言葉が琉球列島にしか見出せないのは、この言葉の渡来が古墳時代以降であったからである。日本語の形成に関与したオーストロネシア語族の時期区分で、アマンはオーストロネシア第三期（第9章4. ハヤト期を参照）に属する語彙項目のなかに含まれる。

5.6. 琉球語の場合

琉球語（沖縄および奄美群島の言語）は日本語の本土方言と対立する大方言とされ、また日本語と系統関係の明らかな唯一の言語などという俗説も行われる。しかし、同系であるにもかかわらず、用言終止形についてさえ、例えば日本語動詞語尾の -u/-ri（ラ変）がなぜ首里方言では -ng（-N とも表記される。宮古島方言では -m で対応し、現在・未来を表す）で「対応」するのか、十分に分かっていない。この問題は、第2章の再構成例で述べたが、第10章の2. 音韻でも述べる。文法全般では、本土方言との対応関係がほぼ明らかであるが、語彙面では日本語の古語を多く残すといわれる一方で、語源が不明なものも多い。現代首里方言では、「（食前）いただきます、（食後）ご馳走さま」をクワッチーナイビーン、クワッチーナイビタンと言うが、クワッチーは漢語の「馳走」ではなく「活形」を借用した言葉であり、語尾の問題は別にして、ナイビーンは意味的には上代日本語「成り侍り（ラ変）」、ナイビタンは「成り侍りたり」に相当する形式である。ビーン［biiN］は語中形で、独立形はアビーン［h］abiiN という。「侍り」は、上代日本語にすでに多くの用例がある。推古天皇24（616）年ころの琉球語は、日本語とのあいだにかなり開きがあったといわれる（伊波 1962:407）。平安時代の歌にも、「おぼつかなうるまの島の人なれや、わが恨むるを知らず顔なる」藤原公任『公任集』（1044頃）のように、「うるま島人」と言葉が通じないことを詠んでいる。その後時代は下がるが、明治26年、弘前の人、笹森儀助の『南嶋探験―琉球漫遊記』（1893）は、那覇で「言葉通セズ」と記している。

沖縄は、西を台湾、南をフィリピン、ミクロネシアというようにオーストロネシア言語域に取り囲まれているが、とくに台湾については沖縄との連関を示すに足る伝承の乏しさが注目されており（馬淵 1974:491）、文化的・言語的には台湾はずっと長く無縁の世界であったようである。琉球への南方からの民族の渡来についての情報もきわめて少なく、西表島の婦人についての『成宗大王実録』（成化 13［1477］）の記述はその数少ない一つであるが、それは現代の琉球

につながる、その後の文献から知られる事実からは、はるか以前のことであった。ただし、『魏志』倭人伝には「對應聲曰噫、此如然諾」（倭人の承諾の返事は、噫［中古中国語音イ /ʔi/ と言う）とあり、噫は前漢末の南楚の然を意味する醫と同じ発音であるという（杉本・森 1985:134–135）。しかしその前に、首里方言でイー（/ʔii/）は承諾・同意を意味する（『首方デ』）ことを知るべきであろう。しかし、首里方言のイーは、上代日本語の承諾・肯定のヲー、ヲウ「高倉越越（中古中国音 jiwɒt）日」（熱田本訓）『日本書紀』（神武）、「ををと、きこえゐたり」『源氏物語』（夢浮橋）とは音韻的に対応しない。

　村山によれば、琉球列島の言語に奈良時代の言語と一致する形がみられるとき、それは大体において南島系のことばとみることができる（1974a:29）とのことであるが、これは言い換えれば、奈良時代の記録があることを前提にしている中央起点主義ともいうべきもので、日本語の語源では解けない琉球語のなかのかなりの語彙にオーストロネシア諸語が入り込んでいると考えてよいことを意味する。この点で、村山の『琉球語の秘密』（1981）は、語彙に関しては物足りない。オーストロネシア諸語の影響が及んだ範囲が琉球語圏内までという場合もあり得るわけで、当然、これは奈良時代の言語資料には反映されない。したがって、文証のみから言うと、日本語との対応が見出せない語彙は時期的に新しい、と言うこともできる。黒潮本流に沿って位置する琉球列島へ容易に渡来し得たのは、航海に関する優れた知識と技術をもち、近年までミクロネシアやオセアニアへの航海の起点となったフィリピンの民族ではなかったかと思われる。ただし、当時はフィリピン、ミクロネシアといった地域名や国名は存在しないから、「ヌサンタオ 'Nusantao' ＝島嶼民族」（PMP *nusa-n-tao「島の人」）と考古学者ゾルハイム Solheim（2000）が名付けた、東南アジア大陸部を起源地とし、紀元前 5,000～3,000 年にインドネシア島嶼部、フィリピン、台湾、南中国、ヴェトナム北部、朝鮮半島南部、南九州に拡散した海上交易民である民族集団がそれに当てはまる。日本に稲作を伝えたのも、このヌサンタオであったと考えるのが合理的であろう。山地民族が大きな危険のともなう洋上へ、海岸でわざわざ慣れない小舟をこしらえて漕ぎ出していく可能性はきわめて小さい。この点に関して、日本語をアルタイ系とみるミラー（1982:202）は、「古代マライ・ポリネシア人にとって日本列島や朝鮮半島に到達することは容易なことであったという考えはとても受け入れられない」と述べている。ということは、北方の遊牧民族や狩猟民族は簡単に海を渡ることができたということで

あろうか。なお、日本の粟津湖底遺跡（滋賀）で出土したヒョウタンの年代は、紀元前 9,600 年± 110 年とされ、原産地アフリカからそれを携えて海を渡り日本にもちこんだ人々がいたことは間違いない（湯浅 2015:58, 65）と言われるが、日本列島における海洋系の前オーストロネシア系と推定される人々の素性は不明である。

　これまで見てきたように、オーストロネシア系民族の漂流や未知の島を求めての冒険的航海が累積され、琉球語にはとくに多くの語彙が沈澱した。そのなかには、5.5. で述べたような琉球開闢神話に関係する「ヤドカリ」のような大変重要な語彙も含まれている。ミクロネシアの民族は、現在の地域よりも広くインドネシア東部、フィリピン南部にかけてもその交流範囲をもっていたようで、自然名や生物名を主とする以下の例に見るとおり、八重山・宮古島方言にその名残りがいっそう強く認められるのは、その接触地域からして当然であろう。本章で掲げる生物名も、琉球列島の島々に取り残されたオーストロネシア系語彙であり、語形からみて偶然の一致とは言えない。とはいえ、言語の系統の証明は語彙のみではできないから、琉球語に残されたオーストロネシア祖語形が古い時期における借用語なのか、言語的層の一部としての痕跡なのかはこれだけでは直ちに決定できない。しかし、南海からの単なる寄り物と見るには非常に不自然で、むしろそれまで広く覆っていたオーストロネシア系言語が退潮したあと、海岸に残された遺痕のような語彙であると考えられる。

　近年の接触例としては、宮古島の漁師がフィリピンのタガログ語 payao「伝統的なヤシの葉を重ねた人工漁礁」を借用してパヤオと呼ばれる独特の「浮魚礁」を考案したこと、沖縄では一般にグナンと呼ばれる「サバヒー科サバヒー」(*Chanos chanos*) を糸満の漁師がタガログ語の banglos/bangos を借用してバンオスと呼ぶことなどがある。また、「ヤエヤマアオキ」(*Morinda citrifera*) は八重山諸島に自生する染料植物で絞り染めなどに利用されるが、それを石垣でブガと呼ぶのに対し那覇ではノニと言うのは、フィリピン祖語ニノ（*ninu［PMP］）を借用したからである。

　以下でローマ字表記した琉球諸語は、宮良（1980a, 1980b）による。ただし、表記法の一部を改めたところがある。

01) *qagu（フィリピン祖語）「クワ科フィクス（イチジク）属の種類」。例えば、

「フィクス・オドラータ＝ミミイチジク」(*Ficus odorata = F. hispida*) は ago-sahis/agu-pit (Ceb)：ago-sos (Tag)、「フィクス・ウルミフォリア＝オオイタビ」(*Ficus ulmifolia = F. pumila* var. *quercifolia*) は hagu-pit (Tag)：agu-sahis (Ceb)：agu-pit/hagu-pit (Bik)、「フィクス・フィスケイ」(*Ficus fiskei* var. *cebuensis*) は hagu-pit (Bik, Samar-Leyte Ceb)

　フィリピン諸語はすべて複合語で、語幹の *qagu- は与那国のアグ・アゴ「アコウ」(*Ficus superba* var. *japonica*) のほか、奄美、沖縄、宮古島のアコー、波照間のアゴンなどと対応する（天野 1979）。ただし、首里方言にはウスクという固有名がある（『首方デ』）。アコウ・アコーのように二重母音化（長母音化）する理由は不明であるが、アグ・アクとは直接対応しない字音読み（赤秀など）の影響による不規則形と考えられる。原産地は東南アジアから沖縄にかけてとされるが、和歌山以西の温暖沿岸にも自生するのは、柳田の言うように（1978:32–33）、海流の関係であろう。和名「アコウ」は赤榕（中国語）、赤秀、雀榕などと当て字され、語源は不明とされるが（『日植図』）、フィリピン祖語に由来する琉球諸語からの借用語である。屋久島の西部海岸には、世界自然遺産に登録されている照葉樹林に 300 個体ほどのアコウが群落する（大谷 2006）。屋久島のヤクの語源は、*i-qagu「アコウが生えているところ」に由来することが明らかである。

02) ***baRu (PMP)**「アオイ科ハイビスカス」(*Hibiscus tiliaceus*) > baru (Mal)：baro (Nga)：(bali)bago (Tag)：pago (Chmr)：varu (Mad)

　波照間 baagoo バゴー：石垣 buu は「イラクサ科カラムシ（真苧）」(*Boehmeria nivea*) を意味し、首里の ʔuu は「イトバショウ」(*Musa balbisiana*) を意味する。波照間のバゴーはブーの仲間であるが、布を織る糸はとれない（山田孝子 2005:23）。宮良説でバーゴーがマーブー「真苧」の転と言うのは、音声学的に実現が難しい。

03) ***biRaq (PMP)**「クワズイモ属」(*Alocasia* spp.) > birah (Mal)：biha (Nga)：bira (Tob)：piga (Chmr)：bíseʔ (Pal)：bígaʔ (Tag) など

　与那国 bigui、波照間 biru、石垣 bʼuurï などは「クワズイモ」のことで、PMP の *R は古代日本語で y に変化するのが通則であるが、g/r で現れるのは借用語

であることを物語る。宮良は「不食の義」と言うが、賛成できない。また首里方言で、ウバシ（ウンバシ）はマレー語のウパス「矢毒」の転訛（天野1979）と言うのは誤解である。マレー語地方語の upas は、「毒」のことである。

04) *niyuR (PMP)「ココヤシ」(*Cocos nucifera*) > nyū (OldJav)：niur (Tob, Nga)：niyok (Chmr)：niyog (Tag)：anyur/ilur (Cham)：lu^{33}（回）：niu (Fij)：niu (Sam)

　　ココヤシは太平洋、熱帯アジアで大密林を形成し、メラネシアが原生地とされる。『南方草木状』にも記述されているように、中国南部・インドシナ半島でも早くから栽培されていた。琉球全域ではクバ系の言葉で言われるが、徳之島方言のニョ「ヤシ科ビロウ属の一種（*Livistona subglobosa*）」はこの *niyuR に由来することが明らかで、徳之島ではココヤシは自生せず、ココヤシと同様に、その葉、葉柄が多方面に利用されるが、ココヤシとは相補的分布をする。またビロウは、わが国ではヤシ科ビンロウ「檳榔」（*Areca cathecu*）と混同される（『日植図』）。『古事記』（下）のアジマサ「阿遅摩佐」は、『本草和名』において「阿知末佐＝檳榔」と記され、ビンロウと解された嚆矢となり、その後、『古事記』の解釈ではこの誤解を踏襲している。アジマサは、石垣方言のアズムサ「ビロウ」に残るが、その語源は不明である。

05) *pisaŋ (PWMP)「バナナ」> pisaŋ (Mal, Tob, Nga)

　　村山（1995:161-164）がヒサゴ「瓢、ヒョウタン、ゆうがお」の語源とみた *pisaŋ は、古琉球語辞書『混効験集』に出ているヒイシャグ「芭蕉の実」に語形全体が一致するがゆえに、むしろ新しい借用語である可能性が高い。天野（1979）も、ヒイシャグをマレー語の転訛とみている。ただし、現在、首里方言ではバナナをバシャナイ（basjanai）「芭蕉の成り（実）」と言う。したがって、村山がヒサゴはバナナに似ている（!?）ところから *pisaŋ をヒサゴの語源とみるのはいかがなものだろうか。草本植物であること以外に共通点は何もないから、バナナからヒサゴへの意味変化は極めて不自然である。一方で村山は、*punti (PMP) の「バナナ」を日本語のフジ「藤」にあてるが、この場合も、フジの果実の外形がバナナに似ているからというのは勘違いではなかろうか。

06) *qatun (PMP) 'the tuna'「マグロ」(Blust 1983-1984) > atún (Tag)：ʔatu (Ton)：

atu (Sam)：aku (Haw)

　琉球諸方言、鹿児島方言でカツン・ガツンは、「アジ類(シマアジ、マアジなど)」を言う。マグロはサバ科マグロ属、アジはアジ科で分類は異なるが、いずれも日常的な有用魚としての意味変化であろう。ただし、語頭子音(g-)の出現は不規則的である。

07) *talisay (PMP)「シクンシ科モモタマナ」(*Terminalia catappa*) (Wolff 1994, Blust 1998) > talisay (Tag)：(man)talisi「モモタマナの一種」(*T. nitens*) (Tau)：talie (Sam)

　古琉球語『おもろさうし』のテシなみ「梯梧並」のテシは、本項に語源をもつと考えられる。西部マライ・ポリネシア諸語の一部において痕跡的に残る古い接中辞 *-al-、例えば、*balaŋa「土鍋」> マレー語 b-əl-aŋa：マダガスカル語 vilani：タガログ語 baŋaʔ、*kə(m)buŋ「膨れる」> マレー語 kəmbuŋ/k-əl-əmbuŋ：タガログ語 kubóŋ「頭巾」、*sisip「挟む」> マレー語 sisip/s-əl-isip：タガログ語 s-al-isip「入り込む」、*tapak「掌、足裏」> マレー語 tapak/t-əl-apak：タガログ語 tapak「踏む」、*[t]ə(m)pap「手の幅」> マレー語 təmpap/t-əl-əmpap、*[t]unzuk > マレー語 tunjuk「指さす」・t-əl-unjuk「人差し指」、*t-al-iŋa「耳」> マレー語 t-əl-iŋa「耳、キクラゲ」：マダガスカル語 tadini：タガログ語 taiŋa：チャム語 tiliŋa/tiña などに見られる *-al- が *talisay にも含まれていて、もとの語形 *tisay がテシに変化したと推定することができる。インドネシア東部のスラ語 tasi「モモタマナ」も、*-al- を含まない形である。沖縄では、モモタマナはマメ科梯梧(デイゴ)と同様、通常、街路樹にされる。

08) *taləs (PMP)「サトイモ属」(*Colocasia* spp.) > taləs (Old Jav)：(pisaŋ-)talas (Nga)：ndalo (Fij)：talo (Sam, Ton)

　日本語のサトイモの別名タロイモは、明治以降、英語 taro あるいはポリネシア語(例えば、サモア語)の *taləs を語源とする talo の借用語である。琉球にはこの名称は伝わっていない。琉球では「ミズイモ＝田イモ」(*Colocasia esculenta*)を指す『混効験集』のクワヰ、奄美のクワリを、天野(1979)はマレー語の kəladi「サトイモ」の転訛としているが、マレー語ではここに示した *taləs は継承されず(デンプウォルフが talas を比較語彙に掲げているが、この talas

は借用語)、地方的語彙である kəladi を用いる。したがって、クワヰはマレー語の借用語ではなく、上代日本語のオモダカ科クワヰ「慈姑」(クハヒ『堀河百首』[1105頃])と同源で、地下茎で味覚が似るなどからの意味変化であろう。

次に示すような生物名も、琉球列島の島々に取り残されたオーストロネシア系語彙とみるべきであろう。日本語の形成からすれば、時期的には新しい借用語であるには違いないが、借用された時期や契機は明らかでない。ただし、前述のように、寄り物ではなく、あたかも大潮が退いたあとの海岸に残された遺留物のような特徴をもつ語彙であろう。

09) *bunun (PMP)「フグ亜目」(Tetraodontoidei) > bonu-bonu「タキフグ」(*Tetraodon oblongus*) (Hitu［インドネシア東部］)：bunon「フグ」(Yap)：buni「モヨウフグ属」(*Arothron* spp.) (Kir)：pona(yo)「ハリセンボン科」(Didontidae) (Itb)

　沖縄で、フグ類はフィジーサー、ハリセンボン類はアバサーと一般的に呼ばれるが、一方で平良 wun'a、首里 buuna、名瀬 buna というフグ亜目の総称もある。この形は、本項に関係するであろう。

10) *gəg[a] (ミクロネシア祖語)「トビウオ科」(Exocoetidae) > gaga (Chmr)：kok (Pal)：goeg (Yap)：gog (ミクロネシア西部ングルー語)

　トビウオに対する沖縄の一般的呼称であるトブーを通り越して、アゴ(かくアゴ、うばアゴ)・アケという方言が北九州から平戸、下関、山陰、佐渡にかけて分布するが、「アゴが外れるほどおいしい」という語源説は信用できない。『名義抄』には、トヒヲ「鰩」とある。沖縄のトブーは、標準語の影響であろう。

11) *koʔkoʔ (ミナハサ祖語)「ニワトリ」(Sneddon 1978) > kokɔ (San)：kooko (Hat)

　西表 gugu は、この祖語形に由来するものであろう。この「ニワトリ」も次の「ネコ」も、擬声語に由来する。しかし、擬声語ならば地域に関係なく、あちこち散発的に類似形が現れてもよいはずだが、そうならない点に注目したい。

12) ***meoŋ (ミナハサ祖語)**「ネコ」(Sneddon 1978) > mɛɔ (San)：moyo (Hat)：miau[33] (回)

　西表 mayaa、波照間 mayu、平良 mayu、首里 mayaa (『混効験集』マヤ)、名瀬 maya など。なお、東条操編『全国方言辞典』(1971) には、マイ「猫」(熊本・菊池郡) が出ている。イリオモテヤマネコはベンガルヤマネコ属の亜種で、遅くとも 20 万年前、大陸と西表島の間にあった陸橋を渡って島に侵入したことがミトコンドリア DNA の解析で判明しているから、オーストロネシア語族が西表島に渡来したとき、すでにネコが棲息していて、これにオーストロネシア系言語で命名し、そしてその言葉が北上したことになる。

13) ***paru/*paparu (PMP)**「チョウ、ガ」> paropao (Ata)：babale'「蛾」(Chmr)：parúparó (Tag)

　波照間 papïru、平良 pabïyï、首里 habeeru (『混効験集』ハベル)、名瀬 habura。チャモロ語の音韻変化は例外的で、*fafa- が期待される形である。なお、*pajay (5.1.04) を参照されたい。宮良の、「ヒラヒラ動くものの義」という擬態語説には賛成できない。

　そのほか、再構形を示すにはいたらないが、偶然の一致とは考えにくい例をあげておく。

14)「ハゼ科トビハゼ」(*Periophthalmus cantonensis*) は、沖縄で広くトントンミーと呼ばれるが、ミクロネシアのチャモロ語 atot「トビハゼの一種」(*Periophthalmus koelreuteria*) と共通の語根を含む複合語であろう。語形成としては、語末添加音 -ŋ をともない (*[a]toŋ-toŋ)、複合語要素のミーは「目」である。トビハゼは、頭上に飛び出した目玉が特徴的だからである。有明海のムツゴロウも同じハゼ科であるが、属レベルで異なる。ミーを語尾に付ける例は、琉球方言でシチセンベラ (*Choerodon fasciatus*) のイヌミーにも見られる。また、ミーが語頭に付いた琉球方言のミーバイ「目張り＝ハタ類 (Serranidae)」は、内地方言のメバル (*Sebastes* spp.) と対応するが、科レベルで異なる。沖縄にメバルは棲息しないから、相補的分布になる。

15)「ミナミスナガニ」(*Ocypode cordimana*) は、海岸に人が近づくといっせいに素早く巣穴に逃げ込む小さくて白いスナガニ属で、食用にもならないが、宮古・多良間島では peruma、大神島では perum-kaŋ (kaŋ はカニ) と言い、琉球語としてはエ列短母音をもつ不思議な言葉とみなされてきた。しかし、この言葉はミクロネシア西部のチューク諸語ハトホベイ語、ソンソロル語の、それぞれ非食用カニを意味する porumän、peruman と対応することが明らかである。また、このような意味的なずれを起こしていること自体が、琉球におけるこの言葉の歴史の長さを物語っている。基礎語彙とはおよそ縁もなく、また何の役にも立たない生物名が、何十世代にもわたって語り継がれてきたわけで、言語生活の豊かさを物語るものと言えよう。なお、Blust (1989) が主としてフィリピン諸語および古ジャワ語 harama「食用海産生物」から、*qaRama (PWMP)「カニの一種」を建てているが、この祖語形と関連する可能性がある。ただし、さらなる対応例と検討が必要である。

接辞の起源

✳第 6 章 ✳

　オーストロネシア語族は、体系的な接辞法をもつことによって特徴づけられる。ことに接頭辞の発達は著しく、接尾辞、接中辞がそれに継ぐ。本章では、オーストロネシア祖語の接辞体系が諸言語でどのように継承されているかを示す。ただし、例示した言語のいずれにも存在しない接辞については省略する。台湾諸語、西部マライ・ポリネシア諸語は最も洗練された接辞法をもち、複合接辞 'bifix' や共接辞 'confix or circumfix' も発生させている。また、オーストロネシア祖語に還元できない形も多く見られる。オーストロネシア諸語は東に向かうにしたがい、接辞の保持数が減少する。この点で、古代日本語、上代日本語は、インドネシア東部からオセアニアにかけての諸言語と同じ傾向を保持している。上代日本語の文法では、これらの接頭辞(接頭語)に対して、下記に示す例のなかから言うと、マは「真に、完全に、純粋に」など(これは、当て字「真」の意味を説明しているにすぎない)、タは定義なし、カは「形容詞に一種の色調(？)を添える」、サは「実質的意味はない」などのように、文法的な定義が与えられておらず(『時国辞』)、結局、接頭辞は強調を表わすとか語調を整えるといったあいまいな説明が辞書、日本文法で広く行われる理由ともなっている。しかし、接辞の用法について、その起源からそのような状態であったと考えなければならない言語学的な理由はない。言語間で対応する接頭辞を、頭から無意味な音添加とみなすことは、言語分析における正しい態度ではない。そもそも言語における無意味な現象とは、何を意味するのだろうか。

　日本語の接頭辞を評して、「日本語の場合は語彙的なものであり南島語のように文法機能を表すものとは異なる」(木田 2015:56)という見解がある。この語彙的というのは、例えば、かなし「いとおしい」『万葉集』(18:4106)に対して、

マかなし「非常にいとおしい」『万葉集』(14:3567) が独立した見出しで立てられている (『日国辞』) ことを指すのであろうか。関連する語をこのように別項目で立てるのが果たして正しいかどうかは分からない。なぜ、「かなし」と同じ項目に「まかなし」を含めて語釈してはいけないのだろうか。また、「日本語のばあい、用言化したり体言化する接頭辞はなく、用言あるいは体言に内容的な修飾・強調をくわえる派生接頭辞のみで、頭部にある語彙もかぎられている」(宮岡 2015:242) という説明も、上代日本語における共時的状況を述べたもので、その来源についての考察を拒むものではないと思われる。ただし、宮岡氏の派生接頭辞のみという見解は正しくないと考えられるし、同書の「接辞と接語の対照表2」では用言性・体言性接頭辞として、「マ、サ、カ、コ、ミ、ス」が示されている (2015:189) のと齟齬する。木田氏の、接頭辞が文法機能を表さないというのも、泉井の、「マライ・ポリネシア語で活発に働いてきた (接頭辞の) 鼻音現象が日本語に生きて働いた形跡もなければ、接辞法も日本語の文法ならびに語彙的派生に関与的に働いたこともない」という説を承けていると思われる。すでに 1.4. で述べたように、オーストロネシア語史からすれば、そのような接辞法の特徴は紀元前 4,000 年以前のオーストロネシア祖語 (泉井の言うマライ・ポリネシア語) のものであって、紀元前 2,000 年以降にフィリピンでマライ・ポリネシア祖語から分かれたオセアニア祖語において、前鼻音化現象をともなう接辞法はすでに消滅するか弱体化していたことが知られる。このようなオーストロネシア語族内部における新しい傾向にもかかわらず、その過渡的状態を反映する機能が、上代日本語の接頭辞の用例からまだ読み取れることを本章では明らかにする。オセアニア祖語から分かれたマライ・ポリネシア祖語のフィリピン方面から日本列島への民族移動は、紀元前 2,000 年以降という年代から推定して、縄文時代後期以降という時期を特定し得る。複雑な接辞法をもつオーストロネシア系民族が日本列島に渡来したのが紀元前 4,000 年以前の縄文時代前期・中期であるなどとは、これまでに考古学や民族学からも言及されたことがないことも強調しておく必要があろう。泉井の見解は、日本列島へのオーストロネシア系民族の移動時期やその言語的特徴に関する現在の知見にそぐわない。DNA の鑑定でも、考古学的・民族学的時期からは少し下がるが、弥生語以降の「日本祖語」のなかにオーストロネシア系言語と接触した痕跡が認められる (崎谷 2008a:99–100) という。

　このような接頭辞はツングース諸語には存在せず、オーストロネシア諸語

(西部マライ・ポリネシア諸語)においてのみ有効な手掛かりが得られるので、これを古代日本語の接頭辞研究のため比較の俎上には乗せないでよい(乗せられない)という理由はまったく存在しない。本章における、上代日本語の接頭辞の用例から古代日本語の機能を読み取る試みは、接頭辞無意味説に対して言語学的解決への道を開くものと確信する。古代日本語における接頭辞のなかには、もともと語彙であったものから派生したものも含まれることを否定するわけではないが、阪倉が、上代日本語における接頭辞と複合語前項とを区別する基準はかならずしも明瞭でないとしつつ、「マ、サ、カ、タ、イ」などは接頭辞として注目に値する(1990:302)、と述べていることは重要である。

　図11は、本章で多く例示されるメラネシア地域の言語の位置を示したものである。メラネシアの言語では本来、活性的であった接辞(ことに接頭辞)が機能を弱めている例が多く、上代日本語との比較で適当と考えられるからである。地図上の言語の番号は、本章および次章で説明する言語の(1)、(2)、(3)、…と対応している。また、下記に揚げる接辞のほかに、ポリネシア祖語 *naʔa を語源とする、古代日本語で活発に働き、上代日本語では化石的に残る否定の接頭辞「ナ」については、5.2.01 で述べた。

　次の表5では、上代日本語(上日)と接辞の分布が最も似たソロモン諸島のンゲラ語(14)(Ngg : Nggela)(Fox 1955)と上代日本語とを比較する。表中の○は、該当する接辞が + を付した言語に存在することを、また(○)は、古語あるいは痕跡的に存在したことを表す。

01) *ma-(性質、状態) > rosi「裂く」・ma-rosi「裂けた」(Ngg)、mbita「圧する」・ma-mbita「つぶれた」(Ngg)

　上代日本語では、マ垣「籬」『名義抄』、マ白し、マさやか、マ屢(しば)などのほか、*ma-*bulat (PMP)「丸い」>「大和は国のマほらま」「摩倍邏摩」『日本書紀』(景行17)、「国のマほらぞ」「麻保良」『万葉集』(5:800)、「大和は国のマほろ(二次形)ば」「麻本呂婆」『古事記』(中・歌謡)など。後者に対する音義説(美称・秀または穂・場所)は、誤りである。詳しくは、4.6.40 の *bulat を参照。

　「置きて行かば妹はマかなし」『万葉集』(14:3567)は、「かなし＝心がいたむ」『万葉集』(17:3958)などの用法にマが接頭されたもので、マが接頭辞としてま

196 第6章 接辞の起源

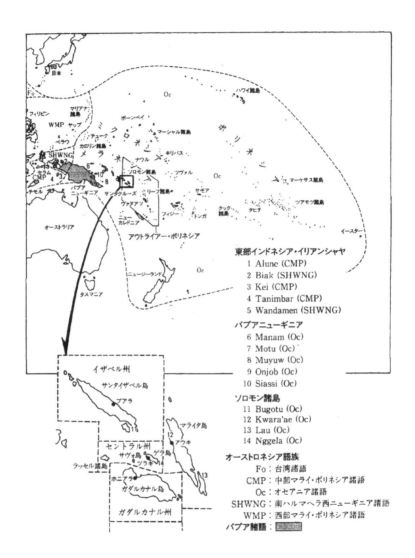

［図11］ オーストロネシア語族東部・オセアニア諸語の分布（崎山 2001 より）

	台湾諸語 (Fo) (+Yami)	マレー語 (WMP) (+Old Malay)	タガログ語	アルネ語 (CMP)	ソロモン諸島語 (Nggela, Bugotu, Lau)	ポリネシア諸語 (Samoan)	上日 (+古日)
*ma-	○	○	○	○	○	○	○
*maN-	(○)	○	○		(○)		(○)
*maR-		(○)	○				
*pa-	○		○		○		○
*paN-	(○)	○			(○)		(○)
*paR-		○	○				
*ta-	○				○	○	○
*taR-		○					
*baR-		○					
*mi-	○						
*pi-	○						
*ka-	○	○	○	○	○		○
*i-	○		○	○	○	○	○
*sa-	○	○	○	○	○	○	○
*-i	○	○		○	○	○	○
*-(a)kən		○		○	○	○	
*-an	○	○	○				
*-ən	○						
*-a	○	(○)					
*-in-	○	(○)	○				
*-um-	○	(○)	○				

[表 5]　接辞の分布

だ機能していたことを思わせる例である。すなわち、この歌は防人が妻を置いて旅立つときに詠まれたもので、「妻は悲しい」という単なる無時間的表現ではなく、「妻は悲しい状態になる、悲しくなる」のように、時間的な幅を含蓄する

点で、マの接頭による情緒的な差が現れている。『名義抄』には、しらけ「華＝白い」に対して、しらけよね「粺＝精米」のほか、マしらけのよね「繋米＝精米」があるが、当然、後者は「白くなった」の意味を残している。同じく『名義抄』の、ひろく「延、繙、展」に対するマひろく「披＝開く、紆＝あざやか、散」・マひろけたり「昌披＝まさに開かれた」は、後者が状態を表すことを示している。

02) *pa-（使役） > mate「死」・va-mate「殺す」(Ngg)、roŋo「聞こえる」・va-roŋo「聞く」(Ngg)

上代日本語では、*səmpit (PMP)「狭い」>上日せま「狭」・*pa-səmpit>上日ハさみ「鋏」、ふら「振」・ハふら「放」、*kaskas (PAN)「引っ掻く」・*paN-kas>上日ハがす「剥」、*baka (PMP)「矛盾した」・*pa-baka>上日ハばかる（憚）、*k(an)asiq (PWMP)「同情、同感」>上日かなし「痛ましい、いとおしい」・*pa-k(an)asiq>ハかなし「心細くなる、悲しくさせる」など。ただし、問題点については、第10章 4. 意味を参照。

上例中の *baka は、Blust (1989) によりイロカノ語 aká「はっきりしない」、セブアノ語 báka「かまわない」、イバナグ語 baka「にもかかわらず」などから再構されたもので、むしろフィリピン祖語形である。「はばかる」は、対象との間に距離を置くことを意味したものと考えられ、「はば（阻）む＝阻止する」と同源とする説（『日国辞』）には従うことができない。また『名義抄』では、かなし「哀」に対してハかなし「無墓＝むなしい」を示している。

03) *ta-（偶発性、無意図的、完了） > mboha「壊す」・ta-mboha「壊れた」(Ngg)、mindi「砕く」・ta-mindi「砕けた」(Ngg)

上代日本語では、タ平、タ走る、タ遠し、タ繁、タ容易し、などのほか、タよる「頼る」は、本人が意図しないのに「よ（依）られる、当てにされる」こと。また、「春霞タなびく山を君が越えいなば」『万葉集』(9:1771) は、山に自然現象として霞みがたなびいていること。

『名義抄』では、タなひく「藹、炁、靄＝もや、霏霺＝たなびく」と、なひく「弭、靡」が区別され（「棚引」は当て字、またタナ接頭語説（『日国辞』）も根拠なし）、またタやすし「易、容易」と、やすし「易、榛、懷、鎮、載、旦、綏、泰、など」では、後者の方がより多くの漢語と対応させられている。

04) *ka- (被災的、受動) > luba「ほどく」・ka-luba「とかれた」(Ngg)、ndiku「よける」・ka-ndiku「消えた」(Ngg)

上代日本語では、カ黒し、カ細し、カ易し、などのほか、「擦る」に対する「カ擦る (無意識で擦る)」、「依る」に対する「カ寄る (何となく近づく)」『万葉集』(4:512)の違いは明らかである。そのほか、「はす (斜め)」と「カはす (交わす)=交錯させる」、「ふせる (伏せる)」と「カふせる (被)=伏せたものを被う」、「きる (切る)」と「カきる (限る)=範囲を切り定める」、「まける (負ける)」と「カまける (自分は負けるつもりはない)」などにもその機能が認められる。

本項に関連して、*ka- が生物名に現れることがある。生物が超自然の創造物だからであろう。ただし、オーストロアジア諸語でも動植物に「前添辞」ka- を付ける特色があるから (松本信 1978:364)、より上位の「オーストリック大語族」にまで遡る可能性がある。

kə-tapaŋ「シマボウ」(*Terminalia cattapa*) (Mal)、ka-bit-ka-bag「ナンテンカズラ」(*Caesalpinia nuga*) (Tag)、kə-tam「カニ類」(Mal)：ka-táŋ「沢ガニ」(Tag)

上代日本語では、カみら「賀美良=カ韮」『古事記』(中・歌謡)、カみな「加美奈=寄居=ヤドカリ」『本草和名』、カみな「寄居子」『名義抄』の接頭辞カとして残るが、一方で、カをともなわないニラ (韮)『殿暦』(康和4[1102])、ニナ「爾奈=蜷」『新撰字鏡』もある。

05) *sa- (一体・全体的概念) > opo「あふれる」・sa-opo「水を流す」(Ngg)、vusi「早く動かす」・sa-vusi「懸命に漕ぐ」(Ngg)

上代日本語で、「雪は降り来、さ雲り、雨は降り来」『万葉集』(13:3310) の、さ雲りは、空一面が曇るの意味。また、さ渡る「狭度 (=渡)」『名義抄』は、「一体となって空、水面を越え行く」、「誰が言、さ衣の、この紐解けという」『万葉集』(12:2866) の、さ衣は、「あなたと一体となった (あなたの着ている) 衣」を意味している。また、さ迷うは、「迷ったように辺りを歩きまわる」こと。

06) オセアニア祖語の *i と上代日本語のイとの間には、意味的集約性と機能的分化において明瞭な並行性が認められる。この *i に対して、以下において「人称冠詞」「主格」「処格」などの用例として挙げている日本語は、人が無意識に出

	PAN				PMP	
	単数	複数			単数	複数
1	*i-aku	*i-(k)ita <in.>		1	*i-aku	*i-(k)ita <in.>
		*i-(k)ami <ex.>				*i-(k)ami <ex.>
2	*i-kahu	*i-kamu, ihu		2	*i-Su, *i-kaSu	*i-(k)amu
3	*si-ia	*si-ida		3	*si-ia	*si-ida

[表6] オーストロネシア祖語の人称代名詞
（除 3 人称、Blust による）

す i とか e のような語中添加音 'epenthetic'（語頭添加音 'prosthetic' ?）であるという見解（土田 2002:109）には賛成できない。例として示されているスペイン語の escuela「学校」（フランス語 école）の語頭の e- は、古典ギリシア語語源の scholé の複合子音を分割し、その前後を音節化するために添加された音であるが（スペイン語で iglesia「教会」のように i- の場合もある。フランス語は église）、このような純然たる音韻的現象としての i/e と、文法的要素としてのイとを同列に扱うことはできない。極論すれば、語頭にイ音、エ音をもつ言葉はみな、無意識の産物であるということにもなりかねない。オーストロネシア祖語で、*i は *si と文法的に対立する代名詞単数の機能ももつ。これについては、次の第 7 章を参照されたい。また、この *i を「主格マーカー」'nominative case marker' とみて（よもや、このマーカーと人称代名詞 *i の語源が異なると考える人はいないと信じる）、ブラストはロス（M. D. Ross 2006）に従って、オーストロネシア祖語、マライ・ポリネシア祖語の 3 人称を除く人称代名詞体系に、この *i を表 6 のように加えた（2013:314, 447–448）。オーストロネシア祖語の 1・2 人称代名詞は、すべて 3 人称からの転用ということであろうか。これは、日本語の指示代名詞コを 1 人称に転用して「コちら」「コちとら（近世語）」、2 人称に転用して「コちら」「コなた（近世語）」と言い、またソを 1 人称の「ソれがし（男性）」、2 人称の「ソちら」「ソなた」「ソこもと（武士）」、アを 1 人称の「アちき（近世語）」、2 人称の「アなた」としても用いる語用論的用法と同じ現象であ

り、祖語形にまで *i- を持ち込むのは明らかに行きすぎである。なお、人称代名詞の祖語形およびその転用の問題については、次の第 7 章で述べる。

*i の機能全般について、とくにソロモン諸語の全体に上代日本語との共通点が見出せるが、以下ではブゴトゥ語 (11)(Bug：Bugotu)(Ivens 1978) の例によってそれを示す。

a) 人称冠詞　代名詞の強調形 i-goe「2 人称単数」、ii-a「3 人称単数」、i-gita「1 人称複数 (包括)」、i-gami「1 人称複数 (排除)」、i-gamu「2 人称複数」、ii-ra「3 人称複数」

上代日本語では、イは人称代名詞として「2 人称・卑下的」の独立的用法がある。

> 「イが作り仕へ奉れる大殿の内には意礼 (おれ) 先づ入りて其の仕へ奉らむとする状を明かし白せ」(お前が作ってお仕え申しあげる御殿の内には、お前がまず入ってお仕え申そうとする様を明らかにせよ)『古事記』(中・神武)

b) 主格への転用　*i-「3 人称単数」としての前方照応的 'anaphoric' 用法については、第 7 章で述べる。このイは、国文法では主語の体言、体言相当格に副助詞として付くと説明されるが、その見方は変えるべきであり、実際は体言を述語につなぐ際に、体言と照応 (反復) して文法的主語を表すと定義するべきである。

> 「枚方ゆ笛吹き上る、近江のや、毛野の若子イ笛吹き上る」(枚方から笛を吹きながら近江へ、毛野の若様[彼が][葬送の舟上で]笛を吹きながら川を上って行く)『日本書紀』(継体 24)

最初の「笛吹き」にイが接頭されていないのは、受けるべき主語が明示されていないからである。

c) 処格　　i taba「海岸で」(Bug)

上代日本語では、場所の後置詞としての用法もある。

「此の国土イ経を弘むるに頼る故に安穏豊楽にして違脳無からしむ」(この地域に仏の教えを広めることで[人々は]平穏で豊かになり惑いがなくなる)『金光明最勝王経平安初期点』

d) 属格　dathe i botho「子供・の・ブタ＝子ブタ」(Bug)

上代日本語では、連体修飾語に付く間投助詞・限定助詞の用法がある。

「玉の緒の絶えじイ妹と結びてし言は果さず」([玉の緒の]また二人の仲は絶えることはないねと(妻に)固く約束したことは、果たし得ず)『万葉集』(3:481)

e) 道具　i-dathe「木の実をつぶす石杵」(Bug)、i-tina「木の実をつぶすための石臼」(Bug)

上代日本語では、道具を示す接頭辞。かかり「掛」・イかり「碇」、イ(斎)杭、イ垣、などがある。

f) 地名　ソロモン諸島の地名 I-njo, I-tina, I-riri

上代日本語では、イ岐佐(佐賀・生佐)、イ朽(兵庫・生田)、イ沢(山梨・石和)、など(『古地辞』)

イ(i)をもつ地名がとくに集中するのは、鹿児島、沖縄で、さらに台湾蘭嶼、フィリピンから西はマダガスカル、オセアニアへはマリアナ諸島を経てソロモン諸島、ヴァヌアトゥに至っている(Tryon and Gély 1979)。9.4.5.「イをともなう地名」を参照されたい。

g) 場所・時間　i-vei/vei「どこに」(Bug)、i-ngiha-ngiha「いつ」(Bug)

上代日本語では、どこ「何処」・イづこがある。

動詞に付いて、動作の対象・場所を明示する接頭辞として、イます「有」、イ懸る、イ副う、イ継ぐ、イ出す『名義抄』などがある。また、まさご「真砂」に対してイさご「砂」は、「砂のあるところ」の意味であろう。

h) 方向　この用法は、現在、生産的ではないが、*sele「ナイフで切る」(フィ

ジー語 sele からの借用語)・i-sile「入れ墨をする」(Bug)、mboro「底」・i-mboro「梃をかます」(Ngg) にその痕跡が認められる。上代日本語では、動詞に付いて動作の及ぶ場所ないし対象を示す接頭辞として、のりと「祝詞」・イのり「祈」、イ向う、イ行く、イ抱く「懐」、イツ「出」、イ張る (威張るの威は当て字)『名義抄』などの用法がある。

　上代日本語のイヅには、イが落ちたヅの交替形の例、「船己藝出＝船漕ぎヅ (終止形)」『万葉集』(8:1527)、「伊弊乎於毛比涅＝家を思ひデ (連用形)」『万葉集』(20:4398) がすでにあり、鎌倉時代以降イをともなわない形が一般的となり、デは現代語のデル (出) へとつながる。ただし、現在も地名には出水の読みに、でみず (和歌山) とイでみず (千葉) の両方が行われる。なお、本項は g と区別されにくい場合も多い。

i) 限定詞　この用法はヴァヌアトゥの諸言語に残るが、ソロモン諸語では属格として定着した。この -i は、身体部位、親族、物の部分や位置を表わす語に付き、これをともなう語が「独立名詞」'independent substantives' と呼ばれることがある (Ivens 1937–1939:738)。すなわち、ラマランガ語 (ヴァヌアトゥ) では、人・ものから独立した mata「目」を言うとき、mata-i と言い、mata-na「彼の (その) 目」とは区別される。単純に、生物界から「目」という概念を抽象的に切り取ることはできない。バンヴェニスト (1983:234–241) は、3 人称というのは 1・2 人称とその機能、性質が異なり、人称体系のなかでも「無標的」'non marqué'、つまり「非人称」'non-personne' であると言う。

　オーストロネシア諸語において、このように抽象的な概念化を完全に行わない言語には、ミクロネシアのパラオ語、ヤップ語もある。その両言語では、身体、親族、全体のなかの部分 (属性) を指すような名詞に対しては、人称接尾辞を付けることによってのみ取り出すことができる。パラオ語文法では、「義務的所有名詞」'obligatorily possessed nouns' と呼ばれる (Josephs 1975:63–64)。つまり、「彼の胸」ulúl : ngorngorean (前項がパラオ語、後項がヤップ語。以下同じ)、「彼の兄弟」obəkúl: tethiin、「その葉」lləl : yuuw/yuwaan、「彼の心」uləʔél : waen' のように、ここでは *i ではなくそれぞれ -l : -n を語尾にもつ 3 人称形 (3 人称接尾辞 *-na) で示したが、1・2 人称形であってもかまわない。ul-, obək-, ll-, uləʔ- は語幹に相当するが、「語であってないもの」'quasi-word' と言っても

よく、これだけでは人の意識にのぼらず、「胸」「兄弟」「葉」「心」を抽象的概念として表現することができない。宮岡伯人氏は、語より一つ上位の結節を、橋本進吉の「文節」にほぼ等しい概念として「拘束句」と呼び換えている (2015:99, 251–254)。語は人間を取り巻く世界や環境を切り取る文化的営為から生まれるのであるが、このようにして外界を切り取った語には極めて抽象度の高いものから低いものまでがふくまれており、その切り取り方はそれぞれの言語によって特徴づけられている。語から独立した概念を取り出せない抽象度の低い語は、認識のうえでは、語に必然的に付いている人称接尾辞が言語と言語外世界との間の橋渡しをしているようなものである。

　古代日本語でも、*-i をともなった同じ語構成法が存在し、身体部位を表わす語テ「手」は *ta-i > テー、メ「目」は *ma-i > メー「目」のように、また、ムナ「牟那＝胸」『古事記』(中・歌謡) *muna-i > ムネ「胸」のような派生語を生んだ。自然界に関係する語では、アマ「天」*ama-i > アメ「雨」、タカ「高」*taka-i > タケ「岳、丈、竹」、ムラ「村」*mura-i > ムレ「叢、群れ」の例がある。

　なお、日本語のアマとアメの関連では、アメつち「阿米都知＝天地」『万葉集』(5:814) のアメは天を意味し、アメ「阿米＝雨」『古事記』(下・歌謡) と同じ表記になるが、アメの語形成としてはアマ「阿摩＝天」『日本書紀』(推古20) に -i が接尾したことが明らかである。不思議なことに、国語学界では「天（アマ）＝雨（アメ）」語源説はまだ定説となっていない。ちなみに、オセアニア諸語で *laŋit「天」は、「雨」に意味変化することが多い (Blust 1984)。

j) 後置冠詞　ソロモン諸語では報告されていないが、インドネシア・パプア州のオセアニア諸語に属するビアク語 (2) など、周辺に残存する用法で、次の用例に類似する。

　　「みつみつし久米の子らが頭椎イ石椎イもち撃ちてし止まむ」([みつみつし] 久米の人々が頭槌の太刀や石槌 [それで] もって打ち破るぞ)『古事記』(中・神武)

　なお、本項に関連して *i を後置定冠詞とみなす考えがあり (安本 1998)、そのアイデアは評価したいが、言及されている朝鮮語・アイヌ語・中国語の i はオーストロネシア語族の用法に比べて非常に限定的であり、オーストロネシア語族の *i のもつ多重的な相互関連機能をこれらの言語では説明できない。

上代日本語のイの本来の機能が主格助詞でなかったことは、以上に示した多機能からも明らかである。不変化詞イは、対象となる人・物や、それが置かれる、現われる、あるいは行われる位置や場所を指示する機能をもっていた。この語源となった PAN *i-, *-i は、PAN の独立的小辞 *i と無関係ではない。そのすべてに共通するのは、場所・対象指示（代名詞的）機能である。このようにイは、その意味的関連性からみて、元来は同じ語（あるいは小辞）であったと考えられる。しかし、奈良時代の言語使用者の意識では、すでにその間の語源的・意味的なつながりは薄れかかっていたのかもしれない。法相宗の仏典の訓読文では、このようなイの使用が現在に伝えられていると言われるが、もとより当時の用法の完璧な伝承は期待できないであろう。これまでイに対して、19世紀末にチェンバレン（B. H. Chamberlain）、今世紀に入って岡倉由三郎、金沢庄三郎、山田孝雄をはじめとして、また村山（1950:45）、大野（1973:547）らが、朝鮮語の主格語尾 -i（ただし、子音で終わる語幹にしか付かない）との系統的関係を示唆してきた。しかし、イの主格助詞としての機能については、近年、疑問が提出されている（『日国辞』の「い・語誌」）。橋本はすでに、人称代名詞のイがもとは指示代名詞（橋本進 1969:144）であったかと述べ、泉井も主格助詞のイの起源について、同様の考えを示していた（1967:117–118）。15世紀中葉の朝鮮語の後期中世語には、指示代名詞となる i が現われるが（李［Yi］1975:172）、これと主格語尾 -i との関係は明らかでない。Ramstedt（1939:38）、Poppe（1965:194）は、-i を満州語の3人称単数代名詞 i、蒙古語の3人称単数代名詞属格 in-(u)、トルコ語の3人称単数主格語尾 -i と対応するアルタイ語系とみなしたが、3人称代名詞として各言語に対応例の少ないことは祖語形としての不安定さを残す。また、ツングース祖語の3人称代名詞形は *nuŋan/*ɲuŋan であって、i とは関係がない。しかも満州語の i の起源は、ツングース諸語の手段格語尾 *-ji と所属格語尾 *-i が合一したもの（池上 1971:292）とみなされる。アルタイ語系の i には、オーストロネシア諸語に見出されるような処格的機能はまったく見られない。このように、アルタイ系諸言語における i の限定的な用法から、上代日本語のイに見られる多様な表現的可能性を説明することは困難である。なおミラーは、助詞イが上に述べたように仏典の訓読文に現われることから、イの用法をまったく無視し、これを古い朝鮮語からの借用語とみて比較研究では取り上げなかった（1981:34–35）。訓点のために借用された助詞が、本章 a のように代名詞として用いられることが言語史的にあり得るだろうか。すでにミラー

以前に、文法要素は簡単に輸入採用され難いとして、このような訓点起源説をも含めた論への反論が述べられている (新村 1972b:324–325)。

人称代名詞の体系

∗ 第 7 章 ∗

　人称代名詞は、3 人称において典型的な特徴が見られる。すなわち、*i が *si と相関し、また *i から属格 *n-i および於格 *d-i の前置詞が由来する。*i を 3 人称単数主語代名詞とし、*si を複数とする言語（Capell の i/si 形式、1976a）がインドネシア東部のセラム島からニューギニア島のほぼ全域に拡がり（オーストロネシア祖語形の下位区分では、中東部マライ・ポリネシア諸語）、その周辺を、単数 *na（語源は PAN *n-iya）、複数 *la である言語（Capell の na/la 形式）が取り巻く。ただし、i/si と na/la の混合した形式 (na/si) をもつタニンバル語 (4)・ケイ語 (3)（インドネシア東部）、マナム語 (6)・シアシ語 (10)（パプアニューギニア）のような言語も見られる（数字は、第 6 章図 11 を参照）。*si はオーストロネシア祖語形 *siDa の語末音節消失形 'apocope'、*la は *siDa の語頭音節消失形 'aphaeresis' である。歴史的には na/la が古く、その後に発生した i/si が na/la を周辺に押しやったのである。人称代名詞について、オセアニアのいろいろな言語で起こった意味と形の変化が日本語の中にすべて現れていると考えることが批判されているが（土田 2002:110）、腑に落ちない。日本語の語源に明確な結論が出ているのならばともかく、オセアニア諸語の比較から得られた祖語の体系を上代日本語の系統論として比較することに、何の方法論的問題があるのだろうか。

　表 7 にオーストロネシア祖語形の主語短縮形代名詞の体系（Dahl 1977:122）、表 8 にオセアニア祖語の変化形（Capell 1969:50, 1976a:27）を示す。短縮形は、接辞としても機能する。なお、Blust (2013) による拡大化された祖語形については、第 6 章の表 5 を参照されたい。

　ただし、表 8 に *na を追加し、また 1 人称複数排除形の *mi はオセアニ

	単数	複数
1	*ku	*ta \<in.\>
		*mi \<ex.\>
2	*Su, *ka	*mu
3	*ia, *na	*siDa

[表7] オーストロネシア祖語形の主語短縮形代名詞の体系（Dahlによる）

	単数	複数
1	*a, *ya	*ta \<in.\>
		*məy \<ex.\>
2	*(k)u	*(k)wa
3	*i, *e, *na	*si, *se

[表8] オセアニア祖語の変化形（Capellによる）

ア祖語形としては適当でないので、パプアニューギニアのウッドラーク島ムユウ語 (8) (yaka)mey、モトゥ語 (7) mai (属格)、ヴァヌアトゥの多くの言語の -mai、-mei、-mae などから、表8のように *məy に改めた。

　オセアニア(メラネシア地域)の多くの言語は、動詞句を中心とした辞順をもつ。SVO や SOV というのは見かけ上の語順で、前方照応した主語(目的語)接辞が動詞句を構成する順序は厳格である。オセアニアに偏在する sV (o) という構造をもつ点では、中部マライ・ポリネシア諸語、南ハルマヘラ・西部ニューギニア諸語も、オセアニア型に属する。インドネシア東部セラム島のアルネ語 (1) では、

　　Kwali-ku　i-keu　　mpai　Piru.
　　兄(姉)-私　彼-行く　へ　　ピル
　　「私の兄がピルへ行く」

　　Ina-ku　i-sabe　　tema　　peneka.
　　母-私　彼女-買う　バナナ　完了
　　「私の母はバナナを買った」

　　Kwete-la　meru　　si-ndene　kuate.
　　子供-複数　これら　彼ら-黙る　まったく
　　「この子供たちは黙ったままだ」

Tumata　hena　si-abeli　　iane.
人　　　村　　彼ら-売る　　魚
「村人たちは魚を売る」

のように、i- と si- によって前方照応した主語(+人間)の数が区別される。このような i-, si- による区別は、アルネ語の東で接するウェマレ語、ファタマヌエ語などでも見出される。

　パプアニューギニアのマナム語では、

Áine　i-lóŋo.
女　　彼女-聞く
「女が聞く」

Áine　péra　i-rerét-aʔ-i.
女　　家　　彼女-好む(他動詞)-それ
「彼女は家が気に入っている」

Daŋ　di-éno.
水　　それら-ある
「水がある」

となり、最後の例のように、集合性を表わす場合は di で受けられる。上代日本語にも、「涙シ流る」『万葉集』(3:453)のような似た用法がある。マナム語では、i-/(*si- >) di- によって現実ムード、(*na- >) ŋa-/da- によって非現実ムードを区別するような新たなシステムが作り出された。

01) 上代日本語にも、イと類似した機能をもつシが現われる。

　a) 人称代名詞(2人称・対等、目下)
　　下記の『万葉集』の例を、『古典文学大系本』は3人称(他称)と解釈するが、『日国辞』は2人称の用例としている。

「三枝(さきくさ)の中にを寝むと愛(うつく)しくシが語らえば」([さきくさの]真ん中に寝たいよ、とかわいらしく、お前が言うものだから)『万葉集』(5:904)。

　b) 指示代名詞(それ、それら)

「年のはに鮎シ走らば辟田川鵜八頭潜けて川瀬尋ねむ」(毎年鮎 [それらが] 泳ぎ走るころになったら、辟田川に鵜を八羽潜らせて川瀬をたどってゆこう)『万葉集』(19:4158)。

鮎が一匹だけ川を泳ぎ走ることはないから、上例は当然の語法であろう。さらに、「乙女等シ春野の菟芽子摘みて」(乙女たち [彼女らが] 春のヨメナを摘んで)『万葉集』(10:1879)、「天地の神シ恨めし」(天地の神々 [かれらが] 恨めしい)『万葉集』(13:3346)、「白髪シ子等に生ひなば」(白髪 [それらが] 娘たちに生えたら)『万葉集』(16:3793)なども、すべて主語が複数と読める例である。

複数機能は非限定を表わし、不可算名詞であるにもかかわらず複数が不定、広大、総体を意味するのは「拡大的複数」'pluralis extensivus' と呼ばれる。例えば、英語 the high seas「外洋」、Japanese waters「日本水域」、フランス語 les ciels「風土」(単数 le ciel「空」)などのように。この万葉集の用例は、複数接辞のシが不可算名詞であるときに名詞を受けた、

「冬過ぎて春シ来たれば年月は新たなれども人は古りゆく」(冬が過ぎて春 [それが] 来ると年月は新たまるけれど人は老いてゆく)『万葉集』(10:1884)

にも認められる。ただし、原文(寒過暖来者)ではシは記入されていないが、広く行われているのはシを入れる読み方である。『新日本古典文学大系』があえてノを挿入しているのは、行き過ぎ(過剰修正)であろう。そのほか、不可算名詞の今が「雁が音聞こゆ今シ来らしも」(雁が今 [が] 来るときだろう)『万葉集』(10:2134)、月が「月シあれば夜は隠るらむ」(月 [それが] あるので夜は深いだろう)『万葉集』(4:667)、心が「心シ行けば恋ふるものかも」(心 [それが] そこに行っているので恋しく思うのだろう)『万葉集』(4:553)などのように、シで反復されている。同じく不可算の固有名詞の、次のような例がある。

「玉藻刈りけむ手児名(テコナ＝少女の名)シ思ほゆ」(玉藻を刈ったであろうテコナ [彼女が] しのばれる)『万葉集』(3:433)

『万葉集』におけるシの用例は、かならずしも2人称への転用ではなく、また複数を受けない「妹シ見えなば我恋ひめやも」(妹 [彼女が] 見えたら私はこれほど焦がれないだろう)『万葉集』(11:2530)のような例外も若干見出されるが、奈良時代にはすでに混乱が始まっていたとしておきたい。しかし、「わが御門

千代とことばに栄えむと思ひてありし我シ悲しも」(皇子の御殿は千代に栄えるだろうと信じていた私は悲しい)『万葉集』(2:183)は、謙譲の複数(私ども)'author's we'に相当する用法と判断される。

c) 主語の体言、体言相当格に付く(副助詞)

「赤玉は緒さへ光れど白玉の君が装シ貴くありけり」(赤い玉は緒まで光るけれど、白玉のような君の姿それは貴いことだ)『古事記』(上・歌謡)。

d) 連用修飾語に付く

「大魚よシ鮪突く海人よシがあれば心恋しけむ」(大きい魚の鮪を突く海人よ、お前がいるので恋心が起こってしまう)『古事記』(下・歌謡)。

dの二つ目のシは、aの用例である。ある現代語訳では「その魚が荒れたら心恋しいだろう」としているが意味不明である。すでにふれたように、橋本進吉が、サ行子音が脱落するいくつかの具体例とともに、シとイも指示代名詞として関係があると述べたのは卓見であった。このシは、中東部マライ・ポリネシア祖語 *si を継承する。

2人称に転用されたシは、婉曲的に対等者か目下に向けられる。シは本来の「他称人称代名詞」で、奈良時代独特の用法である(濱田 1946:108)。またそのような婉曲性により、副助詞シが控え目な主観性を表明する(大野 1962:502–503)とも説明される。オセアニアにおいても、*si が人称代名詞体系からはずれ、ソロモン諸島のブゴトゥ語(11)、ラウ語(13)などの si、クヮラアエ語(12)の ti が、不定(非限定)代名詞や不定冠詞となるのも、非限定的機能に起因するためである。このシを、ツングース・満州語の2人称単数代名詞(*si「汝」>) si にあてる考えがあるが(村山 1974b:235, 1988:123)、ツングース祖語の人称代名詞体系のなかでとらえられていないうえ、意味変化の一般的用法にも反する。

02) 上代日本語には、人称代名詞としてナが現われる。その用法は、一般的に2人称のほか1人称にも用いられていたと推定されている。確例はないが(『日国辞』の「な」)、神名オホナムチ「大己貫」『日本書紀』(神代・上)・『万葉集』(80:4106)のナを、文字「己」(おの、自分、自身)によって自称の例とするほか

(ただし、ナムチ「爾、汝、尒」は『名義抄』では 2 人称扱いされており、己が最初から 1 人称専用の代名詞であったわけではない)、

　「朝髪の思ひ乱れてかくばかりナネ(名姉)が恋ふれそ夢に見えける」(朝髪の思い乱れて、こんなにもあなたが恋しがっているから、私の夢にみえたのでした)『万葉集』(4:724)
　「愛子ナセ(名兄)の君居り居りて物にい行くとは」(いとしい人、我が君がずっと家に居たままだったので、どこかへ行くというのは)『万葉集』(16:3885)
　「愛(は)しきよしナオト(奈弟)の命何しかも時しはあらむを」(痛ましや、わが弟よ、おまえはどうしたことか、時はほかにあろうに)『万葉集』(17:3957)

では、ナが意味的に 1 人称「わ(が)」と解釈されるあいまいな例がある。ナは、もともと対称として用いられていた(濱田 1946:197)。また、「ナれ」には対称の例しかない。ナを、現代朝鮮語の 1 人称代名詞 na と同源とみる説がある(大野 1957:305)が、言語史的に時代錯誤になるだろう。またこれらの na を、オーストロネシア語族の局地的な東部オセアニア諸語の 1 人称代名詞 *i-nau と比較する説があるが(松本克 2010:394)、賛成できない。この祖語形は Pawley (1972) から引用されているが、松本氏はなぜか 3 人称代名詞の *ia, *i-nia を示していない。自説の「B 型包括人称を具えた太平洋沿岸型の最も典型的なシステム」として、1 人称代名詞の k- 形と n- 形の共存を強調するための意図的扱いでないとすれば、見落としである。3 人称にも *n が含まれているし、その同義語の *ia からも判明するように、*n- は二次的な添加音である。この 3 人称の *n を、1 人称の *n と起源が異なると考えることはできない。したがって、松本氏の「この n- を 2 次的な付加物として説明できる証拠を探すのは容易でない」という言葉には説得力がない。*i- は人称冠詞で、第 6 章 06 の a を参照されたい。確かに、na はシアシ語・オンジョブ語 (9) (パプアニューギニア)、ヴァヌアトゥの多くの言語で 1 人称単数となるが、3 人称単数は i で、もともと 3 人称であった na が 1 人称に意味変化したものと考えるべきであろう。古代日本語におけるのと同様の変化が起こったことになる。

　松本氏は、1 人称ナが 2 人称に転用されたとする(松本克 2010:402)。人称代名詞では、もともと無人称的な 3 人称が 1・2 人称に転用されるということが

一般的に発生するけれども、その逆は起こりにくい。先述のように、日本語で1人称の「ソれがし」「コちとら」「アちき(近世語)」、2人称の「ソなた」「コちら」「アなた」はすべて、もともと指示代名詞のソ(ソレ「彼、某」『名義抄』)、コ(コレ「伊」『名義抄』)、アを含む形が1・2人称に転用されている事例からも明らかである。上代日本語の3人称(遠称)カは、かれ(「彼」『名義抄』)として、平安時代に2人称としての用法があった。上代日本語の反射指示の代名詞「己」(オ・オノ＝自身、自分)は、その後、「オノれ」として、1人称にも2人称にもなったように(オ［己］とア［我］を a/o の母音交替とみる説がある［川端 1978:173］)、ナの場合も一般的な意味変化として、オーストロネシア語起源で表7に見られる3人称単数代名詞 *na と比較し得るであろう。上代日本語のナと東部オセアニア諸語の1人称 *i-nau は、単なる空似である。

　また「アれ」は、2・3人称とともに1人称「吾」としても用いられていたが、平安時代以降、1人称の「アれ」は、「ワれ」(「我、余」『名義抄』)と取り替わった。ナを含む「ナれ」には、2人称の用法があるのみで1人称の用例がないことは、ナがもともと3人称であったことの強い証拠となる。英語でも、代名詞 one「ひと」が丁寧な表現において2人称代名詞に転用されることが知られているし、フランス語 on「ひとびと」も2人称、1人称に転用される。

　ただし、1人称のワが「ワが」という形で2人称に用いられている室町時代末期の例があり、これは関西方言の一部で言われる卑語ワレ「おまえ」の起源である。また、1人称が小児語法で「僕は名前を何と言うの」というような例もあり、さらに特殊な場合として、軍隊用語の1人称「自分」が関西方言の口語で2人称にも用いられ、商人言葉「手前」が東京方言で卑語「てめえ」になる例もある。このように、1人称から他人称への変化は皆無ではないが、日本語史においてかなり特殊で限定的な用法であることが知られる。

03) 上代日本語でひんぱんに用いられ、上代から中古にかけて次第にワと取り替っていった1人称単数のアがあった(濱田 1946:106)。ワと併用されていた単数のアは純粋な1人称であり、ワは「話し手と聞き手」を含む「1人称＋2人称」の人称という説(いわゆる1人称複数排除形)もある(松本克 2007:205, 2010:402)。とはいえ、用例を見る限りその区別が明瞭であったとは言えないし、「衣手」には両形が付き、その違いについて断定すべき定説はない(『日国辞』)。

「ナが母に嘖られア（吾）は行く」（あなたのお母さんに叱られて私は帰って行く）『万葉集』(14:3519)、

「ま愛しみさ寝にワ（和）は行く」（いとしさに私は共寝しに行く）『万葉集』(14:3366)。

「是やワが求むる山ならんと思ひて」（これこそ私が求めている山であると思って）『竹取物語』

これらのアは、表8の1人称単数 *a と対応することが明らかである。ただし、この1人称のアは、指示代名詞のアと同じ起源とは考えられていない（『日国辞』の「あ（吾）」「あ（彼）」）。松本氏の *k-/*n- 説では、東部オセアニア諸語の2人称代名詞 *i-koe の *k が「消失」した語形（音便形）が3人称・2人称・1人称のアレ、2人称・1人称のオレになるという（松本克 2010:403）。しかし、アレとオレを同じ語源とみてよいかどうかは疑問であるし、平安時代にはカレとオレが併存していたから、松本説の *k 脱落形と *k を残す原形が共時的に使い分けられていたことになり、言語史的に大変不自然である。また、オレは「おのれ」の約まった形とみないと、「おのれ」形の説明が不可能になるだろう。アレ、オレは、元来、別の言葉である。

04) 上代日本語に広く現れる1人称代名詞ミについて、表8の1人称複数 *məy と対応する可能性がある。

「倭文手纏数にもあらぬミ（身）には在れど千年にもがと思ほゆるかも」（数の内にも入らないような我が身ではあるが、千年も生きたいと思われることだ）『万葉集』(5:903)（「しつたまき」は枕詞）

オセアニア祖語では複数であるが、単数を複数で表現する「尊厳の複数」化現象が、上代日本語でも行われたとみなすことができよう。中世においてミが、優越感をもつ男子の自称として用いられたのは、語源的な複数の機能に由来すると考えられる。このような「身＝1人称代名詞」の意味的交替は、宮古・多良間島方言の1人称複数包括形 duu-taa（「胴」＋ -taa、なお排除形は bee-taa で、語尾の -taa はオセアニア祖語形の1人称複数包括形 *ta に由来するであろう）に、共通の発想に基づいた造語法として見出される。

表7の *mi は、表8のオセアニア祖語形で *məy に変化していたことが分か

る。上代日本語の「身」の母音は乙類に属し、甲類のiではなかったことも、このオセアニア語源説を有利にする。

　ミラーは、古代日本語の代名詞のミ、ナをそれぞれ、アルタイ祖語の1人称単数主格 *bi、蒙古祖語の2人称複数 *ta と結びつける。前者では、上代日本語における母音の区別はもとより、*m : *b のように子音が対応していない。ことに後者の *n : *t については、偶発的変化だと説明している。アについては、アルタイ祖語の1人称複数 *man と対応するワの異形態だという（ミラー 1981:185–199）。音韻変化的にも大変恣意的な説明である。

　服部は、アルタイ諸語の比較から村山がアの起源を1人称単数のナにあるとみたことに対し（村山 1950）、アが異化 'dissimilaton' を含む *nan-ga「私の」> *anga > aga > a のような過程でできたとする（服部 1959:401–402）。しかしこの説明では、1人称単数形の出現が属格（または主格）的使用に限定されていたという不自然な仮定をしなければならなくなる。

05) 中東部マライ・ポリネシア祖語3人称の単数 *e、複数 *se の対は、パプア湾岸添いのオーストロネシア祖語形から再構成された形である。パプア州のワンダメン語 (5) のように、3人称複数が si（−人間）・se（+人間）で区別される例もあるが、分布は局地的である。上代日本語で、セ「夫、兄」とヤ行のエ「兄、姉」は、エがサ行子音を脱落した同じ語源とみなされることもある（橋本進 1969:144）。前者は女性から男性に対する、後者は年長の男女に対する指称・呼称で、重複する部分があるとはいえ、中東部マライ・ポリネシア祖語の *i-e（*i- は人称冠詞）・*se に溯源可能とするならば、いずれも3人称代名詞の婉曲語法から発達したのである。

　次に、あらためて日本語の要素となったと推定される、人称代名詞（人称代名詞接辞）のオーストロネシア祖語形から変化したオセアニア祖語形（表9）と日本語祖語形（表10）を示す。表10のカッコ内は、オセアニア祖語の他人称から転用された形を示す。オセアニア諸語においても、2人称の対応はかなり不安定である。上代日本語における対称の基本形は、ナ（表10の *na を参照）・ナれのほか、イまし（表10の *i を参照）・みまし、平安時代にきみむち「君貴」を経て対称のきんじに転じたと言われるキミ「仁、君、公、郷」『名義抄』がある（濱田 1946:107–108）。しかし、キミに、表9の2人称の子音 *k- だけでは結び

	単数	複数
1	*a, *i-a	*ta <in.>
		*məy <ex.>
2	*(k)u	*(k)wa
3	*i, *e, *na	*si, *se

[表9] 人称代名詞のオセアニア祖語形

	単数	複数
1	*a, (*na)	*məi
2	*na, (*i)	—
3	*i, *i-e	*si, *se

[表10] 人称代名詞の日本語祖語形

つけようもない。したがって、オーストロネシア祖語のなかで日本語の形成に積極的に関与しなかったのは、2人称のみということになる。

　語彙項目のなかで人称代名詞は、ほかの代名詞や名詞が転用されたり、とくに3人称代名詞が婉曲的に用いられたりするような語用論的変化はあるけれども、全体として見れば、生物名称と同様に基本的には語彙として閉じた系を構成している。そして日本語は、オーストロネシア語系のシステムを保持していることが明らかである。上代日本語のイ、シ、(エ、セ、)ナ、ア、ミは、朝鮮語、アルタイ系諸言語から来たとする非体系的(パッチワーク的)な牽強付会を重ねなくとも、オーストロネシア祖語(オセアニア祖語)によってきわめて自然に説明することができる。

語彙からみた稲作の歴史

∗ 第 8 章 ∗

　日本の稲作語彙がオーストロネシア諸語に語源があるとするならば、稲や稲作はオーストロネシア諸語の話し手によってもたらされた、または伝えられたという前提が必要である (Vovin 1994:385、長田 1995:139) という論がある。このような主張が生まれる根拠には、縄文時代末期から弥生時代にかけての稲作の渡来と、オーストロネシア語族の日本列島への移住時期とがほぼ重なっているためと考えられるが、この主張は、意味の問題についてまったく顧慮していないように思われる。たとえ稲にせよ稲作にせよ、語彙の意味が数千年にわたって変化しないなどということは信じられないことである。イネ関連語彙 (5.1.) では、ほとんどの語彙がオーストロネシア祖語を語源として、意味変化をも考慮しながら説明できることを明らかにした。本章では、日本列島における稲作の歴史とそれに関連する知識や技術を、オーストロネシア系民族が、かれらの言語的知識に基づいてどのように命名したか、関連語彙で述べたことと重複する部分もあるが、視点を変えて改めて説く。繰り返すが、ヴォヴィンや長田が主張する、オーストロネシア語族が稲作とともに語彙もともなって来たと考えなければならないような因果関係は、まったく存在しない。
　稲作伝播論はこれまでにもいくつかあるが、主にインドネシア、フィリピン、台湾など熱帯島嶼域に分布するブル (マレー語 bulu「毛」) 系イネ (ジャバニカ種の一品種で、籾の芒(のぎ)が長く、遺伝的諸形質はジャポニカ種に近い) が八重山の在来種の中にも見出され、この品種が南島を北上し、日本本土に達した時期は縄文時代晩期をさらにさかのぼる時代であるという渡部 (1993:203–208) の所説が、本書で行った推論とかなり近い。ブル種は、ジャワ、バリ、ロンボクの各島で古くから栽培されており、その発祥地とも考えられる (小島一 ほか

1962:86）。渡部はまた、九州南部に分布する古い陸稲のなかに、大陸からではなくインドネシア領の熱帯島嶼域からフィリピンを経て八重山諸島を経由し、伝わったと考えられる品種のあることも報告している（工楽 1987:208）。

　フィリピン・ルソン島北部のカガヤン渓谷のアンダラヤン遺跡で出土した土器に、籾殻が混和材として使用され、その炭化した籾殻から年代を測定した結果、ほぼ縄文時代の後期から晩期にあたる 3,400 年前および 3,240 年前のものと判明した（Snow et al.1986）。またほぼ同じ頃、紀元前 2,500 年の台湾南部の墾丁（K'en-ting）遺跡でも土器に米粒の圧痕が報告されており（Bellwood 1997:213）、最近の報道では、約 5,000 年前の同じく台南の南科（Nan-ke）遺跡においても人骨、犬の骨のほか、石器、米が出土している（陳至中（2016）〈http://japan.cna.com.tw/news/asoc/201601050011.aspx〉（参照 2016–11–30））。これらの年代は、紀元前 2,000 年以降のマライ・ポリネシア民族の日本列島への移動時期にもっとも近い。また、紀元前 1,500 年頃にフィリピン、インドネシア北東方面からマリアナ諸島に民族の移動があり（Bellwood 1997:235）、現在のチャモロ語の母体を形成するとともに、米粒の圧痕を残したマリアナ赤色土器（タラグエ［Tarague］相土器とも呼ばれる）からは、フィリピンからの移動時期に近い紀元前 1733〜1263 年、最新で西暦 1325〜1491 年という年代が得られている（Hunter-Anderson et al. 1995:72）。植物学からもマリアナ諸島へ稲をもたらしたのは初期のチャモロ人で、その品種群はジャヴァニカ種であったことが明らかにされている（発見者は I. Yawata 1961）。とくに、チャモロ語の fa'i「イネ」には、fa'i malaquid（芒が長い）、fa'i Guam（芒が短い）、fa'i papin angle（芒なし）、(fa'i) agaga（穂が赤い）、(fa'i) basto（粒が粗い）、palaii aromatico（粒が細く香りがある）などのようにいくつかの品種が区別され、マリアナ諸島における稲作の歴史の古さを裏付けている。このうちの幾品種かは、初期の移動時にともなっていたものであり、palaii aromatico はこの言葉とともに、近年フィリピンから導入されたものである（Stone 1970:200）。

　オーストロネシア語の比較研究からは、紀元前 2,000 年以降にフィリピンあたりでマライ・ポリネシア祖語から分かれたオセアニア祖語においては、語根の開音節化が顕著であり、また子音では無声・有声の区別を消失する傾向が現れた。ことにポリネシア諸語では、子音におけるその区別を完全に失う。ただし上代日本語において、4.1. で述べたように無声音・有声音の音韻対立が変則的な形で復活することについては、ツングース系言語との接触による結果で

あると考えざるを得ない。また接辞法では、前鼻音化現象も消滅するか弱体化（不活性化）し、フィリピン諸言語のもつ体系的な接辞法が日本語で衰退して接頭辞を部分的に残すのみとなる。これらの特徴は、フィリピン方面から日本列島への民族移動が行われたのは、最も早くて縄文時代後期であると特定するための根拠ともなる。しかし、フィリピン諸語との連続性を示す証拠となる言語的特徴もあり、とりわけ音韻では、*R > y (4.3.01) における同一の変化、意味では、*Ratus「100、多数」(4.6.19) >「数の多さ」、*bəRas「脱穀した穀物」(5.1.01) >「ヒエ、コメ」のような共通の変化、また形態法では、名詞句の構成に現れる同格（連結）小辞 *na (4.2.a、4.6.88) > na「な」（タガログ語 tahimik na báta?「静かな子供」など）の保持、などは単なる偶然の一致とは考えにくく、フィリピン方面から日本列島への移動を示す有力な言語的証拠と考えられる。

　縄文時代後期の南方からの移民たちが、アウトリガー付きのカヌーを使用していたかどうかは縄文遺跡の舟からは明らかでないが、*Ra(ŋ)kit (PWMP)「筏」(4.6.18) に由来する言葉から判断すると、この段階での渡航は丸木舟や筏が主流ではなかったかと推定される。「南方」から漂着したとおぼしき原形を留めた丸木舟は、沖縄の石垣市立博物館や島根・美保神社に保存されている標本資料で見られるし、オーストロネシア語族とは結びつかないが、国内最古（縄文時代早期）と目される丸木舟が東京湾岸市川の 雷 下遺跡で 2014 年に発見されている。とくに大洋で舟を操る技術は、大陸の山地民と、ヌサンタオ「島嶼人」(Solheim 1988) に含まれるような台湾、フィリピンの民族とでは、格段の差があったことを認めなければならない。

　フィリピンからインドネシア、オセアニア方面へ南下する外洋航海のためには、より安定性のある船体を必要としアウトリガーの発達をみたが、黒潮、対馬海流をうまく利用しさえすれば日本列島に直行できる移動に、アウトリガーは必ずしも必要でなかったと考えられる。オーストロネシア民族文化の伝統を維持する台湾の先住民では、東部沿岸で漁業を行うアミ族が竹の筏を用い（日月潭で湖水漁業を行うサオ族も丸木舟を使用する）、またヤミ（タオ）族のカヌーは寄せ板作りであるがアウトリガーは用いない。これらの例からも、アウトリガーが考案されたのは、フィリピンからさらに南方へ拡散した後と推定することができる。ダブル・アウトリガーカヌーは、筏の中心線の下に丸太をつけることで出現したとみられる（小山 1996:152）ことは興味深い。ただし、カヌー製作用工具とされる「円筒石斧」（丸ノミ形磨製石斧）が約 2,000

年前の北硫黄島（石野遺跡）で見つかっており、この石斧はマリアナ諸島が原郷とされるが、ポリネシア地域まで追跡できる先史文化と考えられている（小田 2000:9–10）。新たな舟造り技術が、さらに後れて日本列島に到来したことになる。

　このような事実から、日本のイネの起源地がたとえ長江流域にあったとしても、日本に稲作を伝来させた仲介者として、次章で述べるように、繰り返し渡来したオーストロネシア語族が介在したことは十分に考え得る。東南アジア大陸部から直接、現地の民族がイネを携帯したとは考えにくく、舟を乗りこなすことが巧みであったオーストロネシア語族が自らの土地（島）でも稲を栽培しつつ、かつ稲籾の運び手ともなったということである。柳田の、「岸に立ちもしくは少しばかり沖に出て、ただちに望み得る隣の島でもないかぎり、人が目標も無しに渡航を計画したということは有り得ない話である」(1978:43)という指摘は、日本人の起源を説く学者に向けた不審の念（というよりも、素朴な疑問）を表明したものである。しかし、最近になってもなお、漢民族によって南方に押し出された中国先史世界の転移地としての東南アジアを仮想し、「南方説をとる日本語系統論者が主張するように、日本人の祖先が東南アジアからはるばる海を越えて日本列島まで北上したと推定する必要は全くない」(松本克 2007:301)という発言があるが、この場合の東南アジアとはどこを指しているのだろうか。地図を見れば分かるように、日本・琉球列島に帯状に連なるフィリピン、そしてマリアナ諸島からであれば、「はるばる」航海するとは通常言わない。

　オーストロネシア系移民は同時に、イネ(5.1.02)、ハタ「畑」(5.1.03)、サワ「沢」(5.1.06)という言葉もともなっていた。農業生産資源研究所（つくば市）によって、イネ（ジャポニカ種）の起源地は長江中・下流域とは限らず、フィリピン、インドネシアまでたどれることが遺伝子変異の比較調査から明らかにされた(Izawa et al. 2008)こともこの説明に利する。イネは、とくに早熟種のワセ(5.1.04)が重視されたと考えられる。しかし当時、日本列島の主要穀物はヒエであったため、渡来した民族によっても集約的な稲作はまだ行われず、脱穀した穀物(5.1.01)はヒエを指すような変化があった。むしろ、日本列島は稲作不適地が多かった（高谷 1990:148–149）というのが実態であったろう。また水田をいうサワも、浅い湿地帯を指す沢に変化した。ただしその後、東日本ではヤツ・ヤチ(4.2.f)が稲作に適した土地として利用されてゆく。

粗放的な稲作やイモ栽培が行われた畑で用いられた掘棒はスワ（5.1.08）と呼ばれたが、語史的にはスワが語幹となり、「据え、植え」という動詞が派生して現在まで残っている。現在も、スマトラ島山地の扇状地水田では農具として大鎌（tajak）と掘棒だけが使用され、耕起も行わないからクワやスキの類はない（渡部 1987:312）。また蘭嶼のヤミ族においても、重要な作物であるタロイモの栽培は女が掘棒を用いて行い（特別な儀礼用掘棒もある）、掘棒文化の地域となっているが、この文化は沖縄において現在もまだ生き残っている（佐々木 1973:65–66）。その後の水田耕作で使用される櫂型鋤は、形態の類似から焼畑耕作で使用される掘棒から独自に発達した（田中 1987:228）と指摘されていることは注目に値する。スキ「鋤」は、4.6.78 でふれたように、動詞から派生した語である。

　また、*qumbi（PMP）はヤマノイモ属（*Dioscorea* spp.）の総称であるが、日本列島ではその変化形ウモ・イモは、ヤマノイモ属のほかサトイモ属（*Colocasia* spp.）、サツマイモ属（*Ipomoea* spp.）、コンニャクイモ属（*Amorphophallus* spp.）、ジャガイモ（*Solanum tuberosum*）など、地下茎を利用する植物に拡大して使用するような意味変化が起こった。

　タロイモ（*Colocasia esculenta*）を指す *taləs（PMP）は日本列島には伝わらなかったが、日本語のサトイモの別名タロイモは明治期以降に、英語 taro あるいはポリネシア語（例えばサモア語）の *taləs を語源とする talo から借用された。ただし、石イモとも呼ばれるクワズイモ属の一種 *biRaq（*Alocasia* spp.）（PMP）（5.6.03）に由来する言葉は、琉球諸語にのみ残っている。

　焼畑の農耕では、クワ、スキという農具は必要ない（佐藤 2002:38–40）という指摘にもあるように、スキはまだ使用されていなかったことが、上記のように言葉からも知られ、現在のスキという言葉は、土を砕き緑肥をすき込むための「土地を穿つ」（4.6.78）という行為を表す語源から生まれた。

　穀物の脱穀には、ウス（4.2.13）が用いられた。フィリピンの最も日本寄りのバタン島では、現在、主要な食糧作物はタロイモ、ヤムイモのほか陸稲（文政13［1830］年の漂流記に記されたバシイック語群のバタン語で、米は *pajay > パライ）であるが、日常的に使われている杵臼（臼は、*əsuŋ > ホソ）は、日本の弥生時代の杵臼と構造的にも大きさにおいても少しも違わない（臼井 2001:87）と指摘されている。弥生時代になると、琉球列島から日本海ルートで大規模な米の移入があった。その起源地がどこかは、言葉からは分からない。弥生人

は、その稲粒を砂粒に見立ててヨネ (5.1.05) と呼び始めた。

しかし、イネ(およびワセ)という言葉は最初期の移民から現在まで保持されてきたものの、そこにイネ科から稲へという意味変化が起こったのは、食文化において米が中心的に栽培されるようになったからにほかならない。

しかし稲作をもたらしたのが、実際にオーストロネシア民族であったことが示唆されている(村山・国分 1979:137-138)。フェノール反応による稲の品種分析でも、「より陸稲的」な稲(インドネシアでブルと呼ばれる種)が南方の島々から、オーストロネシア民族の渡来によってもたらされた可能性がある(渡部 1983:67-69)と言われる。当然、次章で述べるヨネ期における渡来と関係する。イネ科のプラント・オパール(植物ケイ酸体)検出による方法では、縄文時代晩期の宮崎の桑田・黒土遺跡で畑作系の熱帯型ジャポニカ(ブル種とほぼ一致する)のサンプルが発見され、また水田稲作は縄文時代晩期に、九州北部から約 400 年で津軽平野にまで達している(藤原 1998:81, 132-134)。

南部日本のイネには、ジャワ型(ブル種)のイネの遺伝子が残っている可能性があるとみられる(佐原 1987:242)。また、近年の遺伝学的研究では、日本の Hwc-2 遺伝子をもつイネ品種は、熱帯島嶼から伝来したと考えられている(佐藤 1990:2)。これらの事実は、引き続いて渡来したオーストロネシア語族によって、熱帯からジャワ型イネがもたらされた可能性を強く示唆するものと言えるであろう。

東南アジア大陸北部を経て日本列島に連なる「照葉樹林文化」の、言語面からの問題についても整理しておきたい。この文化は、その術語のとおり自然生態系に基づくベルトを形成するが、稲作を含め、そこに存在する文化要素のほとんどが東南アジア島嶼部(インドネシア、フィリピンなど)のオーストロネシア語族域にも見出される。例えば、歌垣、死体化生伝説や羽衣伝説、発酵食品などである。すでに述べたように、オーストロネシア語族は紀元前 4,000 年頃、中国大陸南部から東南方に移動した民族集団であったことを考えれば、それらを携えていて当然である。そのような日本と共通する文化要素は、オーストロネシア語族によって台湾、フィリピン経由で日本列島にもたらされたと考えられる。ただし、そのうち中国(東南アジア大陸部)で行われる鵜飼いはオーストロネシア語族に報告例はないが、群馬県の 5 世紀後半に築造された前方後円墳保渡田八幡塚古墳から出土した埴輪は、魚を嘴で捕らえ首を高く上げた鵜の姿を表し、首には鈴のついた首紐が付けられていることから、鵜が飼育されてい

たとみられる (山梨県博 2015)。また奈良時代には、宮内省の令制に「鵜養部」のあったことが知られている。中国における鵜飼いの確実な最古の記録は、10世紀の陶穀『清異録』にすぎない。鵜飼いを形成する要素の比較から、日本の鵜飼いは中国 (東南アジア) と直接の影響はなく (すなわち、伝播ではなく)、独自発生説 (ラウファー 1996:47–52) が主張されていることは注目される。照葉樹林文化と鵜飼いには直接の関係はないことになる。

　ヒマラヤ、ジャワ、日本を結ぶ中尾佐助の「納豆大三角形」説に対しては、日本の糸引き納豆は納豆菌で作るものであって、クモノスカビ (糸状菌) から作るジャワのテンペは納豆ではない、そして日本の納豆文化は魚と塩が豊かで陸稲や雑穀を食していた日本で独自に発生したものであり、大陸やジャワからの伝来とは言えない (小泉武 1996:48–51) という指摘がある。魚醤油についても、それは日本や東南アジアに特有なものではなく、古代ギリシアで gáron、古代ローマで garum 'fish-sauce' と呼ばれる同じ食品があったことが知られ、現在も南イタリアの colatura 'anchovy syrup' に継承されているから、照葉樹林文化をことさら特徴づけるものではない。

　東南アジア大陸部で話される言語は、シナ・チベット (チベット・ビルマ) 諸語とオーストロアジア諸語が中心である。それらの諸言語 (とくに前者) と日本語とは見かけ上の語順が一致することが指摘されているが、系統関係はまったく明らかになっていないと言ってよい。照葉樹林文化との関連においては、日本語の身体語、農業用語に単音節が多いのは、日本に稲作をもたらしたのが (チベット・ビルマ語系の) 単音節の言語をもった民族だからだという中尾の発言がある (上山 1969:115–116)。ここで言及されている単音節語というのは、日本語の主として東日本方言を指しているのであろうが、歴史的にみて単音節は西日本方言の長音節 (複音節) が縮約したものであるから、この見解は時代錯誤である。音声学的にいえば、単音節から複音節への変化は「無から有」を説明することになり、非原理的である。またその語彙史については、4.2. の 1 群、2 群で説明したとおりであり、単音節語は日本語と東南アジア大陸部の言語との歴史的関係を示唆するものではまったくない。

地名に読む渡来の時期

* 第9章 *

　日本の地名研究にも、好むと好まざるとにかかわらず、日本語の系統問題が関わってこざるを得ない。オーストロネシア語族は、従来、いくつかの語派的特徴を無視して、ランダムに日本語の単語と結びつけられてきた。しかし、その下位分類としての西部マライ・ポリネシア諸語とオセアニア諸語（そのうち、とくに日本語と比較するうえで重要なメラネシア諸語）とを分けて取り扱うことは、日本語の形成を歴史的に考える際にも必要である。

　マライ・ポリネシア祖語がニューギニア島の北部を東漸しメラネシア・ポリネシア方面に向かったのは、紀元前 2,000 年以降と推定される（Bellwood 1997:123）。日本列島にもっとも古く渡来した民族は、フィリピンからニューギニア島方面に向かった民族と分かれて北上した分派で、時期は縄文時代の後期以降になる。また、ニューギニア島を通過したマライ・ポリネシア祖語には、ニューギニア島およびその周辺のパプア諸語と接触し混合した結果、見かけ上の語順が日本語と同じ「主語−目的語−動詞」型の構造をもつ言語になったケースもある。したがって、語順を根拠にした日本語の北方系統説は通用しない。

9.1. 従来の「南方系言語」語源説

　従来の地名研究の多くは、方法論的に問題なしとしない。例えば、メイエも指摘しているように（1977:77–78）、多くの地名論が語の音形と意味の両面から証明するという要請を満たしていない。のみならず、「南方」の言語の地名説についても、言語的無理解に起因する誤謬が少なくない。そもそも南方とはどの地域を指しているのか、明確でない場合がほとんどである。したがって、日本の地名研究には、今までのところ、アイヌ語以外に取り上げるべき研究がない

というきびしい見解もある (大林 1981:203)。

9.1.1. アヅミ・アド、アコ・アゴ

　南方起源の地名説で、例えば、アズミ・アドは、『古事記』(上)で「阿曇連者等、其綿津見神之子＝アヅミの連(むらじ)はそのワタツミの神の子」と表現され、海洋民族の移住者と関係するから「南方海洋民族語」と関連があり (鏡味明 1978:386)、また、アコ・アゴ(阿胡、阿児、英虞、阿古など)は、海女や海士の漁撈が行われるところだから海洋民族の残した地名である (鏡味完 1964:59–61) と言われる。しかし、これだけでは、アヅミ・アド、アコ・アゴを南方海洋民族語であるとみなす根拠に欠ける。また、アゴに直接、現代マレー語の ago/agok「金製ペンダント」を当て、真珠などの飾り玉を採集する海岸に命名されたと言うが、ago/agok が最初からそのような意味であったという証拠はない。agok の語源は明らかでないが、祖語形にまでいたる語ではない。マレー語は、オーストロネシア語族に属する、現在の一言語であるにすぎない。過去の地名を比定するために、特定の現代語だけを取り上げて比較の対象とすることは、方法論的に妥当ではない。また、南方語や海洋民族語という言い方は、比較言語学的な言語の系統分類の定義にかなっておらず不正確である。

9.1.2. タラ

　そのような意味で、タラ「多良、多羅」をマレー語 tara「平らな」と結びつける (鏡味完 1964:61–64、『地語辞』) ことにも問題がある。tara は、語源的にジャワ語 rata (発音は [rɔtɔ]) を借用した音位転倒形であって、このジャワ語はオーストロネシア祖語 *DataR「平らな」に由来し、マレー語では datar へと変化する。このようなマレー語の単発的な例外形が日本の地名になったとは考えにくく、さらにキリバスのタラワ島やニュージーランドのタラナキ州などの tara も、この tara や *DataR とは語源的に関係がない。

　ただし『地用辞』では、これらアゴ、タラなどの語源説に対して、妙な南方語を想定しているとか、マレー語説は信ずるに足りないなどと根拠も示さずに情緒的に反論している。このような不規則的表現は、『地用辞』の編者らが日本地名における南の言語の影響に、端(はな)から偏見を抱いていると思われてもしかたがないだろう。

　以下では、「南の言語」をオーストロネシア語族(マライ・ポリネシア諸語)に

限定して使用する。オーストロネシア語族は、すでに比較言語学的に認証された大語族であり、また、かつて太平洋やインド洋を移動した海洋民族として、日本列島にもその痕跡を残したとみなすほうが、考え方としても素直だからである。以下では、試みとして、オーストロネシア語系の民俗語彙をキーワードとして日本語の形成におけるオーストロネシア語族の渡来時期を推定し、時代区分を行う。そこに現れた意味変化は、民俗知識とも関わっており、注目すべき事例であると考えられる。

9.2. ハイ期（縄文時代後期）

　琉球語の諸方言を中心として、南西諸島、九州（鹿児島でハエンカゼ「南風」）から北は山口、島根、そして西日本一帯にひろがるハイ・ハエという、南あるいは南風を意味する言葉がある。この言葉が、静岡や伊豆諸島、隠岐島のように西南風を意味する地域もあるが、このような意味的ズレは民族が移動した際の、渡来してきた方向と関係がある。その分布は、おハイ（かぜ）「激しく吹く風」という礪波（富山）の複合語の例（『日方辞』）を東北限とし、黒ハエと白ハエという複合語によって、5月の梅雨入り後に吹く風と梅雨明け後に吹く南風とを区別する志摩半島の船詞（『風事典』）を東南限とする。図12を参照されたい。

　なお、黒潮に沿って静岡や伊豆諸島の一部にまで及ぶものの、ハイ、ハエの分布する地域が日本列島において東西の対立をするほかの文化要素、例えば、南西諸島から南九州、東海地方、伊豆諸島にかけて太平洋側に分布する二棟（分棟）造り民家や、縄文時代晩期の土器の東日本の亀ヶ岡文化圏に対する西日本の凸帯文文化圏の分布と並行する点は注目すべきで、民族が移動した時代を推定するための重要な根拠ともなる。

　このハイ・ハエの語源は、オーストロネシア祖語 *paRi「エイ（鱏）」であった。魚のエイは、古ジャワ語 pe、マレー語 pari などと言い、その形状から比喩的に「南十字座」を指すのに用いられる。インドネシア東部では、例えば、スラウェシ島のサンギル語 pahi「さそり座」、モンゴンドウ語 pagi「そこから風が吹いてくる、ある星（星名不詳）」のように、星に対する認識が変わる場合もある。琉球・八重山方言で pai-ga-pusï「南の星」は、「ケンタウルス座α星・β星」を指し、田植えと稲刈りの時機を知るために認識される。

　八重山諸島の波照間島では、南十字座は12月から6月にかけて見える。つ

9.2. ハイ期（縄文時代後期）　227

[図 12] ハイ・ハエの分布

まり、方位としての南と、その方向から吹いてくる風のような意味変化をともないつつ、琉球から西日本にかけてオーストロネシア祖語が保持されてきたのである。琉球の地名では、東西と南北の次元は同一のものでなく、東西は日のめぐり、南北は風向きによって認識される（日下部 1976:5-6）ということも、ハイの語源を考えるうえで重要であろう。

奈良時代の上代日本語の音韻体系に従うならば、オーストロネシア祖語の *paRi は古代日本語で *fayi へ、その後、さらに上代日本語で hayi へと変化した。

表 11 は、hayi が複合語の前部要素となるとき、B 群に準じて haya- という形をとり（後述の haya-tö「隼人」の語形）、また、限定詞 -i をともなう A 群として haye という二次形が発生する過程を明らかにするために作成したものである。

A	B
maa > ma-i > më「目」	ma-nosi「眼伸」、ma-mori「目守」
ama-i > amë「雨」	ama-to「雨戸」、ama-hito「天人」
saka-i > sakë「酒」	saka-tönö「酒殿」、saka-na「酒菜、肴」
ina-i > inë「稲」	ina-ko「蝗」、ina-musiro「稲莚」
i-qenay > yönë「砂」	yöna-ko「砂子、火山灰」

［表11］　基本形から複合語形へ（母音変異）

　A群については、-aをともなう情態言に安定性をもたせるために、-iを接尾する方式によって構成された（阪倉1990:296、2011:60–69）という見方がある。なお、『日葡辞書』にはFayeという形が記載されている。
　オーストロネシア語族は日本列島に波状的に渡来したと推定されるが、このハイ・ハエをもたらした層は、それが現在のインドネシア諸語と関係する点からも、言語周圏論的にみて最も古い層に属する語彙と考えられる。そうであるとすれば、フィリピン方面からの民族移動は、オーストロネシア語族の東方への移動の時期と前後して、縄文時代後期以降（紀元前2,000年頃）であったことになる。

9.2.1.　ハイ・ハエ

　現在、日本列島に地名として南風を意味するハイ・ハエが残っているのは、ハエどまり「山口・南風泊」、ハエさき「長崎・南風崎」、琉球ではハエばる「南風原」、ハエみ「石垣・南風見」などで、例は多くない。方言としての風名、方位名が地名としてあまり残っていない最大の原因は、この言葉の歴史が古く、ハイ・ハエが、早、灰、拝、林、萩、榛、配、這、生、磴、八重などのようなさまざまな漢字に置き換えられた結果、原意が失われたからだと考えられる。
　この時期に、オーストロネシア語族からもたらされた語彙のなかには、意味変化をともなわないものの一部を掲げただけでも、こ「木」、ほ「火」、ま「目」、ほそ「保曽（臍）」、いを「魚」、うも「宇毛（芋）」、はた「畑」、うす「臼」、いかだ

「筏」、たへ「多敝(拷)」、のみ「飲み」、なき「泣き」、だき「抱き」、はて「果て」などのような基礎的、民俗的な語彙が含まれる。これらがオーストロネシア語族起源であることは、それぞれに対応するオーストロネシア祖語が、*kahuy (POC *kai)、*apuy、*maCa/*mata (オセアニアのマライタ祖語 *maa)、*pusəj、*iwak、*qumbi、*pa(n)daŋ、*əsuŋ、(*Ra(ŋ)kit>) *Rikat、*tapiq、*inum、*taŋis (前鼻音化形 *naŋis)、*dakəp、*patay であることからも分かるように、音韻と意味の両面での対応からみて、もはや疑念の余地がない。

なお、オーストロネシア祖語の語末子音は、オセアニア祖語、古代日本語でともに脱落するか、母音が添加されて開音節化するかの傾向があることだけを指摘しておく。

9.2.2. アソ

この時期に加わった語彙のなかには、現在、地名としてのみ残るものもある。噴煙をともなう火山に多い阿蘇(『和名抄』肥後国)には、いろいろの外国語語源説があるが、それらはすべて付会であり、崖地、崩壊地のこと(『古地辞』)とする強弁にもかかわらず、オーストロネシア祖語形 *asu「煙」を語源とする説を音韻的、意味的に否定しさることは困難であろう。なお、南洋方面の aso, asap「煙」と関係があるらしい(『地辞』)とも言うが、これらはそれぞれ「煙」*asu (PAN)、*qasap (PWMP) を指していると考えられる。しかしこの二つの形は、タガログ語で asó「煙」と asap/hasap「煙の刺激」で区別され、別語となる。

9.3. ヨネ期(縄文時代晩期〜弥生時代初期)

5.1. の 05 で明らかにしたように、日本語のヨネ「米」は、PAN *qən[a/ə]y (POC *one/*qone)「砂、砂利」に由来することが明らかである。

9.3.1. ヨネ、ヨナ・ユナ

現在の沖縄各地の地名となっている、ユナくに「与那国」、ユナみね「与那嶺」、ユナばる「与那原」などの与那は、すべて「砂」を意味したと考えられる。またユナは、ユニの複合語形であり、表 11 で見たように、ユナは A 群のユニに対する B 群形である。地名ヨネは日本海側に広く分布し、「砂地」を意味する。ただし、桐生市菱町の米沢(ヨネざわ)でも、ヨネは砂のこと(島田 2000)である。このような事実は、ヨネの最初の意味が米であったという思い込み

への反例となる。砂には小粒、大粒があり（上代日本語には、イサゴ、マサゴ「細砂」という語があった）、後者は現在、砂利と呼ばれるが（英語では、sand, gravel, pebble のように区別する）、日本語ヨネも琉球語と同じく、もともとは「砂、砂洲」の意味であったことが知られる。それは、ヨナが、単独の形ではあるが、「火山灰」（熊本）を意味することからも分かる。また、ヨナが魚のコノシロ（*Konosirus punctatus*）を意味する（静岡・浜名湖）のは、コノシロが砂地を好んで棲むことからの意味変化で、原意が砂であることを証明する。日本語では、現在、米はヨネとも読まれるが、ヨネは地名や人名に残るのみである。書かれた証拠としては、『正倉院仮名文書』や『和名抄』に「与禰＝米の穀実」yönëとあり、『名義抄』でもイネノヨネは「米の実」を意味していた。なお、穀実を意味するヨネが「神仏に供える米」（岩手・気仙）、「稲・粟・稗の皮を取り除いたもの」（長野・下伊奈）のように、方言として残る例も存在する。南西諸島から西日本にまで移動し、すでに定住していたオーストロネシア語族が、縄文時代末期に渡来したイネの穀実を「砂」に見立て、このように比喩的に命名したのである。米粒を砂粒に見立てる意味変化が、インドネシアパプア州のオセアニア諸語トバティ語 xiš「砂＝米」でも起こっているのは、日本語に現われた意味変化とも共通していて興味深い。

　ヨネを地名にした例には、上代では与禰（『和名抄』佐渡国）があり、現在も日本海側に多く分布している。そのほか、ヨネ、ヨナ（複合語形）は、ヨナふ（ヨネふ？）「米生」（『和名抄』筑後国）、ヨネた「米田」（『和名抄』美濃）が記録として古く、『日地辞』には、ヨナい「陸中・米納、備後・米内」、ヨナこ「伯耆・米子」、ヨナつか「肥後・米塚」、ヨナはる「肥後・米原」がある。またヨネとして、ヨネお「筑後・米生」、ヨネかわ「周防、伯耆・米川」、ヨネくら「越後、甲斐・米倉」、ヨネこ「信濃・米子」、ヨネさき「陸中・米崎」、ヨネさわ「羽前・米沢」、ヨネしろ「羽後・米代、米白」、ヨネた「播磨、美濃・米田」、ヨネつ「三河、遠江・米津」、ヨネつか「肥後、岩代・米塚」、ヨネはら「上総・米原」、ヨネまる「加賀・米丸」、ヨネもと「下総・米本」、ヨネやま「越後、岩代・米山」などが収載されている。

　図 13 は、『古地辞』『日地辞』をもとに作成したヨネ・ヨナの分布図である。ヨネが複合語として現れるのは新造語である可能性もあるが、九州から日本海側にかけての地域に比較的集中していることが分かる。このヨネ・ヨナ（琉球諸方言でユニ・ユナ）の分布は、弥生時代初期に、すでに日本海側から東北地

9.3. ヨネ期（縄文時代晩期〜弥生時代初期） 231

[図 13] 地名ヨネ・ヨナの分布

方にかけて達していた稲作文化（佐原 1987:236）の軌跡と符合している。このことは、イネの穀実が、「砂」から意味変化したヨネという言葉とともに、伝播していったことを意味する。

　地名のイナ・ヨナ、ヨネについて、『古地辞』と『地用辞』の説明には注目すべき点がある。まず、地名のイナ「伊那、伊奈」を、ヨナ「砂地」の転であるとみる（『古地辞』）ことについて。イナの語源については、『地語辞』以外、大小の国語辞典にはまったく言及がない。しかし、ヨナが転じてイナとなるという『古地辞』の語源説は、音韻変化的な妥当性を欠いている。一方、『地用辞』には、ヨネさわ「米沢」、ヨネしま「米島」、ヨネの「米野」などの地名は、米では説明できず、ヨナからヨネへの転訛とみざるを得ないという指摘がある。そして、これはさらに重要であるが、ヨナ、ヨネは「砂地」に対する地名で、その裏には米への連想もあったという『古地辞』の指摘である。ただし、イネの成育に適さない砂地ゆえ余計に収穫が願望された、などという説明は愉快な憶測にすぎないが、砂から米へという意味変化からすれば逆になるものの、『古地辞』のこの推定は、はからずもオーストロネシア語「砂」語源説を支持するものである。

9.3.2. ウル

同じ比喩の発生は、日本語のウル「粳」にも認められる。ウルは、琉球語諸方言で「礫、砂利」を意味するウルと語源的に同じであるが、琉球語の意味が原意である。なお、5.1. の 09 を参照されたい。首里方言ウル (ʔuru) は「珊瑚礁片」を意味し、御嶽や火之神の香炉の側に置く聖なる砂とみなされ、シナ (sina) は「海岸の砂、砂利」、ユニ (juni) は「シナの雅語、コメ」のように区別される（『首方デ』）。

ウルは、地名としてウルか―「宮古島・砂川」や微小地名としてウルびし「サンゴ礁の干瀬」（沖縄・平安座島）（関 2011:53）などに残る。琉球の古称ウルま「宇流麻」も、ウル島が語源である。異説ではウルを鬱陵島にこじつけるが、地名の語源として地域的一貫性を欠く。ミクロネシアのチューク諸島では piis/ppi（その複合語形 pisi, pise, pisa, -pis）「砂、砂場」をともなう地名が多いが（Goodenough 1966:99–101)、ポーンペイでも pihk「砂」に由来する pik- を地名に付けた例が多く見られ、このような琉球諸語と共通する命名法は、両地域の関係を示す証拠としても重要である。

9.4. ハヤト期（古墳時代）

これまでハヤトの語源は不明であった。しかし、ハイ・ハエが南、南風を意味するオーストロネシア語由来の言葉であったとすると、次に述べるようなハヤトへの語源解釈が成立する。最も遅く日本列島に達したオーストロネシア語族は、古墳時代以降の熊襲・隼人であった。この南九州の異民族である隼人への呼び方としては、すでに説明したように、ハヤヒト、ハヤトのほかにハキトという呼び方も行われていた。ハキトはハヤヒトから変化したと説明されるが、むしろハキが古く、ヒト「人」の複合語形トと複合語ハキトを形成したと推定される。ハヤヒトのような音韻変化が起こったのは、表 11 で説明したように、基本形と複合語形との間に発生する母音変異から類推した結果である。なお、*tawu (4.6.57) を参照されたい。

隼人は、南九州の一部である大隅・薩摩を占めたにすぎない少数民族で、大和政権からみれば、まさに文化的、言語的に異なるハヤト「南の（異）人」であった。隼人が服属をしはじめたのは 5 世紀前半以降、確実な記録は天武 11 (682) 年 7 月とされる（青木ほか 1982:358）。隼人が自称ではなく他称であったことも、この解釈に有利である。隼人の吠声（はいせい）というのは、意味不明の言語の印象を

そのように表現したのである。
　なお、「阿多」隼人をフィリピンのネグリト系アエタ人（Agta/Ayta）に当てる説（金関・大林 1975:312）は、音形の類似はともかく、海洋的性格をもつといわれる阿多は、山岳の焼畑農耕民族アエタ人とは相容れない。とはいえ、フィリピンのネグリトも3万年前に南アジア方面から移動してきたのであり、フィリピンの主要な民族とは当然ながら異なる遺伝子をもつ。アエタ語はマライ・ポリネシア諸語に分類される言語で、ルソン島西部を中心に分布し、大小10言語からなる。
　ハヤトはオーストロネシア語族の後裔ではあったものの、縄文時代後期以降に西日本一帯に達し、日本語の形成にも大きな役割をはたした先人の時代からは、歴史的、言語的状況はすでに大きく変化していた。現代の日本語の母体となる言語は、複数の言語の混合を通じてすでに出来上がっていた。隼人の言葉が日本語の形成に影響を与えることは、もはやなかった。また、水田稲作を中心とする文化圏がすでに成立していたが、彼等はそれにも十分なじみきれなかったらしい（井上 1978）。乏しい言語的情報のなかで、わずかに熊襲・隼人の地名と人名が残されているばかりである。熊襲の人名「鹿文（かや）」については、1.4. ですでに述べた。

9.4.1. クシラ

　隼人語の地名として、『大隅國風土記』逸文中の郷名とされているクシラ「串ト、久西良」とヒシ「必至」がある。前者の原文注記には、久西良は隼人の俗語で、「髪梳＝髪を梳る」を意味したとある。この語に対して、オーストロネシア祖語の *sisir「櫛」を当てる試みは、すでに村山によって行われているが、クは接頭辞かもしれない、あるいは櫛ラかもしれない（1975b:252）と言い、その分析は不十分であった。西部マライ・ポリネシア祖語からの変化については、*sisi[r]（4.6.82）を参照されたい。

9.4.2. ヒセ・ハシ

　次に、隼人語の必至は、『万葉集』（14:3448）ではヒジ「比自＝洲」と書かれ、またこの語が琉球・首里方言のフィシ（hwisi）、宮古島方言のピシ（pisi）「暗礁」にあたることがすでに指摘されている。宮古・池間島の北東5–22キロメートルに広がる珊瑚礁群は、八重干瀬（やびじ）と呼ばれる。必至の語源を干瀬、

干洲とみることについて、必が甲類のヒであるのに対し、『万葉集』(5:798)の「飛(＝干)なくに」(乾かないのに)の干の読みに当てられた飛からみて干は乙類であり、甲類の必と一致しないと村山は言う(1975b:253)。しかし、干瀬の奈良時代の用例はないため、奈良時代以降の甲・乙類の区別がなくなった仮名遣いからすると、村山説は時代錯誤となる。要するに、干瀬は後世の当て字である。また、地名の「切り立った断崖」を意味する菱や比志と同じとみなす(『地用辞』)のは、地形からしても無理であろう。hwisi は「潮の退いたとき、水面に現れる部分」であり、地形的にも崖や斜面とはおよそ関係がない。このヒセを、マレー語の pasir「砂、砂洲」に当てる説は従来から試みられている(新村 1971:21)。しかし、pasir の祖語形である *pasiR (PWMP)「砂」に対し、泉井(1975:217–218)は、*pa- の a とヒーの母音との対応に問題があるとし、*pasiR から意味変化的に起こり得るのは、むしろ「橋」であるとする。確かに、沖縄・勝連半島沖の平安座島は現在、海中道路で対岸と繋がっているが、hwisi が出現すると4キロメートル離れた対岸の屋慶名海岸から砂州を橋代わりにして渡って行ける。同じ現象が、鹿児島・錦江湾の田良浜と知林ケ島の間で3–10月の干潮時に起こり、地続きとなる。このような砂州は、地理学では陸繋砂州またはトンボロ(イタリア語 tombolo)と呼ばれ、日本国内では知林ケ島ほか8か所が知られている。また、砂州が成長し陸続きとなった陸繋島は和歌山・潮岬ほかにあり、その数はさらに増える。ただし、ヒセの語源としては、母音変化から、*(ka-)pəsik (PAN)「砂」(Wurm and Wilson 1975)にむしろその可能性がある。また、このヒセとセ「世＝瀬」『万葉集』(5:855)、セー「湍＝早瀬」『名義抄』との語源的関係も、『万葉集』に両形がすでに出ているように、明らかでない。

9.4.3. トカラ

トカラ列島は、薩南諸島の屋久島と奄美大島の間に位置する12島を指し、7島の有人島のほかは無人島である。吐噶喇と当て字され、『続日本紀』(文武3［699］)の「度感」が最古の記載例とされる。ただし、『日本書紀』の孝徳5(649)には、「吐火羅国の男二人女二人、舎衛の女一人が日向に流れ来たり」とあり、また斉明3(657)にも、「覩貨邏国の男二人女四人が筑紫に漂着した」とある。この吐火羅に対しては、フィリピン・ルソン島のタガログ人説(Tagalog は *taR-aluR［PWMP］「水路を占拠した」が原意であるが、自称か他称かは不明)が、また極論として、アジア大陸奥地の西域トハーリスターン、中国史書で吐

火羅国（覩貨邏国）と呼ばれる国に当てる伊藤義教説がある。同様の事例は、雲南（島根）という最近つけられた市名もあるが、日本の「中国」「東北」「山陰」地方をはじめとして、青島（愛媛、宮崎）、天津（千葉、大分）、海原（大分）、青海（東京）、金山（愛知）、河南（宮城・現、石巻）、湖南（滋賀）、山東（滋賀・現、米原）、城陽（京都）、中山（千葉、兵庫）、旗山（徳島）、平泉（岩手）、福山（広島）、眉山（徳島）、さらに三文字では赤城山（群馬）、太白山（宮城）、白水山（静岡）、和田川（富山）など由来の古い地名が多数あり、書記法が同じだからといって、中国との関係を逐一詮索することにどれほど意味があるだろうか。覩貨邏も、日本式の読みに与えられた漢字が、彼の国のそれと偶然一致したにすぎないと考えられる。舎衞（サヱ？）には、フィリピン・セブ島のビサヤ説（Bisaya？は、サンスクリット語 vaiśya-「カーストの第3位」からの借用語説があるが、西暦7世紀はインドの影響がフィリピンに及び始めた頃になる）があるが、推定の域を出ない。注目しなければならないのは、琉球という名称が7世紀の『隋書』（巻81 列傳第46 東夷）の流求國條を最古の例とすることであるが、この流求は、福建省の東海上に位置する島嶼であるとしか分からない。また、元の『文献通考』（延祐4［1317］）の琉球は、台湾と沖縄を混同している。7世紀から13世紀まで、台湾、沖縄そして奄美は小勢力の割拠状態にあり、7世紀に大和の中央政権が琉球国の地勢や所在を正しく認識していたとは考えられない。トカラ列島は大和文化と琉球文化が交錯する地域であるが、15世紀以降、尚真（在位 1477―1526）の治世から薩摩軍の侵攻（1609）まで発給されていた、首里城に君臨する琉球国王の統治権の及ぶ範囲を示した古琉球辞令書では、奄美29、沖縄31、先島1の合計61地点が確認されている。しかし、そこにはトカラ列島は含まれていない。これについて高良（2004:17）は、琉球が薩摩・幕府の支配を受け、その権力に従属している実態を対外的に隠蔽するための隠語としてトカラ・宝島が用いられたこと、そして18世紀の史料に登場するトカラ・宝島は、トカラ列島を指すのではなく、もっぱら薩摩と（琉球と）の関係をカムフラージュするための用語（両義的地域、崎山注）として用いられたと述べる。

　トカラは、オーストロネシア語系の言葉を語源とする。俗説の「沖の海原」を指す「トハラ（遠い原？）」語源説は、意味不明である。オーストロネシア祖語では、複合語の *təka-lahud であり、直訳的に「（貿易風が）外洋に至ること」、すなわち、本州側から見て「貿易風の吹く方向」を意味する。古ジャワ語では、təka-lod「海来」となる。オセアニア祖語形では *tokalau となり、サモア

語 toʻelau「5 月から 10 月に北東・東から東南東にかけ吹く風、貿易風」のほか、フィジー語 tokalau は「北東風、その方向」を意味する。また現在、ニュージーランド領の島嶼群であるトケラウ諸島は、トケラウ語の tokelau「北風」が語源である。貿易風は亜熱帯から赤道へ恒常的に吹く東寄りの風であるが、地域によってこのように風位がずれる。このオセアニア祖語形が、古代日本語 *tokara となり、「夏、南東方向から吹く貿易風、その風が吹く方向」を意味する語として上代日本語に継承され、トカラに覩貨邏という漢字を与え（また、いっそう不正確な、度感という文字でも書かれ）、当時まだ的確な情報が欠如していた琉球国全体を漠然と指して使用されたと考えられる。上述したように、トカラ列島はもともと琉球国の北限の領土であった。現在、無人島の横当島は、幕末（1881–1885）に琉球国久高島、奄美・大和浜の漁民が漁労活動をしていたことが知られ、那覇の壺屋窯産荒焼の破片が採集されている（新里 2015）。とくに注目したいのは、上に紹介した『日本書紀』（斉明 3）の、吐火羅国の男女が筑紫に漂着する前に「海見嶋に漂い泊まった」とある点で、この島が琉球（沖縄）から九州への海路に位置する奄美大島であることは疑いを入れず、この漂流者たちが琉球国出自であったことを裏付けている。奄美は、『日本書紀』（天武 11 [682]）では「多禰人・掖玖人・阿麻彌人にそれぞれ禄を賜った」として記録されている。奄美群島が日本の領域と「みなされる」のは中世以降と言われるから（とはいえ、琉球国がすでに統治していたから領土侵犯である）、この阿麻彌人は現代風に言えば異国人であったことになる。なお、アマミの語源については、5.5. を参照されたい。

9.4.4. ヤク

屋久島のヤクの語源は、*i-qagu「クワ科フィクス（イチジク）属アコウ（*Ficus superba* var. *japonica*）が生えるところ」> 古日 *i-aku > 上日 yaku に由来する。場所の接頭辞 *i- については、第 6 章 06 の f および次の 9.4.5. を参照されたい。現在も、屋久島の西部海岸の照葉樹林帯には、300 個体ほどのアコウが群落する（5.6.01 を参照）。『古地辞』は、『続日本紀』のヤク「掖玖」に対する吉田東伍の『隋書』「夷邪久」説を否定する一方、南方語に起源を求める説に信ずるに足るものは一つもない、と独断的見解を述べている。なお、上記のハイ期アソ（9.2.2.）も参照されたい。

9.4.5. イをともなう地名

注目したいのは、『魏志』倭人伝 (中華書局本 1959) に記された、邪馬台国 (女王、卑弥呼) が支配する、遠く離れた (遠絶) (南に位置する先住民の諸国の、崎山注) 21 国のうちの 4 国が、已百支 (いわき)、伊邪 (イや)、為吾 (イご)、邪馬 (やま) のようにイをともなうことである。邪馬は邪馬台と同じ文字が使われているが、イあま (海人、海部?) かも知れない。また、邪馬台国の長官名は伊支馬 (イしま) とあるが、これは地名から転じたとも考えられる。ただし、対馬国から邪馬台国までの 6 国のなかにも、一支 (イき＝壱岐、長崎・壱岐島)、伊都 (イと＝怡土、福岡・糸島を含む国) というイの付く国名があるが、南下するにつれてその数が増えている。これらが、現在のどの地域に当たるのかは分からないが、邪馬台国が存在したのは弥生時代後期から古墳時代にかけてである。この時期は、すでに 9.4. でふれたハヤト期と重なり、オーストロネシア系地名の最古の具体例とみることができる。倭人伝に述べられた倭人の文化は、骨占いのような北方系の要素はあるものの (第 2 章のフトマニを参照)、服飾、航海儀礼、王権、刑法にいたるまで、とくにインドネシア諸民族に多く見られる海洋的色彩でおおわれている、と大林 (1985:265–275) は指摘する。そして、これまで指摘されなかった地名イの分布から判断する限り、その起源はオーストロネシア系であって、邪馬台国の位置問題について、それは九州にあったとする説を支持する事例ともなる。

隼人は、すでに成立していた日本語と直面しながら、居住地とした南九州から琉球にかけて、イを語頭にともなう地名を多く残すに留まった。南九州の大隅には伊佐、姶良、伊佐敷、市成、薩摩では入佐、市来、入来、蘭牟田、伊集院、出水、納薩、伊作、揖宿、伊敷のような、イをともなう地名が残されている (金関 1955:123)。

九州からの例では、イきさ「生佐」(『和名抄』肥前)、イくは「生葉」(『和名抄』肥後)、イさく「伊作」(『和名抄』薩摩)、イたひき「板曳」(『和名抄』筑前)、イたひつ「板櫃」(『続日本紀』豊前)、イちく「市来」(『延喜兵部省式』薩摩)、イふすき「揖宿」(『和名抄』薩摩) などが、すでに古地名として記録されている (『古地辞』)。

さらに、琉球 36 島のうち 28 島にまで、イをともなう地名がある (大林・埴原 1986:229)。申叔舟『海東諸国記』(成宗 2 [1471]) の琉球国図では、現在の伊平屋、伊是名、伊江が、それぞれ、恵平也、伊是那、泳と記されている。

このイは、オーストロネシア祖語(オセアニア祖語)の、場所の指示詞 *i と関連する小辞で、台湾の蘭嶼、ミクロネシア西部のマリアナ諸島、フィリピンにかけての地名に多く用いられる。蘭嶼では、イモウルド「紅頭(漢名、以下同様)」、イラタイ「漁人」、イラヌミルク「東清」、イラライ「朗島」、イヴァリヌ「野銀」、イワタス(漢名不明)(金関 1955:123)、グアム島では、現在、東南部の I-narajan のほか、古地図(1752)には島の西北部に I-napsam という地名が見える。フィリピン北部では、バタン列島に I-bayat (I-tbayat) 島、I-bugos 島、バタン島に I-vana 町、ルソン島北部に、I-fugao 郡、I-ligan 岬、I-lagan 町、I-locos 州、I-mugan 村、I-naklagan 村、I-napuy 村などのように、i- ではじまる地名が散見する(『南地辞』)。そして、*i に由来する場所の小辞 i を地名に付ける例は、西はマダガスカルの I-vato「石のあるところ」(国際空港のある場所)、I-vohi-be「大きい丘のあるところ」、I-kongo「南京虫のいるところ」(kongo はバントゥー語からの借用語)、I-fasina「砂のあるところ=いさご(川崎・砂子と同例)」などから、東はメラネシアのソロモン諸島やヴァヌアトゥ共和国にまで及んでいる(Tryon and Gély 1979)。

　日本列島においても、イで始まる地名がより広範囲に分布している可能性がある。地名イの分析方法について、ある論者は、単純計算では日本語の母音「ア、イ、ウ、エ、オ」のうち、5分の1がイで始まる可能性があるから、例えば「伊香保」を i-kaho と切るのは恣意的である(土田 2002:109)というコメントをするが、私にはその意味が理解できない。地名という対象に限定して日本語とオーストロネシア諸語との比較をしているのであり、地名イについて「そう言えばそのようにも切れる」というような、無原則な比較をしているのではない。したがって、5分の1などというのは妄想であって、実際に地名に該当するイは、そのうちの何千(あるいは何万)分の1にしかならないであろう。

　『古地辞』では、『和名抄』のほか『風土記』『日本書紀』『続日本紀』『延喜兵部省式』などにおける記載例から、次のような地名における語頭のイを、接頭語または発語のため添えたか、と推定している。

　イかた「武蔵・膽形」、イくし「美濃・生櫛」、イくた「摂津・生田」、イくは「淡路・育波」、イくはべ「播磨・的部」、イくま「出雲・生馬」、イくら「長門・生倉」、イくれ「越後・勇礼」、イこま「下野、大和・生馬、胆駒」、イさわ「陸奥、甲斐、上総、志摩・石禾、伊雑、膽沢、禾生」、イす「壱岐・伊周」、イたきそ「紀伊・伊太岐曽」、イたく「常陸・板来」、イたち「播磨、阿波・印達、射立」、

イチひはら「山城・櫟原」、イづも「山城・出雲」、イな「信濃、対島・伊那、伊奈」、イなき「尾張、出羽・稲木、稲城」、イなほ「武蔵・稲直」、イなみ「播磨・印南」、イなめ「長門・稲妻」、イぬ「出雲・伊努」、イぬかみ「近江・犬上」、イの「出雲・伊農、伊努」、イひ「美濃・揖斐」、イふか「美濃・揖可」、イふく「遠江、尾張、美濃、大和、備前、安芸・伊福」、イふり「紀伊・揖理」、イほ「伊実、参河、周防・伊保」、イまり「安芸・今有」、イやま「相模・伊山」、イゆ「但馬・伊由」、イりの「常陸・入野」、イわ「播磨・伊和」など。また、イヲ「魚」で切るべきかも知れないが、イをの「越後・魚野」、イをすな「備中・魚緒」などがある。

　これらの多くが地名イの接頭辞を継承しているとすれば、オーストロネシア語系の場所の指示詞 *i は、ほぼ全国に広がったことになる。とくに、イが、イくま(隈)「山ぎわに入りこんだ地」、イくれ「石ころなどがごろごろしたところ」、イさご(砂子)「まさごのあるところ」、イせ「瀬のあるところ」(伊勢平野は海岸平野から発達した)、イせき「堰」、イなほ「まっすぐな地」、イなめ「滑らかな地」、イふけ(泓)「湿地」、イやま「山のあるところ」、イわ(廻)「川の曲流、山の縁辺の回ったところ」などのように、場所を特定するための接頭辞として解釈されていることは、その強い証拠となる。とすれば、これらの地名のなかには、ハヤト期以前の、ハイ期のオーストロネシア語族によって命名されたものも含まれると考えなければならないであろう。ただし、地名の語根までがオーストロネシア語系であると証明される例は少ないが、イさわは *i-*sabaq (PMP)「沢、湿地、渓谷のある場所」(5.1.06 を参照)、イたには *i-*tanəh (PMP)「低地のところ」(4.2.f を参照)という意味で、語形全体がオーストロネシア系語彙ということになる。

日本語とオーストロネシア諸語の「特異な対応」

* 第 10 章 *

　「まえがき」や第 1 章でも述べたとおり、言語の系が、他の自然科学的、文化的要素の系と平行しなければならないという、何の必然的理由も存在しない。とはいえ、言語と文化の個性的な関係は、とりわけ語彙面において文化が色濃く反映されることになる。「言語は登録ずみの文化項目」(梅棹忠夫) とも言われるのは、この意味においてである。それにもかかわらず、言語間では、独特の表現様式が局地的に共通して現れることがある。このような形態論における「特殊な表現様式」'faits pariculiers' が、言語の歴史においてもとの言語と後の言語との間に連続性があることを証明するために有効である (1977:52–57) と述べたのは、メイエである。日本語史におけるそのような具体例として、上代以来の「係り結び」が系統問題の解明につながる表現様式の一つではあるまいかと泉井は述べた (1976:348)。つまり、このような表現様式をもつ言語が日本語の周辺にもないかという主旨である。しかし、これに反応するかのように大野 (1977) は、「満ちぬる潮か」と言わないで「潮か満ちぬる」と言い、「秋津島やまとの国はうまし国ぞ」を「うまし国ぞ秋津島やまとの国は」と言うのは、強調表現とするための倒置法に原因があり、世間では倒置法であることが忘れられ、ただ形式的に「ぞ、なん、や、か」の下は連体形で結ぶことになったのだと説明した。これが正しいとすれば、「係り結び」は日本語内の修辞上の問題であり、他言語との比較のための特殊な表現法たり得ないことになる。

10.1.　二重主語文

　泉井はまた、「特異な事実」に該当する現象として、「二重主語文」をあげ

た。泉井は、二つのタイプの二重主語文、すなわち属性的と属能的を区別した(1967:150–152)。前者の所属関係(「象は鼻が長い」タイプ)にはさまざまな相があることも指摘されているが(高橋 1975)、確かに世界の言語に広範囲に見出されるタイプであり、また第1、第2の主語が反転可能(「鼻は象が長い」)な場合が多い。それに対して、「私は英語が嫌いだ」タイプは反転(「英語は私が嫌いだ」)が不自然になるだけでなく、目的語を主格で表す能格的表現に比することもできるところから属能的と呼ばれる。ただし泉井は、「…が嫌い」の「が」は、決して能動的・恣意的(われわれの意に従う)な名格的な「が」ではないとも説明している。後者の二重主語文は、ミクロネシアのパラオ語、フィリピンのタガログ語などにおいて、好き、可能、希求、義務、またミクロネシアのチャモロ語では、好き、言う、あるを含む表現に限って、通常の動詞をともなう構文とは異なり、それぞれの名詞相当語に所有接尾辞を付けて名詞句とする点で共通する。「私は英語が嫌いだ」のような属能的タイプは、それぞれの言語で次のように言う。

〈チャモロ語〉
Ni ya-hu na Engles.「否定・好き-私の・補語マーカー・英語」
Guaha familia-hu.「いる(ある)・家族-私の＝私には家族がいる」

〈パラオ語〉
Ng chet-ik [ʔətik] a tekói er Ingklís.「それ・嫌い-私の・句マーカー・言葉・の・英語」

〈タガログ語〉
Ayaw-ko/Ayo-ko ang Ingles.「嫌い-私の・主格マーカー・英語」

タガログ語では ayaw のほか、ibig「好き」、nais「欲しい」、kailangan「必要な」、puwede「できる」(スペイン語 poder「できる」の 3 人称単数 puede の借用語)など、行為者が斜格に置かれ、名詞句のような扱いを受ける。これらの品詞は、「動詞もどき」'pseudo-verb' と呼ばれることもあるが、文には動詞が存在するものという固定観念に基づいた分析である。

日本語でも、「好き、できる、欲しい、ある」を用いる表現方法は、「は…が…」構文となり、通常文から外れた形式をとる点で一致し、日本列島に直結するこれらの地域で、今なおこのような特異な平行性が見出されるのは、言語系統的

にも重要な事実と言わねばならない。このような表現は、北方の言語ではどうなっているのであろうか。特定の語彙群にこのような表現が現れるのは、能格性とは別の意味論的な原理が働いているためであろうと思われる。

10.2. 音韻

インドネシア東部からミクロネシア・ルートを通って琉球の八重山方言にいたる言語には、現在、語末に「無意味の鼻音」'excrescent -ng' を添加する現象が見出されることが多い。しかし、琉球諸方言におけるその機能は明らかでない。

首里方言の動詞末 -ng/-ŋ ([-N] とも表記される) に対して、文が終止する息の段落には発音器官が休息の状態にあり、-ng が現れるという説 (服部 1959:347–348) もあるが、このような限定された環境における微視的説明だけでは不十分であろう。まず、首里方言の動詞終止形語尾 -N (宮古島方言では -m) は、日本語の語末の -mi が首里方言で ʔama-N(-cu) (アマミ [キョ] = 琉球神話における開闢神、阿摩美久『中山世鑑』[1650])、ʔuga-N(-ju)「拝み (所)」、ʔurizu-N「潤い初め=旧暦 2, 3 月」、maaji-N「真キミ (黍)」、tama-N「ハマフエフキ」(*Lethrinus nebulosus*) (熊本、大阪方言などでタマミ)、sira-N「虱」、kaga-N「鏡」などのように -N で音韻対応することから、語源的に *-mi に由来することが考えられる。ただし、首里方言では例外があり、動詞以外の 2 音節語「耳」「海」「波」などは、それぞれ、mimi, ʔumi, nami (『首方デ』) となる。この *-mi についての、琉球諸方言の疑問形の語尾 -mi (例えば、首里 kanu-N「食べる」に対する kanu-mi「食べるか」) の日本語との対応は、意志・希望・推量などの助動詞「む」(見む、起きむ、有らむ、など) と同源である蓋然性が大きいという説 (服部 1959:57) は、-mi と -mu の母音が対応していない以上、成立しないことは明らかである。この動詞語尾の問題は、第 2 章で詳しく述べた。

この -ng はもとは冠詞であったという説もあるが、これは古ジャワ語、タガログ語の ang「主格マーカー」、パラオ語の a「句マーカー」などに対する、「斜格マーカー」-ng/nang などとの関係が考えられるからである。語末、文末の -ng は、インドネシア東北部のサンギル語 (5.5.3. を参照) のほか、ミクロネシア西部のパラオ語では martilió-ng「槌」(スペイン語 martillo)、biá-ng「ビール」(英語 beer)、stoá-ng「店」(英語 store)、また ak mo məngá-ng.「私は食べる (məŋga) だろう」のように、語末と文末の母音の後で通常現れる (Josephs 1975:14)。八重

山の波照間方言でも、sïkï-N「月」、pato-N「ハト」、guma-N「ゴマ」、kutsu-N「こぞ」などのように、語末に -N が現れる。言語類型地理論的（地域類型論的）にみても、橋本萬太郎が言う与那国方言の音韻組織（無声無気音：無声有気音：有声音）は、中国大陸の閩語に限定される（橋本萬 1978:28–29、1990:324）だけではない。与那国方言を含む琉球諸語に見られる 3 母音基本型の音韻組織はフィリピン諸語と共通すること、またこのような語末鼻音は、南方のオーストロネシア系諸言語に連続する特徴であることにも注意しなければならない。

村山は、このンの一部は何らかの理由で後に添加されたものであり、一部は古い状態を保っている（1981:88–91）と言い、波照間の pa-N「歯」はオーストロネシア祖語 *baRaŋ に由来するとみる。しかし、この *baRaŋ 起源には、音韻変化からみて私は賛成できない。なおこの問題については、4.2.04 および 4.4. を参照されたい。

オーストロネシア語族のなかでも、このような語末の -ng 現象が出現するのは、上記の限られた地域だけである。ただし、この現象はパプアニューギニア・ニューアイルランド島のクオット語でも認められるが、言語系統上はパプア語系とされるこの言語も、周囲を完全にオーストロネシア語族に取り囲まれていることに起因する言語接触の影響と考えられる。

10.3.　形態

「芸者が宵にはいろうが、はいるまいが、僕の知った事ではない」漱石『坊ちゃん』(岩波書店 1967)

「(督促された出前が言う)「いま出るところ」には無限ともいえる持ち時間の幅がある」東海林さだお『トンカツの丸かじり』(文藝春秋 1995)

「明けがた近く疲労のカタマリとなってぶったおれて眠る、作家とはそういうものだ、と考えていた」「この飛行機離陸状態になれる装置みたいなもの」椎名誠『ぼくは眠れない』(新潮社 2014)

とくに珍しい例ではないが、上の文に見られるような、「こと」「ところ」「もの」に相当する機能をもつのが、オーストロネシア祖語の接尾辞 *-an である。マレー語の例でみると、『名義抄』のキモノクヒモノ「衣食」は pakai-an dan makan-an「着物と食物」(それぞれ、pakai「着る」、makan「食べる」の派生語) と対

応し、そのほか、kampung「村」・kampung-an「田舎者」(「村人」は orang kampung と言い、日本語と同様、kampungan は卑下的)、masuk「入る」・masuk-an「入ること、入力」、bonceng「相乗りする」・bonceng-an「相乗り」、asli「元の」・asli-an「先住民」、tahu「知る」・ke-tahu-an「知ったこと」のように具体、抽象を問わず、名詞を派生する機能がある。『名義抄』にある、ウタフルコト「訟」、オホヤケコト「天事」、アシキモノ「耶鬼」、タマヒモノ「賜」という例は、マレー語ではそれぞれ、tuntut-an「告訴」、peng-umum-an「公告」、ke-jahat-an「邪悪」、pem-beri-an「贈答」となる。また、『名義抄』のアエモノ「肖與＝似るもの」は tiru-an「模造品」、ヤキモノ「燔＝焼く、炙るもの」は (ke-)bakar-an「火事」で、少しニュアンスが異なる。またマレー語 -an には、buah「個々の果物」・buah-buah-an「果物（総称）」のように「同類」を表す機能があり、『名義抄』のカイツモノ「貝＝貝類」は、マレー語の kerang-kerang-an「貝類」の -an と機能的に一致する。これは、日本語の「光」に対する「光りもの＝真鍮、銅」、「熱い」「和える」に対する「あつもの（羹）に懲りてあえもの（齏）を吹く」のモノと同じであり、この「もの」に対する「具体的物体の総称」という説明（吉川武 2003:9）には物足りなさを覚える。さらに、マレー語では pergi「行く」によって Ayahku mau be-pergi-an.「私の父は行こうとしているところ（だ）」のように名詞句を作り、実際には「こと、もの、ところ」を表す日本語の形式名詞とほぼ等しい働きをする。次に、古ジャワ語（『マハーバーラタ（アディパルワ）』から）の例をあげる。

  Hiběk-an, tutuknya de ning hrū.「彼の口は矢の満つるところ（である）」
  Tinunggang-an irekang (= ira ikang) kuda.「その馬は彼に乗られるもの（である）」
  Moyag-an ikā çarīranya, kadi dinudut sinundhungakěn.「引いたり押したりされるように、その体が揺れ動く（こと）」

マダガスカル語では、次のように言う。

  A-melar-ana tsihy ny trano.「家はござが敷かれるところ（である）」
  Ity angady ity no ihadi-ana.「この鋤が、掘るのに用いるもの（である）」
  Ny sotro angaroa'ko (= angaro-ana+ -ko) ny vary.「匙は私が飯を混ぜるもの（である）」

このような *-an と等しい機能は、上代日本語の形式名詞にも存在する。こ

10.3. 形態　245

とに下記の『万葉集』の例のほかにも、「すさまじきもの、昼ほゆる犬」(興ざめするものは、昼に吠える犬)『枕草子』のように、「もの」を体言止めで受ける作文が平安時代以降盛んになる。また、4.6.66 でもふれたように、「のもの」(>「んぼ」) という複合語が多く発達している。

　　「きべ人の斑衾に綿さはだ入りなましもの、妹が小床に」(寸戸の人の夜具
　　　まだらぶすま
　　には真綿が沢山入る筈のところ、その綿のように入りたかったな、妹の床
　　に)『万葉集』(14:3354)
　　「天飛ぶや鳥にもがもや、都まで送り申して飛び帰るもの」([天飛ぶや] 鳥
　　になれたらなあ、都までお送り申して飛んで帰るところだった)『万葉集』
　　(5:876)

　接尾辞 *-an は、日本語には伝わっていない。しかし、発達的にみれば、その原機能が日本語では「こと」「ところ」「もの」のような名詞に置き換えられて表現され続けていることになる。オセアニア諸語においても接尾辞 *-an は保持されていないが、パプアニューギニアのヒリモトゥ語 (オーストロネシア語2型) では、名詞の「場所、ところ」*təmpət/*nəmpət (PMP) から変化した noho が、下例のように事態の状況 (吉川武 2003:105) を表す助動詞として発達した。日本語と、対極的に遠く離れたヒリモトゥ語で発生したこのような並行現象は、「三つ子の魂百まで」と言ってもよい。

　　Dahaka umui tahua noho?
　　「何 (dahaka) を君たち (umui) 探している (tahua) (noho ところな) のか」

　日本語の「こと」「ところ」「もの」の機能全体を兼ねる *-an のような形式名詞は、アイヌ語や朝鮮語にも存在しないようであり、「環太平洋言語圏」などという大まかな基準では網にかからない現象である。ただし朝鮮語では、形式名詞の一つである -것 (-kes、精密表記では -gɔs) が日本語「こと」と音が似ていて、その対照研究も行われている。しかしその用法は、-것 が指示詞 ('i、ɰɯ、jɔ。日本語の、こ・そ・あに相当) に直接付く (『言大辞』『朝鮮語』) 点で日本語と異なり、またコピュラ -ita をともなった kes-ita は、「説明、推量」(日本語の、−のだ、−だろう、に相当) の意味しかない (呉・堀江 2013) 点でも、日本語の「こと」とは異なる。日本語の「こと」は「ことば (言葉)」と同じという説もあるが (大野 1974:60)、「ことば」にはなぜ語尾「ば」が付くのだろうか。また川端 (1987:78,

92)は、コトの母音交替(ö = ö/a = a)でカタル(語る)、(ö = ö/u = u)でクツ(口)を示しているが、コトの索引には(言・事)とある。この形式名詞は、ヨーロッパの言語では「支柱語」'prop-word' と呼ばれる用法に該当するが(it is...that 構文で対訳されることもある)、日本語やオーストロネシア諸語のように「常用文形式」'favorite sentence' ではない。

台湾のプユマ語では、-an が道具・場所を表す名詞となるほか、場所焦点形を、また -anay (= -an-ay) が道具・受益者焦点形を作る(土田 1980、『言大辞』「プユマ語」)。タガログ語では、-an が場所重点形式を作のと同じである。また、上の例文で示したマダガスカル語の -ana を含む文法形式は、「態」と呼ぶのには違和感を覚えるが、能動態、受動態に対してこのような -ana 接尾辞をともなった形式を、第3の態として「関係態」または「状況態」'relative or circumstancial voice' と呼ぶ習慣が、19世紀に書かれた文法(例えば、J. Richardson 1885, V. Abinal et Malzac 1888, A. Marre 1894 など)から根付いている。厳密に言えば、態とは動作と動作主、受動者との関わりを示す概念で(『言大辞』の「態」)、マダガスカル語(マラガシ語)の場合は態ではなく名詞句であり、もともと重点形式と呼ぶべきものが誤って解釈されてきたのである。この点で、「態」を「焦点」(行為者、対象、場所)と呼び替え、「状況態」を「事情焦点」'circumstance focus' と解釈したのは(『言大辞』「マラガシ語」)正しい見解である。

次のパラオ語の例では、(*-an >) -(ə)l を接尾辞にする形式は、「予期的状態動詞」'anticipating state verbs' と呼ばれる(Josephs 1975:181–185)。

A blim ng ruóll (= [mə]rúul+əl) er ker ?
「君の家はどこに建てる(つもりのもの=家な)のか」

予期的状態という概念は、日本語の「こと、つもり」が意志を表すと説明される(吉川武 2003:44, 188)点と共通する部分がある。次の例も、それによく当てはまる。

「(期待と不安をともなう意識上の大きな出来事)それは、今年に入ってからチラチラ気がつくようになってきたことである」椎名誠『ガス燈酒場によろしく』(文藝春秋 2015)

次のプユマ語の例は、二項他動詞で間接目的語が主語になったとき、場所焦

点すなわち受益者焦点の文となる例である。土田訳では、「あんたは彼にサツマイモをあげたのか」となっているが、*-an の機能をより忠実に反映させて訳すと、次のようになる。

> Nu veray-anay (= an-ay) na vurasi kanTiw?「彼が (kanTiw)、君が (nu) サツマイモをあげた (もの＝人な) のか」

10.4. 意味

　ここで意味というのは、意味の内包的側面または文化的に規制された意味素性の一致ということで、言語系統を考えるうえでも看過できない部分である。すでに述べたように、日本語とオセアニア諸語におけるアマ「天」とアメ「雨」との連合は、文化的な認識の共通性を示す好例であるし (5.3. の b、第 6 章 06 の i を参照)、阪倉が述べる日本語カナシのもつ多義性 (2011:140–167) も、まさにオーストロネシア諸語の *sayaŋ (PWMP)「哀れ」と発想面での共通性を示す興味深い語である。例えば、マレー語 (インドネシア語) で、

> Saya me-nyayang-kan perlakuan-mu, karena saya me-nyayang-i kamu.
> 「私は君のことを思っているので、君の行いが残念だ」

と言えば (接辞法を駆使した表現では、接頭辞 me- が語幹 sayang を前鼻音化し (-nyayang)、また接尾辞の -kan と -i の使い分けも必要となる)、はじめの sayang は「残念だ、悲しい、惜しい (もったいない)」、後の sayang は「愛する、いとおしい」を意味するという両義性があり、上代日本語にも、

> 「荒れたる京見ればかなしも」(すっかり荒れてしまった古い都を見ると悲しい)『万葉集』(1:33)
> 「妻子見ればかなしくめぐし」(妻子を見れば切なくいとおしい)『万葉集』(18:4106)

のような例がある。マレー語の sayang「惜しい」は、上代日本語のヲシ「惜し」と同じで、ヲシは深い愛着をもつさまをいうのに用いられた (阪倉 2011:168)。また阪倉は、カナシを「愛しい＝いと惜しい」意味で用いるのは東国方言起源とみて、カナシの語源として「かぬ (兼ぬ)」を考えるが (2011:150–158)、首里方言でもカナシャン (kanasjaN) は「かわいい、愛らしい」を意味するから、東

国起源というよりも古代日本語に存在した共通の発想とみるべきであろう。ただし、首里方言で「悲しい」はナチカシャン（＝懐かしい）(nacikasjaN)（『首方デ』）と言い、別語になる。吉田（1976:260–262）は、可怜、慈愛、哀傷を表す感動助詞「かな」に関連があるとする。ここで比較に基づく語源に言及すれば、カナシは *sayaŋ（タガログ語でも、sayang には「もったいない、残念だ」の意味が残るが、「愛する」はない）とほぼ同義語になる *kasiq (PWMP)「同情、同感」にむしろ音形では似ていて、その前鼻音化形 *ma-ŋasiq は、上代日本語のムゴシ「薄情、可哀想」と意味的にも近くなる。しかし、*kasiq からカナシへの変化は、*k-an-asi という接中辞の存在を必要とするが、オーストロネシア祖語に *-an- という接中辞はないので、この点では問題が残る。なお、オーストロネシア祖語の接頭辞 *maN-（第 6 章の表 5 を参照）をさらに分析して、*m-aN- のように接中辞 *-aN- を建てる見解もあるが（『言大辞』「オーストロネシア語族」）、*maN- は *ma- の前鼻音化形であるから、この *-aN- 説に私は従わない。いずれにしても、このような「悲しい＝愛らしい」と表現する両義的心情がオーストロネシア諸語から古代日本語に伝わり、その後も連綿として受け継がれていることだけは間違いない。

引用・参考文献

〈引用辞典類と略称〉

『奄方デ』：奄美方言音声データベース
　　　　　〈http://www.ocls.u-ryukyu.ac.jp/rlang/amm/prof.html〉
『地語辞』：山中襄太 1968『地名語源辞典』校倉書房
『地用辞』：楠原佑介・溝手理太郎 1983『地名用語語源辞典』東京堂出版
『言大辞』：三省堂 1988–2001『言語学大辞典』
『時国辞』：三省堂 1996『時代別国語大辞典（上代編）』
『風事典』：関口　武 1985『風の事典』原書房
『漢和辞』：諸橋轍次 1984『修訂版・大漢和辞典』大修館書店
『古地辞』：楠原祐介・桜井澄夫・柴田利雄・溝手理太郎編著 1981『古代地名語源辞典』東京堂出版
『国学辞』：東京堂出版 1980『国語学大辞典』
『今方デ』：今帰仁方言音声データベース
　　　　　〈http://ryukyu-lang.lib.u-ryukyu.ac.jp/nkjn/〉
『南地辞』：三吉朋十 1942『大南洋地名辞典 1・比律賓』丸善
『日地辞』：吉田東伍 1971『増補版・大日本地名辞書』冨山房
『日方辞』：小学館 1989『日本方言大辞典』
『日国辞』：小学館 2001–2002（2 版）『日本国語大辞典』
『日民辞』：石上　堅 1983『日本民俗語大辞典』桜楓社
『日植図』：牧野富太郎 1980（37 版）『新日本植物図鑑』北隆館
『名義抄』：望月郁子編 1974『類聚名義抄四種声点付和訓集成』（笠間索引叢刊 44）笠間書院
『首方デ』：首里・那覇方言音声データベース
　　　　　〈http://ryukyu-lang.lib.u-ryukyu.ac.jp/srnh/〉

（古文の現代語訳は、『新日本古典文学大系』岩波書店ほかを参考にして、私の解釈を加えている。）

〈参考文献（ABC 順）〉

Adelaar, K. A. 1991 Some notes on the origin of Sri Lanka Malay. In H. Steinhauer (ed.) *Papers in Austronesian linguistics*, No.1, 23–37. Canberra: Pacific Linguistics A–81.

Afriastini, J. J. 1992 *Daftar nama tanaman*. Jakarta: Penerbit Swadaya.

秋道智彌（Akimichi, T.） 1980 A note on Palauan food categories: *Odóim versus Ongráol*.『国立民族学博物館研究報告』5(2): 593–610.

秋野癸巨矢 1974『ミクロネシアの民話』太平出版社。

天野鉄夫 1979『琉球列島植物方言集』新星図書出版。

Ansaldo, U. 2008 Revisiting Sri Lanka Malay: Genesis and classification. In A. Dwyer, D. Harrison, and D. Rood (eds.) *A world of many voices: Lessons from documenting endangered languages*, 13–42. Amsterdam/ Philadelphia: John Benjamins.

Ansaldo, U. and L. Lim 2014 The lifecycle of Sri Lanka Malay. In H. C. Cardoso (ed.) *Language endangerment and preservation in South Asia*, 100–118. Language Documentstion & Conservation Special Publication, No. 7.

青木和夫・石母田正・小林芳規・佐伯有清（校注）1982『古事記』(日本思想大系 1) 岩波書店。

青柳真智子 1974「ポリネシアの創世神話について」、大林太良編『日本神話の比較研究』268–306、法政大学出版局。

青柳智之 1999「琵琶湖の風の民俗」『ビワコダス・湖国の風を探る』(琵琶湖博物館研究調査報告 14) 239–258.

有坂秀世 1957 増補新版『国語音韻史の研究』三省堂。

Asai, E. 1936 *A study of the Yami language, an Indonesian language spoken on Botel Tobago Island*. Leiden: J. Ginsberg.

Bakker, P. and M. Mous 1994 *Mixed languages:15 case studies in language intertwining*. Amsterdam: Institute for Functional Research into Language and Language Use.

Bakker, P. 1994 Michif, the Cree-French mixed language of the metis buffalo hunter in Canada. In P. Bakker and M. Mous (eds.) *Mixed languages*, 13–33. Amsterdam: Institute for Functional Research into Language and Language Use.

Bakker, P. 1997 *A language of our own*. New York/Oxford: Oxford University

Press.

Barrau, J. 1956 Les ignames alimentaires des Iles du Pacific Sud. *Journal d'agriculture tropicale et de botanique appliquée* 3 (7–8): 385–401.

Barrau, J. 1961 Subsistence agriculture in Polynesia and Micronesia. *Bernice P. Bishop Museum Bulletin* 223.

Bellwood, P. 1997 *Prehistory of the Indo-Malaysian archipelago.* Honolulu: University of Hawai'i Press.

Benedict, P. K. 1990 *Japanese/Austro-Tai.* Ann Arbor: Karoma Publishers, Inc.

バンヴェニスト, É.（岸本道夫監訳）1983『一般言語学の諸問題』みすず書房。〔Benveniste, É. 1966 *Problèmes de linguistique générale.* Paris: Gallimard.〕

バーリン、B.・P. ケイ（日髙杏子訳）2016『基本の色彩語―普遍性と進化について』法政大学出版局。〔Berlin, B. and P. Kay 1969 *Basic color terms: Their universality and evolution.* Berkeley/LosAngeles: University of California Press.〕

Blust, R. 1976 Austronesian culture history: Some linguistic inferences and their relations to archaeological record. *Archaology and Linguistics* 8(1): 19–43.

Blust, R. 1984 Malaita-Micronesian: An Eastern Oceanic subgroup? *Journal of Polynesian Society* 93(2): 99–140.

Blust, R. 1988 The Austronesian homeland: A linguistic perspective. *Asian Perspectives* 26(1): 45–67.

Blust, R. 1980–1989 Austronesian etymologies. *Oceanic Linguistics* 19(1–2): 1–181, 22–23(1–2): 29–149, 25(1–2): 1–123, 28(2): 111–180.

Blust R. 2013 (rev. ed.) *The Austronesian languages.* Canberra: Pacific Linguistics A-PL 008.

Blust, R. and S. Trussel (2015) *Austronesian comparative dictionary.* ⟨http://www.trussel2.com/ACD⟩

Burkill, I. H. 1966 *A dictionary of the economic products of the Malay Peninsula.* Kuala Lumpur: The Ministry of Agriculture and Co-operatives.

キャンベル、J.・B. モイヤーズ（飛田茂雄訳）1992『神話の力』早川書房。〔Campbell, J. and B. Moyers 1988 *The power of myth.* B. S. Flowers (ed.) New York: Doubleday.〕

Capell, A. 1969 *A survey of New Guinea languages.* Sydney: Sydney University Press.

Capell, A. 1976a General picture of Austronesian languages, New Guines area. In S. A. Wurm (ed.) *New Guinea area languages and language study*. Vol.2, 5–52. Canberra: Pacific Linguistics C–39.

Capell, A. 1976b Austronesian and Papuan "mixed" languages: General remarks. In S. A. Wurm (ed.) *New Guinea area languages and language study*. Vol. 2, 527–579. Canberra: Pacific Linguistics C–39.

Cavalii-Sforza L. L. and F. Cavalii-Sforza 1995 *The great human diasporas: The history of diversity and evolution*. Cambridge: Perseus Book.

Costenoble, H. 1940 *Die Chamoro Sprache*. 's-Gravenhage: M. Nijhoff.

Dahl, O. C. 1976 *Proto-Austronesian*. Lund: Studentlitteratur.

Dempwolff, O. 1934 *Induktiver Aufbau. Vergleichende Lautlehre des austronesischen Wortschatzes I*. Zeitschrift für Eingeborenen-Sprachen 15.

Dempwolff, O. 1937 *Deduktive Anwendung. Vergleichende Lautlehre des austronesischen Wortschatzes II*. Zeitschrift für Eingeborenen-Sprachen 17.

Dempwolff, O. 1938 *Austronesisches Wörterverzeichnis. Vergleichende Lautlehre des austronesischen Wortschatzes III*. Zeitschrift für Eingeborenen-Sprachen 19.

ディクソン、R. M. W.（大角翠訳）2001『言語の興亡』岩波書店。〔Dixon, R. M. W. 1997 *The rise and fall of languages*. Cambridge: Cambridge University Press.〕

Dyen, I. 1971 The Austronesian languages and Proto-Austronesian. In T. A. Sebeok (ed.) *Current trends in linguistics*. Vol. 8, *Linguistics in Oceania*, 5–54. The Hague/Paris: Mouton.

Fox, C. E. 1955 *A dictionary of the Nggela language: Florida, British Solomon Islands*. Auckland: Unity Press.

Francisco, J. R. 1973 *Philippine paleography*. Monograph Series 3. Manila: Linguistic Society of the Philippines.

Francisco, J. R. 1985 *Indian culture in the Philippines: Views and reviews*. Kuala Lumpur: University of Malaya.

藤原宏志 1998『稲作の起源を探る』岩波書店。

深澤芳樹 2014「日本列島における原始・古代の船舶関係出土資料一覧」『国際常民文化研究叢書5』185–233.

福田昆之 2007『日本語系統の研究―日本語とツングース語』FLL。

福田良輔 1957「原始日本語と文法」『日本文法講座3 文法史』24–47、明治書院。

Geraghty, P. 1994 Proto Central Pacific fish names. In A. K. Pawley and M. D. Ross (eds.), *Austronesian terminologies: Continuity and change*, 141–169. Canberra: Pacific Linguistics C–127.

Goodenough, W. H. 1966 Notes on Truk's place names. *Micronesica* 2(2): 95–129.

Gray, R. D., A. J. Drummond, and S. J. Greenhill 2009–01–23 Language phylogenies reveal expansion expansion pulses and pauses in Pacific settlement. *Science*. Vol. 323, No. 5913: 479–483.

Greenhill, S. J., R. Blust, and R. D. Gray 2008 The Austronesian basic vocabulary database: From bioinformatics to lexomics. *Evolutionary Bioinformatics* 4:271–283.(web site)

濱田　敦　1946『古代日本語』大八洲出版。

濱田　敦　1951「長音・下」『人文研究』2: 19–34.

橋本萬太郎　1978『言語類型地理論』弘文堂。

橋本萬太郎　1990「日本語の系統論―類型地理論の視角から」、崎山理編『日本語の形成』313–328、三省堂。

橋本進吉　1946『國語學概論』(橋本進吉博士著作集 1) 岩波書店。

橋本進吉　1949『文字及び假名遣の研究』(橋本進吉博士著作集 3) 岩波書店。

橋本進吉　1950『國語音韻の研究』(橋本進吉博士著作集 4) 岩波書店。

橋本進吉　1969『助詞・助動詞の研究』(橋本進吉博士著作集 8) 岩波書店。

服部四郎　1959『日本語の系統』岩波書店。

服部四郎　1960『言語学の方法』岩波書店。

服部四郎　1967「日本語はどこから来たか」『ことばの宇宙』2 (4): 1–10.

Heine=Geldern, R. 1932 Urheimat und früheste Wanderungen der Austronesier. *Anthropos* 27: 543–619.

Henry, T. 1928 *Ancient Tahiti*. Honolulu: The Museum.

日高敏隆　2001『春の数えかた』新潮社。

土方久功　1991「パラオ島民の自然観」『土方久功著作集 2』281–288、三一書房。

土方久功　1993「創成神話」『土方久功著作集 3』3–8、三一書房。

日野資成　2003「日本祖語の母音体系―上代東国方言資料による再構」、A. ボビン・長田俊樹共編『日本語系統論の現在』(日文研叢書 31) 187–206、国際日本文化研究センター。

檜山義夫　1943「南洋産の主要魚類 17」『植物及動物 理論・応用』11(8): 67–71.

Holm, J. A. 2000 *An introduction to pidgins and creoles.* Cambridge: Cambridge University Press.

堀岡文吉 1927『日本及汎大平洋民族の研究』富山房。

Hunter-Anderson, R. L., G. B. Thompson, and D. R. Moore 1995 Rice as a prehistoric valuable in the Mariana Islands, Micronesia. *Asian Perspctives* 34(1): 69–89.

Hussainmiya, B. A. 1990 *Orang rejimen. The Malays of the Ceylon rifle regiment.* Bangi: Penerbit Universiti Kebangsaan Malaysia.

伊波普猷 1962「沖縄歴史物語」『伊波普猷選集・中』沖縄タイムス社。

伊波普猷 1974「日本文化の南漸」『伊波普猷全集5』295–602、平凡社。

伊波普猷 1975「琉球聖典おもろさうし選釋―オモロに現はれたる古琉球の文化」『伊波普猷全集6』1–207、平凡社。

池上二良 1971「ツングース語の変遷」、服部四郎編『言語の系統と歴史』279–302、岩波書店。

池上二良 1978「アルタイ語系統論」『日本語12 日本語の系統と歴史』35–98、岩波書店。

池上二良 1985「ツングース語学入門」、日本語の系統を考える会編『日本語の系統・基本論文集1』82–122、和泉書院。

井上辰雄 1978『熊襲と隼人』教育社。

入江暁風 1920『神話台湾生蕃人物語』私家版。

板橋義三 1999「混成言語と日本語の形成過程」『比較社会文化』5: 41–55、九州大学大学院比較社会文化研究科。

板橋義三 2000a「古代日本語とオーストロネシア諸言語における一形態の同源性：その2」『言語文化論究』11: 165–190、九州大学言語文化部。

板橋義三 2000b「古代日本語とオーストロネシア諸言語における一形態の同源性：その3」『言語科学』35: 47–64、九州大学言語文化部。

板橋義三 2001「古代日本語とオーストロネシア諸言語における一形態の同源性：その1」『比較社会文化』7: 57–68、九州大学大学院比較社会文化研究科。

板橋義三 (Itabashi, Y.) 2003 Altaic and Austronesian language mixing in Old Japanese: Evidence of core basic vocabulary and affixes. *Urasian Studies Yearbook* 75: 6–58.

板橋義三 (Itabashi, Y.) 2011 An examination of a possible correlation between the tone distinction of the word-initial mora of Old Japanese words and the voicing distinction of the word-initial consonant of the putative matching Austronesian words. *Language and Linguistics in Oceania* 3: 1–22.

板橋義三 2014『アイヌ語・日本語の形成過程の解明に向けての研究―地域言語学、言語類型論、通時言語学を基盤にした学際的アプローチ』現代図書。

Ivens, W. G. 1937–1939 A grammar of the language of Lamalanga, North Raga, New Hebrides. *Bulletin of the School of Oriental Studies* 9: 733–763.

Ivens, W. G. 1978 *A dictionary of the language of Bugotu, Santa Isabel Island, Solomon Islands*. New York: AMS Press.

井澤 毅ほか (Izawa, T., A. Shomura, K. Ebana, T. Ebitani, H. Kanegae, S. Konishi, and M. Yano) 2008 Deletion in a gene associated with grain size increased yields during rice domestication. *Nature Genetics* 40 (8): 1023–1028.

泉井久之助 1967『言語の構造』紀伊国屋書店。

泉井久之助 1975「日本語と南島(マライ=ポリネシア)諸語―語彙的寄与の関係か」『マライ=ポリネシア諸語―比較と系統』210–238、弘文堂。

泉井久之助 1976「言語研究の歴史」『岩波講座日本語1 日本語と国語学』275–349、岩波書店。

Johannes, R. E. 1981 *Words of the lagoon: Fishing and marine lore in the Palau District of Micronesia*. Berkeley/Los Angeles/London: University of Califronia Press.

Josephs, L. S. 1975 *Palauan reference grammar*. Honolulu: The University Press of Hawai'i.

鏡味明克 1978「地名の起源」『岩波講座日本語12 日本語の系統と歴史』381–409、岩波書店。

鏡味完二 1964『日本の地名』角川書店。

金関丈夫 1955「八重山群島の古代文化」『民族学研究』19(2): 1–35.

金関丈夫・大林太良 1975「対談・隼人とその文化」、大林太良編『日本古代文化の研究・隼人』305–330、社会思想社。

金田忠吉 1975「フィリピンの稲作」、熱帯農業研究センター・国際協力事業団編『熱帯アジアの稲作』271–285、農林統計協会。

Karlgren, B. 1966 *Grammata serica. Script and phonetics in Chinese and Sino-Japanese*. Taipei: Ch'eng-Wen Publishing Company.

片山一道 1991『ポリネシア―石器時代の遠洋航海者たち』同朋舎出版。

加藤秀俊　1981『一年諸事雑記帳・下』文藝春秋社。
加藤秀俊　2011『隠居学』講談社。
川端善明　1978『活用の研究 I』大修館書店。
川端善明　1979『活用の研究 II』大修館書店。
川本崇雄 (Kawamoto, T.)　1977 Toward a comparative Japanese-Austronesian I. *Bulletin of Nara University of Education* 26(1): 23–49.
川本崇雄 (Kawamoto, T.)　1984 Two sets of sound laws between Japanese and Austronesian. *Bulletin of Jōetsu University of Education* 3: 31–50.
ケルン、H.（渋沢元則訳）1958「マライ・ポリネシア諸民族の故地について」『耕文』8: 63–83.〔Kern, H. 1917 Taalkundige gegevens ter bepaling van het stamland der Maleisch-Polynesische volken. In H. Kern *Verspreide Geschriften*. Vol. 7, 105–120. The Hague: Nijhoff.〕
木田章義　2015「日本語起源論の整理」、京都大学文学研究科編『日本語の起源と古代日本語』3–92、臨川書店。
Kirtley, B. F. 1971 *A motif-index of traditional Polynesian narratives*. Honolulu: University of Hawai'i Press.
金田一京助　1992a「言語史―系統篇」『金田一京助全集 1』311–401、三省堂。
金田一京助　1992b「国語音韻論」『金田一京助全集 2』320–561、三省堂。
清瀬義三郎則府　1995「近世中期に遡る日韓両国語同系論」『京都産業大学国際言語科学研究所所報』17(1): 23–43.
清瀬義三郎則府　2006「日本語と朝鮮語・高句麗語」、吉田金彦編『日本語の語源を学ぶ人のために』161–169、世界思想社。
小林清市　2003『中国博物学の世界―「南方草木状」「斉民要術」を中心に』農山漁村文化協会。
児玉　望　2002「フォーラム・大野晋「タミル語と日本語」に対するコメント」『言語研究』121: 122–130.
小泉武夫　1996『人はこうして美味の食を手に入れた』河出書房新社。
小泉　保　1998『縄文語の発見』青土社。
小泉　保・尾本恵市　2000「対談・縄文語の発見 2」『日本人と日本文化―その起源をさぐる』(文部省科学研究費特定領域研究 尾本プロジェクト室)11: 8–11.
小泉　丹　1943『日本科學史私攷』岩波書店。
小島一政・橘高昭雄・矢沢文雄・下田博之　1962『インドネシアの稲作』国際食

糧農業協会。

小島瓔禮 1977「琉球開闢神話の分布と比較」『講座日本の神話 10』有精堂出版。

小島瓔禮 1983「琉球の開闢神話の物語形式」『琉球学の視角』柏書房。

国分直一 1972『日本民族文化の研究』慶友社。

小松英雄 1999『日本語はなぜ変化するか―母語としての日本語の歴史』笠間書院。

河野六郎 1967「古代の日本語と朝鮮語」『ことばの宇宙』2 (4): 11–15.

河野六郎 1971「中国語・朝鮮語」、服部四郎編『言語の系統と歴史』303–322、岩波書店。

小山修三 1984『縄文時代』中央公論社。

小山修三 1996『縄文学への道』日本放送出版協会。

小山修三 1998『縄文探検』中央公論社。

小山修三・崎山 理・土取利行・藤井知昭 1997「フォーラム・縄文の言葉と音楽」『民博通信』78: 64–78.

Krämer, A. 1929 *Palau. Ergebnisse der Südsee-Expedition 1908–1910.* IV Teilb., Abt. VIII: 337–369. Hamburg: Friedrichsen, de Gruyter & Co.

工楽善通 1987「古代の水田跡とムラ」、渡部忠世編集代表『稲のアジア史 3 アジアの中の日本稲作文化―受容と成熟』173–208、小学館。

日下部文夫 1976「生活のなかの地名―宮古島平良市街を中心に」『月刊言語』5 (7): 2–9.

Labberton, V. van H. 1924 Preliminary results of researches into the original relationship between the Nipponese and the Malay-Polynesian languages. *Journal of the Polynesian Society* 33: 244–280.

ラウファー、B. (小林清市訳 1996)『鵜飼い―中国と日本』博品社。〔Laufer, B. 1931 *The domestication of the cormorant in China and Japan.* Chicago: Field Museum of Natural History Publication 300.〕

李 壬癸 (Li, Paul J. K.) 1972 On comparative Tsou. *Working Papers in Linguistics* 4(8): 19–46.

Lynch, J. 1998 *Pacific languages: An introduction.* Honolulu: University of Hawai'i Press.

馬淵東一 1969「稲米語彙の分布図の説明」、盛永俊太郎 (編)『稲の日本史 上』(筑摩叢書 133) 360–373、筑摩書房。

馬淵東一 1974「沖縄と台湾―伝承における関連と無関連」『馬淵東一著作集 2』485–492、社会思想社。

Madulid, D. A. 2001 *A dictionary of Philippine plant names.* 2 vols. Makati: The Bookmark, Inc.

松木　哲 2006「船体構造の変遷 (1)」『日本マリンエンジニアリング学会誌』41(3): 99–102.

松本克己 2006『世界言語への視座―歴史言語学と言語類型論』三省堂。

松本克己 2007『世界言語のなかの日本語―日本語系統論の新たな地平』三省堂。

松本克己 2010『世界言語の人称代名詞とその系譜―人類言語史 5 万年の足跡』三省堂。

松本克己 2012「イネ・コメの比較言語学」『歴史言語学』1: 87–105.(松本克己 2016『ことばをめぐる諸問題―言語学・日本語論への招待』215–245、三省堂に再録)。

松本信廣 1952『加茂遺跡―千葉縣加茂獨木舟出土遺蹟の研究』(三田史学会『民族・考古学叢刊』第 1 冊)。

松本信廣 1971『日本神話の研究』平凡社。

松本信廣 1978『日本民族文化の起源 2 古代の舟／日本語と南方語』講談社。

マシューズ、S. (片田房訳)「南アジアと東南アジア」1999、B. コムリー・S. マシューズ・M. ポリンスキー (編)『世界言語文化図鑑―世界の言語の起源と伝播』東洋書林。〔Matthews, S. 1996 South and Southeast Asia. In B. Comrie, S. Matthews, and M. Polinsky (eds.) *The atlas of languages. The origin and development of languages throughout the world*, 56–71. New York: Facts On File, Inc.〕

マシューズ、S.・M. ポリンスキー (片田房訳)「ヨーロッパとユーラシア」1999、B. コムリー・S. マシューズ・M. ポリンスキー(編)『世界言語文化図鑑―世界の言語の起源と伝播』東洋書林。〔Matthews, S. and M. Polinsky 1996 Europa and Eurasia. In B. Comrie, S. Matthews, and M. Polinsky (eds.) *The atlas of languages. The origin and development of languages throughout the world*, 36–55. New York: Facts On File, Inc.〕

メイエ、A. (泉井久之助訳) 1977『史的言語学における比較の方法』みすず書房。〔Meillet, A. 1925 *Méthode comparative en linguistique historique*. Oslo: H. Aschehoug & Co.〕

ミラー、R. A.（西田龍雄監訳）1981『日本語とアルタイ諸語』大修館書店。〔Miller, R. A. 1971 *Japanese and the other Altaic languages*. Chicago: Chicago University Press.〕

ミラー、R. A.（村山七郎ほか訳）1982『日本語の起源』筑摩書房。〔Miller, R. A. 1980 *Origins of the Japanese language: Lectures in Japan during the academic year 1977–78*. Seattle: University of Washington Press.〕

宮岡伯人 2015『「語」とはなにか・再考 日本語文法と「文字の陥穽」』三省堂。

宮良当壮 1980a『採訪南島語彙稿』（『宮良当壮全集』7）第一書房。

宮良当壮 1980b『八重山語彙甲・乙篇』（『宮良当壮全集』8）第一書房。

宮武正道 1932『パラオ島の伝説と民話』東洋民族博物館。

盛永俊太郎 1969「日本につながるアジアの稲」、盛永俊太郎（編）『稲の日本史 上』（筑摩叢書 133）331–344、筑摩書房。

茂在寅男 1979『古代日本の航海術』小学館。

Mühlhäusler, P. and R. Trew 1996 Japanese language in the Pacific. In S. A. Wurm, P. Mühlhäusler, and D. T. Tryon (eds.) *Trends in linguistics documentation*. Vol. 13, *Atlas of languages of intercultural communication in the Pacific, Asia, and the Americas*, 373–399. Berlin/New York: Mouton de Gruyter.

村山七郎 1950「古代日本語における代名詞」『言語研究』15: 40–46.

村山七郎 1962「日本語のツングース語的構成要素」『民族学研究』26 (3): 159–169.

村山七郎 1973「シンポジウム・南島の古代文化」149–205、国分直一・佐々木高明編『南島の古代文化』毎日新聞社。

村山七郎 1974a『日本語の語源』弘文堂。

村山七郎 1974b『日本語の研究方法』弘文堂。

村山七郎 1975a『国語学の限界』弘文堂。

村山七郎 1975b「ハヤトの言語」、大林太良編『日本古代文化の探求・隼人』249–263、社会思想社。

村山七郎（Murayama, S.） 1976 The Malayo-Polynesian component in the Japanese language. *Journal of Japanese Studies* 2: 413–436.

村山七郎 1976「日本語系統論について」『ことばの宇宙』2 (6): 67–70.

村山七郎 1978『日本語系統の探究』大修館書店。

村山七郎 1979『日本語の誕生』筑摩書房。

村山七郎 1981『琉球語の秘密』筑摩書房。
村山七郎 1988『日本語の起源と語源』三一書房。
村山七郎 1989「日本語の系統」、江上波夫編『民族の世界史 2 日本民族と日本文化』85–115、山川出版社。
村山七郎 1992『アイヌ語の起源』三一書房。
村山七郎 1995『日本語の比較研究』三一書房。
村山七郎・大林太良 1973『日本語の起源』弘文堂。
村山七郎・国分直一 1979『原始日本語と民族文化』三一書房。
室山敏昭 2001『アユノカゼの文化史―出雲王権と海人文化』ワン・ライン。
仲原善忠 1957『おもろ新釈』琉球文教図書。
長野泰彦 1980「チベット語の色彩語彙」『国立民族学博物館研究報告』5 (2): 409–438.
中尾佐助 1966『栽培植物と農耕の起源』岩波書店。
倪　大白 1988「海南島三亜回族語言的系属」『民族語文』第 2 期:18–25, 34.
日本海事センター編 2012『各県別海事産業の経済学』日本海事センター企画編集部。
呉　守鎮・堀江　薫 2013「韓国語の文末名詞化構文の意味拡張の可能性―日本語の文末名詞化構文との対象を通して」『言語処理学会第 19 回年次大会発表論文集』346–349.
大林太良 1975a「民族学から見た隼人」、大林太良編『日本古代文化の研究・隼人』11–62、社会思想社。
大林太良 1975b『日本神話の構造』弘文堂。
大林太良 1976「琉球神話と日本神話―天降る始祖・海幸山幸」『月刊言語』5(1): 2–9.
大林太良 1981「第二分科会討論」、谷川健一編『シンポジウム地名と風土―日本人と大地を結ぶ』198–224、小学館。
大林太良 1985「東アジアにおける倭人民俗」、森浩一編『日本の古代 1 倭人の登場』259–278、中央公論社。
大林太良 1990『日本神話の起源』徳間書店。
大林太良 1991『神話の系譜』講談社。
大林太良 1993『海の神話』講談社。
大林太良・埴原和郎 1986「南方系の文化をもつ隼人」、埴原和郎責任編集『日

本古代史 1 現代人の起源に迫る・日本人誕生』223–253、集英社。
小田静夫 2000『黒潮圏の考古学』(南島文化叢書 21) 第一書房。
大野　晋 1953a『上代假名遣の研究』岩波書店。.
大野　晋 1953b「日本語動詞の活用形の起源について」『国語と国文学』30(1): 47–56.
大野　晋 1957 (頭注)『万葉集 1』(日本古典文学体系 4) 岩波書店。
大野　晋 1962 (補注)『万葉集 4』(日本古典文学体系 7) 岩波書店。
大野　晋 1973「日本語と朝鮮語との語彙の比較についての小見」、大野晋編『論集日本文化の起源 5』536–551、平凡社。
大野　晋 1974『日本語をさかのぼる』岩波書店。
大野　晋 1977「文法ぎらい」『図書』1: 5–8.
大野　晋 1995「日本語とタミル語の関係 (144)」『国文学解釈と鑑賞』60(1).
大野　晋 2011『古典基礎語辞典』角川学芸出版。
折口信夫 1955『折口信夫全集 19』中央公論社。
長田俊樹 1995『ムンダ人の農耕文化と食事文化　民族言語学的考察―インド文化・稲作文化・照葉樹林文化』(日文研叢書 8) 国際日本文化研究センター。
大谷達也 2006「絞め殺し木アコウの生活史」『九州の森と林業』78: 1–3.
Parham, B. E. V. 1972 *Plants of Samoa*. New Zealand Department of Scientific and Industrial Research Information Series 85.
Parmentier, R. J. 1987 *The sacred remains, myth, history, and policy in Belau*. Chicago/London: The University of Chicago Press.
Pawley, A. K. 1972 On the internal relationships of the Eastern Oceanic languages. In R. C. Green and M. Kelly (eds.) *Studies in Oceanic culture history*. Vol. 3, 1–142. Pacific Anthropological Records, No.13.
Pawley, A. K. 1973 Some Problems in Proto-Oceanic grammar. *Oceanic Linguistics* 12: 103–188.
ポリワーノフ、E. D.（村山七郎編訳）1976『日本語研究』弘文堂。（ポリワーノフの論文を村山七郎が編纂・翻訳したもの）
ポリンスキー、M.・G. スミス（片田房訳）「太平洋地域」1999、B. コムリー・S. マシューズ・M. ポリンスキー（編）『世界言語文化図鑑―世界の言語の起源と伝播』東洋書林。〔Polinsky, M. and G. Smith 1996 Pacific. In B. Comrie, S. Matthews, and M. Polinsky (eds.) *The atlas of languages. The origin and*

development of languages throughout the world, 90–109. New York: Facts On File, Inc.〕

Poppe, N. 1965 *Introduction to Altaic lingustics*. Wiesbaden: Otto Harrassowitz.

Ramstedt, G. J. 1939 *A Korean grammar*. Memoires de la société Finno-ougrienne LXXXII.

Rassool, R. 2013 Issues of power and privilege in the maintenance of Sri Lanka Malay: A sociolinguistic analysis. In N. Sebastian (ed.) *The genesis of Sri Lanka Malay: A case of extreme language contact*. Studies in South and Southeast Asian Languages 3, 121–145. Leiden: Brill.

Ray, S. H. 1926 *A comparative study of the Melanesian island languages*. Cambridge: Cambridge University Press.

佐原　真　1987『大系日本の歴史1 日本人の誕生』小学館。

阪倉篤義　1951「上代」、国語学会編『国語の歴史』3–54、刀江書院。

阪倉篤義　1990「古代日本語の内的再構—名詞の構成法を中心に」、崎山理編『日本語の形成』279–310、三省堂。

阪倉篤義　2011『増補日本語の語源』平凡社。

崎谷　満　2008a『DNAでたどる日本人10万年の旅』昭和堂。

崎谷　満　2008b『DNA・考古・言語の学際研究が示す新・北海道史—アイヌ民族・アイヌ語の成立史』勉誠出版。

崎山　理　1963a「琉球語動詞の通時的考察」『國語國文』32(3):1–12.

崎山　理　1963b「琉球語宮古方言の舌尖母音について」『音聲學會會報』112:18–19.

崎山　理　1965「平山輝男氏論批判琉球宮古方言の舌尖母音をめぐって」『国語学』60:85–86.

崎山　理　1978(復刊1992)「南方諸語との系統的関係」『岩波講座日本語12 日本語の系統と歴史』99–150、岩波書店。

崎山　理　1980「ミクロネシア祖語の性質」『京都産業大学国際言語科学研究所所報』1(3):46–56.

崎山　理　1986「オーストロネシア語族とパプア諸語の言語接触—とくに語順変化について」『国立民族学博物館研究報告』11(2): 355–382.

崎山　理　1988a「男子厨房にいらず 民話の世界74 東南アジア」『月刊みんぱく』12(2): 20–21.

崎山　理　1988b「なくした釣り針　民話の世界83　東南アジア」『月刊みんぱく』12(11): 20–21.

崎山　理編　1990『日本語の形成』三省堂。

崎山　理　1991「日本語の混合的特徴―オーストロネシア語族的要素について」、佐々木高明・大林太良編『日本文化の源流―北からの道・南からの道』227–255、小学館。

崎山　理（Sakiyama, O.）1996 Formation of the Japanese language in connection with Austronesian languages. In T. Akazawa and E. J. E. Szathmáry (eds.) *Prehistoric Mongoloid dispersals*, 349–358. Oxford/New York/Tokyo: Oxford University Press.

崎山　理（Sakiyama, O.）1998 Is Japanese an isolated, or Altaic language? In K. Omoto (ed.) *Interdisciplinary perspectives on the origins of the Japanese. International Reseach Symposium Proceedings* 11-B, 281–291. International Research Center for Japanese Studies, at Kyoto.

崎山　理（Sakiyama, O.）2000 Austronesian languages as a genetic element of the Japanese language. Ms. Session 185. *2000 Annual Meeting*. Association for Asian Studies, at San Diego, CA.

崎山　理　2001「オーストロネシア語族と日本語」『言語研究』120:97–105.

崎山　理　2012「マダガスカルのオーストロネシア系魚名」、飯田卓編『マダガスカル地域文化の動態』(国立民族学博物館調査報告103) 209–240.

佐々木高明　1973「南島農耕文化の流れ―南島文化の基層を貫くもの」51–87、国分直一・佐々木高明編『南島の古代文化』毎日新聞社。

佐藤洋一郎　1990「日本におけるイネの起源と伝播に関する一考察」『考古学と自然科学』22: 1–11.

佐藤洋一郎　2002『稲の日本史』角川学芸出版。

佐山融吉・大西吉寿　1923『生蕃伝説集』臺北：杉田重蔵書店。

セバ、M.（田中孝顕訳）2013『接触言語　ピジン語とクレオール語』きこ書房。〔Sebba, M. 1997 *Contact languages: Pidgins and creoles*. London: Palgrave Macmillan.〕

関　礼子　2011「微小地名にみる沿岸資源の利用と野生生物との「共生」」、松本博之編『海洋保全の人類学』(国立民族学博物館調査報告 97) 49–71.

柴田　武　1980a「沖縄宮古島の語彙体系5」『月刊言語』9 (5): 112–115.

柴田　武　1980b「沖縄宮古島の語彙体系 6」『月刊言語』9 (7): 95–99.

島田一郎　2000『桐生市地名考』桐生市立図書館。

新村　出　1943『言語学序説』星野書店。

新村　出　1971「準人語と馬來語」『新村出全集 4』17–22、筑摩書房。

新村　出　1972a「日本人と南洋―日本語に於ける南方要素管見」『新村出全集 1』92–102、筑摩書房。

新村　出　1972b「国語系統論」『新村出全集 3』315–337、筑摩書房。

新里貴之　2105「トカラ列島における無人島（横当島・臥蛇島）の考古学調査」『南太平洋海域調査研究報告』56: 9–12.

Sneddon, J. N. 1978 *Proto-Minahasan: Phonology, morphology and wordlist*. Canberra: Pacific Linguistics B–54.

Snow, B. E., Shutler, R. Jr., Nelson, D. E., Vogel, J. S., and J. R. Southon 1986 Evidence of early rice cultivation in the Philippines. *Philippine Quarterly of Culture and Society* 14: 3–11.

Solheim, W. G. II 1988 The Nusantao Hypothesis: The Origin and Spread of Austronesian Speakers. *Asian Perspectives* 26 (1): 77–88.

Starosta, S., Pawley, A. K., and L. A. Reid 1982 The evolution of focus in Austronesian. A. Halim, L. Carrington, and S. A. Wurm (eds.) *Third International Conference on Austronesian Linguistics*. Vol. 3, 145–170. Canberra: Pacific Linguistics C–75.

Steubel, C. and Bro. Herman 1987 *Tala o le Vavau —The myths, legends and customs of old Samoa*. Auckland: Polynesian Press.

Stone, B. C. 1970 *The flora of Guam*. Journal of the University of Guam. Vol. 6.

杉本憲司・森 博達　1985「『魏志』倭人伝を通読する」、森浩一編『日本の古代 1 倭人の登場』93–156、中央公論社。

鈴木孝夫　1962「音韻交替と意義分化の関係について―所謂清濁音の対立を中心として」『言語研究』42: 23–30.

高木正人　1970『全日本及び周辺地域に於ける魚の地方名』私家版。

高橋太郎　1975「文中にあらわれる所属関係の種々相」『国語学』103: 1–17.

高良倉吉　2004「琉球史から見たトカラ列島に関する若干の論点」（琉球と日本本土の遷移地域としてのトカラ列島の歴史的位置づけをめぐる総合的研究）13–22.〈http://ir.lib.u-ryukyu.ac.jp/handle/123456789/9008〉

高谷好一 1990『コメをどう捉えるのか』日本放送出版協会。

高山 純 1987「民族移動と先史文化」、石川栄吉編『民族の世界史14 オセアニア世界の伝統と変容』75–132、山川出版社。

武井周作 1831 (翻刻1978)『魚鑑』(生活の古典双書18) 八坂書房。

田中耕司 1987「稲作技術の類型と分布」、渡部忠世編集代表『稲のアジア史1 アジア稲作文化の生態基盤―技術とエコロジー』213–276、小学館。

Thomason, S. G. and T. Kaufman 1988 *Language contact, creolization and genetic linguistics*. Berkeley/Los Angeles: University of California Press.

時枝誠記 1954『日本文法文語篇』岩波書店。

Tryon, D. T. and R. Gély (eds.) 1979 *Gazetter of New Hebrides place names*. Canberra: Pacific Linguistics D–15.

土田 滋 (Tsuchida, S.) 1976 *Reconstruction of Proto-Tsouic phonology*. Monograph Series 5. Tokyo: ILCAA.

土田 滋 (Tsuchida, S.) 1977 Some plant names in Formosan languages. In M. Hashimoto (ed.) *Computational Analyses of Asian and African Languages* 7: 79–119. Tokyo: ILCAA.

土田 滋 1980「プユマ語 (タマラカオ方言) 語彙―付・語法概説およびテキスト」、黒潮文化の会編『黒潮の民族・文化・言語』183–307、角川書店。

土田 滋 1992「〈分科会研究発表要旨〉III「沖縄に固有の単語とオーストロネシア諸語」「復帰20周年記念国際シンポジウム」54、実行委員会編『沖縄文化の源流を探る―環太平洋地域の中の沖縄』。

土田 滋 2002「フォーラム・崎山理「オーストロネシア語族と日本語」に対するコメント」『言語研究』121:107–111.

津曲敏郎 2006「日本語とツングース語」、吉田金彦編『日本語の語源を学ぶ人のために』170–175、世界思想社。

筒井 功 2015『「青」の民俗学 地名と葬制』河出書房新社。

徳永宗雄 1982「日本語とタミル語」『語源研究 (発表原稿と討議資料)』2.

当山昌直 2007「琉球のオカヤドカリ類に関する民俗的伝承について (試論2)」『史料編集室紀要』32: 1–20.

上山春平編 1969『照葉樹林文化―日本文化の深層』中央公論社。

臼井洋輔 2001『バタン漂流記―神力丸巴丹漂流記を追って』叢文社。

Verheijen, J. A. J. 1984 *Plant names in Austronesian linguistics*. Nusa 20.

Vovin, A. 1994 Is Japanese related to Austronesian? *Oceanic Linguistics* 33（2）: 369–390.
ボビン、A.・長田俊樹共編 2003『日本語系統論の現在』(日文研叢書 31) 国際日本文化研究センター。
鷲尾圭司 1989『明石海峡魚景色』長征社。
渡部忠世 1987「アジア稲作の〈多様のなかの統一〉」、渡部忠世編集代表『稲のアジア史 2 アジア稲作の転開―多用と統一』309–349、小学館。
渡部忠世 1983『アジア稲作の系譜』法政大学出版局。
渡部忠世 1993『稲の大道―「稲の道」からみる日本の文化』小学館。
Wolff, J. U. 1994 The place of plant names in reconstructing Proto Austronesian. In A. K. Pawley and M. D. Ross (eds.) *Austronesian terminologies: continuity and change*, 511–540. Canberra: Pacific Linguistics C–127.
Wolff, J. U. 2010 *Proto-Austronesian phonology with glossary*. Vol.1. Southeast Asia Program Publications. Ithaca, NY: Cornell University.
Wurm, S. A. and B. Wilson 1975 *English finderlist of reconstruction in Austronesian languages (Post-Brandstetter)*. Canberra: Pacific Linguistics C–33.
八重山歴史編集委員会 1953『八重山歴史』八重山地区教育長事務所内歴史編集委員会。
山田秀三 1982–1983『アイヌ語地名の研究』全 4 巻、草風館。
山田孝子 2005「1980 年代における波照間島民俗植物誌」『沖縄県、八重山地方における生態と世界観に関する文化人類学的研究』(平成 14–16 年度科学研究費補助金［基盤研究 C2］研究成果報告書)15–56.
山田幸宏 (Yamada, Y.) 2014 *A grammar of the Itbayat language of the Philippines*. Himeji: Private ed.
山田幸宏 (Yamada, Y.) 2016 *Swidden agriculture in Itbayat of the Philippines*. Himeji: Private ed.
山梨県立博物館 2015『鵜飼―甲斐の川漁と鵜飼をめぐる伝説』展示解説パンフレット。
山下欣一 1974「琉球神話のついての若干の問題」、大林太良編『日本神話の比較研究』33–68、法政大学出版局。
柳田国男 1969a 座長・柳田国男「稲と水」、盛永俊太郎 (編)『稲の日本史 上』(筑摩叢書 133) 60–96、筑摩書房。

柳田国男 1969b 座長・安藤広太郎「日本稲作の起源と発達」、盛永俊太郎 (編)『稲の日本史 上』(筑摩叢書 133) 269-330、筑摩書房。
柳田国男 1976『遠野物語・山の人生』岩波書店。
柳田国男 1978『海上の道』岩波書店。
安田尚道 2012「数詞研究40年」『青山語文』42: 1-9.
安本美典 1998「上代特殊仮名遣いと後置定冠詞」『月刊言語』27(7): 81-88.
李 基文 (藤本幸夫訳) 1975『韓国語の歴史』大修館書店。〔李 基文 [Yi Kimun]『改訂國語史概説』Seoul:民衆書館、1974。〕
吉田金彦 1976『日本語語源学の方法』大修館書店。
吉田金彦 2003『京都の地名を歩く』京都新聞出版センター。
吉川幸次郎 1967『漱石詩注』岩波書店。
吉川武時編 2003『形式名詞がこれでわかる』ひつじ書房。
吉崎昌一 1997「縄文時代におけるヒエ問題」『文部省科学研究費重点領域研究・日本人および日本文化の起源に関する学際的研究ニュウズ・レター』2: 1-4.
湯浅浩史 2015『ヒョウタン文化史―人類とともに一万年』岩波書店。
鄭 貽青 1997『回輝話』上海:遠東出版社。
Zorc, R. D. 1993 Overview of Austronesian and Philippine accent patterns. In J. D. Edmondson and K. J. Gregerson (eds.) *Tonality in Austronesian languages*, 17-24. Honolulu: University of Hawai'i Press.

◆本文で使用した図版の出典は以下のとおりである。

［図2］珍敷塚古墳「舟・鳥」九州国立博物館提供。
［図3］Our woodpigeon (https://www.flickr.com/photos/89056504@N00/2601803574/) Tristan Ferne 撮影 (https://www.flickr.com/photos/tristanf/)。
［図4］A friendly crow in Sinjuku Gyoen (https://www.flickr.com/photos/frestivo/4790780187/) Francisco Restivo 撮影 (https://www.flickr.com/photos/frestivo/)。
［図6］The Southern Sky from the International Space Station, *Astronomy Picture of the Day* 2003 May 7 (http://apod.nasa.gov/apod/ap030507.html) Don Pettit 撮影、ISS Expedition 6, NASA (一部トリミング)。
［図7］Dasyatis akajei (Muller & Henle) 川原慶賀作製。ナチュラリス生物多様性センター。

図3、図4の画像については Creative Commons BY 2.0 (https://creativecommons.org/licenses/by/2.0/deed.ja) に基づいて権利付与されたものを利用した。

◆ JASRAC 出 1614951-601

日本語「形成」論
＊
索　引

上代日本語・現代日本語方言 語彙索引（アイウエオ順）

動詞は連用形、形容詞は語幹を示す。歴史的仮名遣いを見直しているが、ヤ行イと母音イ、甲類・乙類母音の区別はできない。(AT)はアルタイ・ツングース語系、(K)は朝鮮語からの借用語、無印はすべてオーストロネシア語系である。

[接頭辞]

　ア-「1人称単数代名詞(接辞)」　51, 213, 214, 215, 216

　イ-「対象・場所、3人称単数代名詞(接辞)」　41, 42, 51, 112, 130, 142, 195, 199, 200, 201, 202, 203, 207, 209, 211, 216, 236, 238, 239

　エ-「3人称単数代名詞(接辞)」(⇨エー「兄、姉」)　215, 216

　カ-「被災」42, 127, 193, 194, 195, 199

　サ-「一体」　42, 193, 194, 195, 199

　シ-「3人称複数代名詞(接辞)」　41, 51, 130, 200, 207, 209, 211, 216

　セ-「3人称複数代名詞(接辞)」(⇨セー「夫、兄」)　215, 216

　タ-「偶発」　42, 193, 195, 198

　ナ-「2人称単数代名詞(接辞)」　211, 212, 213, 215, 216

　ナ-「否定・禁止」　150, 195

　ハ-「使役」　42, 198

　マ-「状態」　42, 105, 115, 121, 193, 194, 195

　ミ-「1人称複数代名詞(接辞)」(⇨ミー「身」)　214, 216

[助詞(後置詞)]

　-イ「限定」29, 47, 48, 73, 74, 78, 124, 129, 137, 202, 203, 204, 205

　-ガ「主格・属格」(AT)　51, 76, 84

　-ジ「連結(如き)」(AT)　52, 77, 84, 166

　-ツ「連体」(語源不明)　75

　-ナ・-ノ「連体・同格小辞」　51, 74, 75, 76, 129, 164, 219

　-ニ「与格・処格」　51, 129

　-マ「体言化」(語源不明)　92, 121

　-ユ「場所」(AT)　51, 75, 76, 84

　-ユエ「手段」(AT)　51

　-ヨリ「原因」(AT)　51, 84

　-ワ「主題」(AT)　51

　-ヲ「対格」(AT)　84

[動詞活用語尾]

　-ラ「未然形」(AT)　45, 46, 84

　-リ「連用形」(AT)　45, 46, 84

　(終止形　⇨ 事項名索引 動詞活用)

アカ・(アコ)「赤、明」157, 158, 160, 163, 168

アカリ・アガリ「上」　163

アキ・アギ「秋」　82, 149

アケ「開、朱」　158, 160

アゴ「トビウオ」(九州、山陰方言)　190

アコー・アコウ「フィクス属アコウ」(宮古島、奄美方言)　187

いアク(島名)「屋久」　187, 236

アサ・アソ「煙」　229, 236

アサ(や)ま(山名)「浅間」　99

アヒ「合い」　99

アマ・アメ「空・雨」12, 121, 161, 204, 247

たか（ア）マがはら「高天原」 92, 121, 122
アマン「ヤドカリ」（首里方言） 172, 173, 175, 179, 183
アミ「編み」 130
アユ「航海用順風」 153
アワ「粟」 88, 90, 136, 143, 148, 166
アワ「淡、中間色、曖昧」 88, 90, 157, 158, 161, 163, 165, 166, 167, 168
　　アワうみ（地名）「淡海＝近江」 160, 165
　　アワしま（地名）「和歌山・淡嶋」 166
アヰ「藍」 158, 160, 161, 165
アヲ「青」 157, 158, 160, 161, 163, 165, 166, 167
イカ「魚」 12, 79, 80
　　イカなご「魚の子＝玉筋魚」 71, 80
イカタ「筏」 12, 79, 91, 219, 228
　　まなし（イ）カタま「目無船＝籠船」 77, 92, 122
イツ「1、5」 94, 100
イナ・イネ・シネ「稲」 136, 138, 139, 140, 141, 168, 220, 222, 231
イモ「妹」 51
イモ・ウモ「芋」 11, 50, 51, 71, 79, 80, 168, 221, 228
イワし「鰯」 73, 90, 131
イヲ・ウヲ「魚」 80, 131, 228
ウス「臼」 50, 71, 80, 221, 228
ウル「砂、粳」 147, 232
　　ウルかー（地名）「宮古島・砂川」 232
　　ウルしね「粰＝砂状の籾」 147, 148
　　ウルち「粳」 137, 148
　　ウルま島人「琉球人」『公任集』 184
　　ウルまん「米粉団子」（喜界島方言） 147
ウエ・スエ「植え・据え」 50, 147, 221
エー「兄、姉」 215, 216

オサ「長」 127
オヤ「親」 98
オロち「蛇」 102, 119
カイ「櫂」 110
カシ「樫」 169
カツン・ガツン「アジ類」（琉球方言） 189
カナシ「悲、愛」 247, 248
　　まカナシ「悲しくなる」 193, 194
カヒ「貝」 111
カみら・カみな「韮・寄居」 199
カヤ「鹿文」（熊襲の人名） 27, 233
カユ「痒」 98
カラ「殻」 122
カラ「眷族」（AT） 51, 84
カラす「枯、涸」 86, 144
カンラン「橄欖」 172
キー・コ「木」 71, 80, 132, 152, 168, 228
キは「牙」 74, 120
キラ「煌」 122
キラら「雲母」 120
キリ「錐」 120
ググ「鶏」（西表島方言） 190
クサ「草」 123, 168
クシ「櫛」 12, 126, 233
クハ「細」 111
クラ「暗」 158, 160, 168
クリ「繰」 121
クルま「車」 121
クレ「暮」 158
クロ「黒」 157, 158, 160, 168
ケー・ケ「食」 71, 73, 133
コー・コ「子」（AT） 81, 84
コホリ「郡」（K） 14
コメ ⇨ マイ・こめ「米」
コワ「強」 90, 124
サハ「沢」 50, 144, 220, 239
サル「腰巻」
　　サルまた「股隠し」 125

シタ「舌」	127
シマ「島」(K)	14
シラ・シナ「白、光」	158, 159, 160, 161, 162, 168
おシラさま	160
シロ「白」	157, 158, 159, 160, 168
スオウ「蘇芳」	172
スキ「鋤き」	125, 221
スヒ「吸い」	125
スワ ⇨ ウヱ・スヱ「植え・据え」	
セー「夫、兄」	215, 216
タイ「鯛」	12, 90, 96, 97
タカ「高」	113, 161, 204
ダキ「抱き」	112, 229
むタキ「抱き」	50, 112
タケ「嶽、竹」	12, 113, 161, 204
タタキ「叩き」	113
タニ「谷」	71, 79
タフれ「倒れ」	90, 101
タヘ「栲、織布」	95, 111, 126, 229
タビ「クスノキ科タブノキ」(西表島方言)	111
タマリ「溜り」	113
タユ「弛」	101
タラ「桜」	171
チー「乳ほか」	74, 117, 118
チカ「近」	154
チヒサ「小」	90, 116
ツー・ツ「聾」	74, 119
ツのもの「聾者」	119
ツキ「付」	101
ツキ「突」	50, 112, 113
ツブ「粒」	115
ツマ「妻」	115
ツミ「積み」	112
ツユ「露」	97
ツワ「強」	90, 119
ツワ「唾」	90, 102

テー・タ「手」	11, 70, 71, 73, 75, 133, 204
テシ「マメ科デイゴ」(古琉球語)	189
テラ「寺」(K)	14
テラし「照」	116
トー「人」	
くまソ「熊者」	114
ひト「人」	133
トー「遠」	11, 133, 154
トゥー「沖」(首里方言)	154
トカげ「蜥蜴」	114
トカラ (列島名)「吐噶喇」	12, 234, 235
トントンミー「トビハゼ」(琉球方言)	191
ナー・ナ「名」	50, 71, 73
ナカ・まナカ「中・真中」	115, 133
ナキ・ナギ「泣き」	50, 71, 81, 229
ナキ・ナギ「凪」	82, 150
ナに「何」	150
ナメ「舐め」	128
ナラ「楢」	170
ナり	151
ニヨ「ヤシ科ビロウ」(徳之島方言)	188
ヌノ「布 (総称)」	115
ノニ「アカネ科ヤエヤマアオキ」(那覇方言)	186
ノミ「飲み」	71, 229
ハー・ハ「歯」	70, 71, 73, 86, 243
ハイ・ハエ「南風、南」	11, 79, 86, 97, 152, 155, 156, 173, 226, 228, 232
おハイ「強風」(砺波方言)	156, 226
くろハエ・しらハエ「季節風」(志摩方言)	156, 226
ハイ「春」(鹿児島方言)	153
ハイと・ハヤと「南の人＝隼人」	27, 86, 155, 173, 232, 233
ハエばる (地名)「南風原」	228
ハギ「脛」	105
バゴー「芋」(波照間島方言)	187
ハシ・ヒセ「橋・干瀬」	233, 234

ピシ「暗礁」(宮古島方言) 233
ハタ「畑」 140, 220, 228
ハテ「果て」 106, 229
ハベル「蝶」(古琉球語) 191
ハヤ「雑魚」 106
ハヤ「暴風」 153
パヤオ「浮魚礁」(宮古島方言) 186
ハル「春」 151, 152
バンオス「サバヒー」(糸満方言) 186
ヒー・ホ「火」 71, 73, 132, 152, 228
ヒイシャグ「芭蕉の実」(古琉球語) 188
ヒエ「稗」 50, 136, 137, 138, 219, 220
ビグイ「クワズイモ」(与那国島方言) 187
ヒシ ⇨ ハシ・ヒセ「橋・干瀬」
ヒラ「枚」 103
ヒル「縁」
　くちヒル「唇」 103
ビンロウ「檳榔」 172
ブーナ「フグ」(首里方言) 190
フグり「陰嚢」 163
フクれ「脹」 104
フナ・フネ「船」 11, 92, 93, 107, 110
ブナ「橅」 169
フユ「冬」 157
ペルマ「ミナミスナガニ」(多良間島方言) 192
ホー・ホ「穂」 74, 106, 168
ホキ「崖」 79, 104
　おーホケ(地名)「大歩危」 104
ホシ「星」 79, 103
ホソ「臍」 110, 228
ホト「陰所」 105, 110
ホラ・ホロ「丸い」
　まホラ「完璧な」 42, 104
ホロ「羽毛」 79, 105
マイ・こメ「米」 136, 138, 143, 144, 146
マイり「参り」 98
マツ「松」 12, 170

マネ「真似」 116
マヤー「猫」(西表島方言) 191
ミー「身」 71, 214, 215, 216
ムク「椋」 169
メー・マ「目」 11, 70, 71, 73, 133, 204, 228
　マなこ「瞳」 76, 77
　マゆけ「眉毛」 76
モー・モ「藻」 74, 128
ヤツ・ヤ「多さ、8」 93, 219
ヤツ・ヤチ・ヤ「谷」(AT) 79, 84, 220
ヤフり「破り」 86, 91
ヤマ「山」(AT) 84, 104
ユメ「夢」 51, 128
ヨナ・ヨネ「砂、米」 79, 133, 136, 142, 143, 147, 173, 222, 229, 230
ヨヒ「宵」 86, 90, 94, 95
ヨマ「居室」 79, 96
ワー・ワ「酒」 71
　みワ「御酒」、(地名)「三輪」 78
ワケ「割」 131
ワサ・ワセ「早生」 136, 141, 142, 220, 222
　ワサうえ「田植始め」(西日本方言) 142
ワタ「海」 75
　ワタつ(う)み「ワタなる海、海霊」 75, 126, 225
ヰー・ヰ「猪」 71, 77, 132, 152
　ヰのしし「ヰという獣」 75
ヰー・ヰ「藺」 73, 74, 78, 171

事項名索引（アイウエオ順）

アイソーポス寓話　　　　　　22
アイヌ・琉球同祖論　　　　　　8
アイヌ語　iv, 8, 9, 53, 55, 65, 79, 167, 204,
　　245
　人称接辞　　　　　　　　9, 54
アクセント　　　　　　　　13, 38
　発生する原因　　　　　　　34
　変化は不安定である　　　　68
アルタイ語族（アルタイ諸語）　45, 49, 101,
　　205, 216
異音同義（シノニム）　　　131, 212
遺伝・遺伝情報（⇨DNA）　　233
　言語系統と一致しない　　　6, 7
稲荷山鉄剣銘　　　　　　54, 123
イネ（⇨農具）　　　　　　66, 135
　稲作不適地・適地　　　　79, 220
　稲作文化　　　　　　　135, 231
　稲の遺伝子変異　　　　　5, 220
　稲の起源地（原産地）　38, 138, 146
　インドネシア　　　　　　218, 220
　ウルチ米　　　　　　　　　148
　Hwc-2遺伝子をもつ品種　　222
　ジャヴァニカ種（ブル種）　148, 217,
　　218, 222
　ジャポニカ種　　　　139, 217, 222
　台湾　　　　　　　　144, 148, 218
　堆＝すすき（紀州方言）　　　139
　フィリピン　　　138, 145, 218, 220
　プラント・オパール　　　　222
　マリアナ諸島　　　　　138, 218
　焼畑　　　　　125, 140, 221, 233
　早生植え（西日本方言）　　142
　早生品種　　　　　141, 142, 220

異分析　　　　　　　122, 139, 147
意味
　下位範疇と上位範疇　　　　135
　解剖学的定義　　　　　　　117
　工学的定義　　　　　　　　116
　祖語形の意味設定　　　　　135
　閉じた系をなす部分　　　　94
意味素性　　　　　　　　　　247
意味的特化　　　　80, 111, 138, 139
意味変化の原因と現象　　iv, v, 11,
　　29, 86, 87, 103, 104, 110, 113, 116,
　　117, 122, 123, 134, 136, 140, 142,
　　143, 145, 148, 154, 155, 172, 189,
　　190, 211, 217, 226, 228, 234
　当てずっぽうとは　　　　30, 134
　イネの殻実を砂に見立てる　222, 230,
　　231
　ウル（粳）を砂に見立てる　　148
　エイ（鱏）を南十字座に見立てる　27,
　　156, 226
　相補的分布　　97, 169, 170, 188, 191
　トカゲとトッケイヤモリ　　114
　ブナ科ブナとトウダイグサ科ブニノ
　　キ　　　　　　　　　　　169
　変像（パレイドリア）'pareidolia'　156
　マダイとイケカツオ属　　　97
　マツ科マツとアカテツ科　　170
　メバル科メバルとハタ科ハタ類　191
　ヤシ科ビロウ属とヤシ科ココヤシ
　　188
　連鎖的変化　　　　　　　　107
意味論
　生成意味論　　　　　　　　135

オーストロアジア諸語　9, 30, 41, 137, 223
オーストロタイ大語族　　　　22
　　呉越の言語　　　　　　　30
オーストロネシア語族（⇨シンタックス、
　　祖語）　iv, 7, 8, 9, 17, 20, 22, 25, 37,
　　41, 53, 54, 55, 60, 62, 65, 66, 68, 92,
　　137, 193, 222, 224, 225
　　オーストロネシア系語彙　12, 91, 136,
　　　　186
　　オーストロネシア系文化　　30, 93
　　開音節化の傾向　　　　　34, 229
　　下位区分　　　　　　　　30, 31
　　故地の問題　　　　　　　23, 38
　　接辞法（接頭辞が豊富）　27, 28, 38,
　　　　39, 194
　　祖語のアクセントは非弁別的　68, 69
　　祖語の語根は複音節(CVCV/CVCVC)
　　　　33, 34, 38, 67, 68, 80
　　人称接辞　　40, 41, 129, 207, 215
　　マライ・ポリネシア諸語の分岐年代
　　　　24, 31, 66
オーストロネシア語族の渡来　　220
　　古墳時代（ハヤト期）　24, 27, 60, 184,
　　　　232, 237, 239
　　縄文時代後期（ハイ期）　27, 60, 167,
　　　　194, 226, 239
　　　　その語彙的根拠　　　　　228
　　縄文時代晩期・弥生時代（ヨネ期）60,
　　　　229
　　　　その語彙的根拠　　　　　230
オセアニア諸語　31, 34, 35, 67, 84, 161,
　　179, 193, 204, 207, 215, 224
　　接辞法の衰退　24, 27, 39, 194, 219
　　接辞法の退化　　　　　　　193
　　祖語の開音節化　24, 28, 34, 67, 218,
　　　　229
　　ソロモン諸語と上代日本語の接辞法
　　　　の似寄り　　　　　　　195

他動詞化は接尾辞による　　　18
分岐年代　　　　　24, 31, 66, 126
無声音・有声音の区別消失　24, 34,
　　67, 218
音位転倒（メタテシス）　103, 126, 225
音韻対応　　　　　　　　v, 26, 114
　　音韻対応法則　iv, 14, 66, 87, 134
　　音韻法則の簡潔性　　　　　87
　　空似 'look-alike' の検証　22, 213
　　多重対応　　　86, 94, 101, 124
　　音韻変化法則　　　　　　　84
音韻論
　　欠如的対立 'privative opposition'　82,
　　　　150
　　有標・無標　　　　　82, 97, 203
音便
　　イ音便　　　　　　　　97, 116
　　促音便　　　　　13, 46, 47, 70, 100
　　撥音便　　　　　10, 13, 46, 70, 118
開音節化母音 'supporting vowel'　115
回輝語　　　　　16, 34, 56, 68, 69, 77
　　自称は Poi Tsaan「占語」　　39
　　チャム語から変化した単音節言語（声
　　　　調言語）　　　　　　　39
　　二項他動詞文　　　　　　　39
書き言葉　　　　　　　　　13, 75
籠舟（籃船）　　　　　　　　92
過剰修正 'hypercorrection'　89, 210
風
　　沖縄の南北は風によって認識　227
　　航海用順風（初風）
　　　　　あゆ　　　　　　　　154
　　東風
　　こち　　　　　　　　152, 154
　　突風　　　　　　　　　　　157
　　南風
　　はい　　　　　152, 156, 232
　　陽風
　　ひかぜ　　　　　　　　　152
　　非日常の風・日常の風　　　152
　　貿易風　　　　　　　235, 236

漢詩	13
環太平洋言語圏	245
漢民族	iv
華僑	iv
鄭和の大航海	iv
季節 (⇨風)	152
基礎語彙	iv, 10, 11, 26, 135, 192
語彙統計学・言語年代学	10
熊襲・隼人	5, 24, 27, 232
阿多隼人	233
熊襲の首長名 (厚鹿文)	27, 233
隼人の吠声(はいせい)	27, 232
駆流 'drift'	34
クレオール (⇨メラネシアピジン語)	3, 13, 15, 20, 21, 23, 41, 42, 65, 67
スリランカ・クレオールマレー語	16, 42, 57
脱クレオール化現象 'decreolization'	60
日本漢文 (和漢混淆文)	13
ラテン語からロマンス諸語へ	17
言語系統単系説 (単一系統説)	21, 22, 27, 65
言語系統論	iii, 4, 11
言語混合	13, 15, 16, 17, 18, 19, 41, 65, 101, 224
混合の深い徴候	52, 129
言語周圏論 (⇨日本語の形成)	228
言語接触	3, 4, 9, 23, 31, 39, 42, 54, 69, 82, 101, 243
言語文化圏	37
言語類型地理論 (地域類型論)	9, 243
日本語および周辺言語における *R の変化	86
母音組織は琉球諸語がフィリピン諸語に繋がる	243
古アジア諸語 (極北諸語)	53
航海 (⇨民族移動)	185

筏	24, 91, 219
山地民族と航海の背反	185, 220
ヌサンタオ (島嶼の人)	185, 219
浮舷材 (アウトリガー)	219
丸木舟	24, 91, 219
ラワン材 (安治川出土)	91
『論語』「筏に乗って海に浮かぶ」	24
高句麗語	14
好字二字化令 (⇨長母音・短母音)	72, 88
甲類・乙類母音の発生	84, 132, 152, 154
オーストロネシア祖語形による確定	95, 111
語中音節消失	81
語であってないもの 'quasi-word'	
拘束句 (文節)	204
独立名詞 'independent substantives' (限定詞 -i 付き)	203
語頭音節	69
語頭音節起源 (1 群)	35, 70, 120
語頭音節脱落 (消失)	77, 207
語頭音脱落	146
語末音節	69
語末音節起源 (2 群)	35, 70, 120, 171
語末音節脱落 (消失)	117, 207
語末子音脱落	67, 130, 182, 229
語用論	200, 216
混合語	3, 9, 15, 16, 18, 23, 25, 57, 65
英語にも見られる現象	17
混合語に対する偏見	17, 20, 21
世界の混合語	23, 56
銅島アリュート語	16, 23, 56
ミチフ語	23, 56, 62
混成語 (かばん語) 'porte-manteau word'	16
歳寒三友(さいかんのさんゆう)	171
栽培植物	
アワ	148, 165, 166
イモ (サトイモ・ヤマイモ)	221
イモくらべ祭 (蒲生郡日野町)	28

起源地　38
ココヤシの実（下之郷遺跡ほか）　28
主要作物 'staple crop'　144, 145, 220
パンノキ（オセアニア）　145
ヒエ　137
ヒョウタン（粟津湖底遺跡）　5, 186
サ行音の歴史　123
雑種（異種交配）'hybrid'　20, 25
三内丸山遺跡　97
色彩語彙（⇨精神世界の形成▷冥土観）　157, 168
　アワとアヲのグラデーション　160
指示機能（ダイクシス）　98, 205
借用語　8, 14, 141, 146, 182
　アイヌ語　53
　英語　19
　漢語（中国語）　11, 13, 77, 100, 137, 167, 172, 184
　サンスクリット語　13, 137, 148, 172, 235
　スペイン語　241, 242
　朝鮮語　137, 205
　日本語　16, 126
　バントゥー語　11, 238
　フィリピン諸語　141
　マレー語　138, 181, 188
修辞的表現　240
　重言（じゅうごん）　76
　同格的表現　76, 149
重層語 'langue à double couche'　22, 26, 140
重複形（重複語）　118, 120, 163
修羅（運搬用そり）（三ツ塚古墳）　121
譲渡可能・譲渡不可能　36, 76
　アイヌ語の例　54
　オセアニア諸語の例　35
　助詞ガとノの使い分け　37
縄文語　13

アイヌ語は縄文語ではない　8
縄文時代の人口密度　54
照葉樹林文化　222
シンタックス（統語論）　18, 37, 40, 42
　オーストロネシア語 2 型（SVO）　41, 245
　逆語序（語順転倒）　60, 61
　語順は言語系統と関係ない　25
　辞順 'affix-order' ＝動詞複合句 'verb complex'　40, 54, 208
　辞順は硬い構造　56
　前方照応 'anaphora'　40, 201, 208, 209
　動詞先頭文（VSO/VOS）　37
　倒置法　240
　見かけの語順　41, 42, 208, 223, 224
神話・伝説
　インセスト（近親相姦）　173, 175
　海幸山幸（失った釣り針）　92, 166
　浦島　167
　開闢　175, 178, 186
　兄弟始祖　173
　系図型・創造型　175
　死体化生　222
　創世　173, 174, 176, 183
　羽衣（余呉湖ほか）　28, 222
数詞　100
　上代日本語と高句麗語との比較　14
　倍数法の起源は新しい　93, 94
　不定詞・疑問代名詞との関係　100
精神世界の形成
　天鳥船（天鴿船）　107
　あわ（の）歌　167
　おシラさま　160
　グソー（後生）　167, 168
　世界観（まほら）　104
　高天原　107, 122
　ツングース系骨占い（布斗麻邇）　53, 237

流し雛	166	地域的(二次的)	37, 38, 67, 139
船入(おくり鳩)	108	ツングース祖語	51, 67, 75, 76, 78, 79, 81, 84, 85, 110, 205, 211
冥土観(あわ・あを)(⇨色彩語彙)	12, 166	二次形 'by-form'	42, 48, 74, 92, 95, 104, 112, 117, 123, 129, 155, 163, 179, 181, 182, 195, 227
声調(⇨回輝語、中国語)	13, 34, 39	ヌサンタラ祖語	37
声調言語	21, 39, 69	フィリピン祖語	106, 117, 139, 144, 187, 198
接辞法(接辞体系)	26, 38, 39, 41, 67, 193, 194, 219	ポリネシア祖語	145, 151, 195
共接辞・複合接辞	193	ミクロネシア祖語	37, 190
接中辞	28, 39, 189, 193, 248	ミナハサ祖語	190
接頭辞	24, 28, 41, 57, 67, 93, 193, 194, 219, 239	琉球祖語	182
接頭辞と複合語前項の区別	195	太平洋沿岸言語圏	9
接尾辞	28, 29, 39, 45, 193, 241, 243, 245, 247	タガログ語	241
派生形・派生語	16, 33, 73, 102, 115, 121, 122, 151, 157, 161, 204, 243	繋辞 'ligature'	74
派生接頭辞	194	動詞もどき 'pseudo-verb'	241
前鼻音化現象	26, 67, 69, 87, 105, 115, 194, 219, 229, 247, 248	人称冠詞	129
他動詞化	81	タブー語	105, 118
日本語における名残	67, 81, 105, 112, 113, 115, 163	タミル語	65, 66, 92
		スリランカ・クレオールマレー語への影響	58
祖語(⇨意味)	4	日本語との比較における時代錯誤	10
アイヌ祖語	8, 9	方法論における論点先取	10
アルタイ祖語	48, 51, 68, 85, 94, 104, 215	筑後 珍敷塚 古墳壁画	107
オーストロネシア祖語	iv, 11, 33, 37, 66, 68, 70, 80, 84, 86, 87, 137, 141, 186, 193, 194, 216, 217, 227, 229, 248	地名	202
		アイヌ語起源	55, 224
		うるまは鬱陵島ではない	232
		『魏志』倭人伝のイが付く地名	202, 237
オセアニア祖語	28, 29, 67, 121, 126, 141, 199, 207, 208, 214, 215, 216, 218, 229, 235, 236, 238	日本・フィリピン・オセアニアのイが付く地名	237, 238, 239
		船が付く地名	108
語族の概念と表裏一体	6	琉球・ミクロネシアの砂が付く地名	232
再構形	iii, 6, 10, 33, 134, 136	中国語	12, 13, 204
西部マライ・ポリネシア祖語	24, 87	上古中国語の声調は分からない	12
台湾ツオウ祖語	147, 148	朝鮮語(韓国語)	14, 25, 51, 53, 94, 123,

　　　　　126, 170, 204, 205, 212, 216, 245
長母音・短母音　　　　　　　30, 34, 92
　音引き表記（長音符）　　　34, 70, 72
　古代日本語の単音節は長母音であっ
　　た　　　　　　　　　　70, 73, 223
　上代日本語における対立　　　　72
　声調発生　　　　　　　　39, 69, 70
　代償的延長　　70, 118, 119, 128, 171
　短単位から長単位の変化は説明でき
　　ない　　　　　　　　　　70, 223
ツングース諸語　iv, 14, 45, 48, 52, 54, 55,
　　59, 60, 62, 65, 101, 194
DNA（デオキシリボ核酸）（⇨遺伝・遺伝情
　　報）　　　　iii, 6, 8, 9, 55, 191, 194
同音異義（ホモニム）　　119, 129, 152
同化（順行・逆行）・異化　46, 85, 95, 104,
　　115, 116, 143, 215
動詞活用（⇨ラ行音脱落）　　　　46
　終止形発生の仕組み　48, 49, 116, 184,
　　242
　調音位置説　　　　　　　　48, 79
　ツングース系の連用形語尾　　　78
　未然形発生の仕組み　　　　45, 48
　ラ行四段が優勢　　　　　　　　46
　連体形・已然形は後発　　　　　48
　連用形が名詞の機能　50, 78, 150, 161
　連用形発生の仕組み　　　　45, 48
同族語彙 'cognate'　　　　　　93, 126
同族目的語　　　　　　　　　81, 115
土器
　亀ヶ岡・凸帯文　　　　　　　226
　細縄文（縄席文）（台湾）　　　66
　マリアナ赤色　　　　　　138, 218
　ラピタ（オセアニア）　　31, 60, 66
特殊な表現様式 'faits particuliers'　240
　係り結び　　　　　　　　　　240
　形式名詞（こと、もの、ところ）　25,
　　29, 244

体言止め　　　　　　　　　　　245
二重主語文　　　　　　　　240, 241
能格性　　　　　　　　　　　　242
「のもの」という表現　　　　　118
内包的記号体系 'connotative semiotic'　173
南島語（⇨オーストロネシア語族）　26,
　　193
二重語　　　　　　　　　　　　163
日本語の起源・形成シンポジウム　4, 5
日本語の形成（⇨方言）　4, 26, 62, 65, 224
　形成の概念　　　　　　　　　　3
　古代日本語から上代日本語へ　67, 68
　混合語説　　　　　　　　　3, 23
　混合語批判　　　　　　　　22, 27
　接頭辞の弱体化　　　　　　59, 67
　接頭辞無意味説　　　　41, 193, 195
　弥生時代には完成　　　　　　　55
日本祖語　　　　　　　　　143, 194
人称代名詞（人称代名詞接辞）　40, 41, 51,
　　200, 201, 204, 207, 211
　オセアニア祖語形から日本祖語形へ
　　215
農具
　臼（バタン諸島）　　　　　71, 221
　鋤　　　　　　　　　　　125, 221
　掘棒（沖縄、スマトラ島、蘭嶼）　221
ハ行転呼音　　　　　　　　87, 88, 166
　語頭に現れる例　　　　　　141, 142
　混乱した表記　　89, 90, 97, 102, 119,
　　124, 132, 148, 155, 165, 166
パプア諸語　　　7, 17, 31, 35, 67, 224, 243
　語順と辞順　　　　　　　40, 41, 54
　トランスニューギニア大語族　7, 20,
　　42
パラオ語　　　　　　　　　　16, 129
　義務的所有名詞　　　　　　　203
　日本語からの形態的影響　　　　16
　予期的状態動詞　　　　　　　246

範疇詞	35, 36, 148	-a/-o, -a/-ë	35, 100, 102, 110, 131, 157, 158, 160, 163, 168
鼻音		a/o, a/u, a/ö, i/u, u/o, ï/o, ë/a, ö=ö/a=a, ö=ö/u=u（川端善明説）	80, 93, 117, 155, 158, 161, 213, 246
［m/n］相通	130		
パラオ語の語末鼻音	242		
無意味の鼻音 'excrescent -ng'	242, 243		
琉球諸語の語末鼻音	182, 191	o/i（有坂秀世説）	160
		ya/yö（大野晋説）	94
比較言語学	iii, iv, 6, 8, 9, 10, 12, 14, 20, 22, 30, 87, 124, 134, 225, 226, 289	母音縮約 'vowel contraction'	74, 92
		母音重複	67
ピジン化	3, 20, 21, 65	古代日本語における忌避傾向	75, 92, 139, 155
ピジン英語	15, 20		
ピジン化インドネシア語	17	母音調和	95, 113, 146
Yokohamese	15, 20	方言	96, 105
フィジー語	6	東西の語彙的相違	79, 80, 104
ポリネシア諸語には属さない	7	東西の語形的相違	34, 223
不可算名詞	210	西日本方言の東限	28
不規則動詞	21	マダガスカル語	
複合語・複合語形（被覆形）	39, 75, 77, 92, 131, 141, 143, 154, 159, 160, 161, 191, 230, 232	「状況態」は態ではない	246
		マレー語	21, 99, 188, 189, 225
		共通語マレー語の成立	12
複数		呼格接尾辞 'Vokativ-Suffix'	117
拡大的複数 'pluralis extensivus'	210	民間語源	80, 96, 118, 183
尊厳の複数・謙譲の複数 'author's we'	214	民族移動	5, 37, 86, 194, 226
		民俗語彙	iv, 60, 135, 226
風土記		データベース	135
出雲国	88	民俗知識 'folk knowledge'	30, 66, 173, 226
伊勢国（逸文）	93	民族認識 'ethnoscience'	30
近江国（逸文）	28	メラネシアピジン語（トクピシンほか）	15, 16, 17, 18, 21, 42, 56, 84
大隅国（逸文）	126, 233		
摂津国（逸文）	163	文字の呪縛	
土佐国（逸文）	78	契沖の歴史的仮名遣い	87, 89, 90, 99, 116, 137, 144, 163, 168
播磨国	108, 155		
常陸国	79, 166	定家仮名遣い	87, 89
文化		有声音（濁音）・無声音（清音）	52, 67, 82, 150, 163
言語との関係	240		
文化伝播論	8	含蓄的意味	82
文化複合 'culture complex'	20	上代日本語における対立	82
母音交替（転韻）	157	四つ仮名	88

281

ラ行音 101
　ラ行音忌避傾向 46, 47, 98
　ラ抜き言葉 47
琉球語（琉球諸語）（⇨鼻音） 184
　ウチナーヤマトゥグチ 16
　オーストロネシア系語彙の残滓 186, 190
　3母音基本型 243
　ティーダ「太陽」語源説 162
　宮古島方言の舌尖母音 49
類型論 7, 100
　言語形成類型 9
歴史的仮名遣い 66, 88, 89, 90, 111, 137, 144, 147, 148, 163, 165, 168
連理木 20

人名索引（ABC 順）

＊共著は筆頭者名を記す。

Adelaar, K. A.	59
秋道智彌（Akimichi, T.）	181
Ansaldo, U.	15, 42
新井白石	13, 14, 47
有坂秀世	34, 72, 123, 150, 159, 160
Bakker, P.	17, 56
Barrau, J.	140, 145
Bellwood, P.	24, 31, 66, 218, 224
Benedict, P. K.	22, 104
バンヴェニスト、É.	203
Benzing, J.	45
バーリン、B.	157
ブルームフィールド、L.	84, 135
Blust, R.	11, 22, 28, 31, 68, 70, 79, 83, 85, 103, 105, 125, 126, 127, 129, 136, 141, 144, 148, 149, 163, 179, 192, 200, 204, 207
キャンベル、J.	105
Capell, A.	17, 41, 207
Costenoble, H.	138, 140
Dahl, O. C.	127, 207
Dempwolff, O.	33, 37, 68, 79, 80, 83, 85, 95, 96, 114, 117, 124, 127, 139, 189
ディクソン、R. M. W.	17
Dyen, I.	84, 136
藤原宏志	222
藤原公任（きんとう）	184
福田良輔	48, 50
Goodenough, W. H.	232
濱田敦	46, 48, 70, 78, 88, 98, 100, 118, 155, 161, 211, 212, 213
埴原和郎	8
橋本萬太郎	243
橋本進吉	13, 28, 41, 47, 51, 72, 73, 74, 82, 87, 89, 96, 118, 124, 134, 137, 141, 151, 155, 158, 205, 211, 215
服部四郎	21, 25, 82, 119, 215, 242
Heine-Geldern, R.	38
土方久功	168, 176
日野資成	132
イェルムスレウ、L.	173
Holm, J. A.	20
本寂（ほんじゃく）	161
堀岡文吉	12, 25
Hunter-Anderson, R. L.	218
伊波普猷	143, 175, 183, 184
池上二良	15, 45, 52, 68, 79, 84, 205
井上辰雄	233
板橋義三（Itabashi, Y.）	3, 9, 21, 22, 41, 51, 66, 87
井澤毅（Izawa, T.）	5, 138, 220
泉井久之助	26, 38, 86, 110, 194, 205, 234, 240, 241
鏡味明克	225
鏡味完二	141, 225
貝原益軒	90, 95
假名垣魯文	76
金関丈夫	233
Karlgren, B.	13, 146
片山一道	60
加藤秀俊	28, 166
川端善明	48, 50, 51, 76, 78, 80, 92, 117, 121, 131, 147, 150, 155, 158, 213, 245

人名索引

川本崇雄（Kawamoto, T.）	22
稀含(けいがん)	172
ケルン、H.	38
木田章義	193, 194
金田一京助	25, 47, 54, 130
清瀬義三郎則府(のりくら)	14
小林清市	172
児玉望	10
小泉武夫	223
小泉保	12, 13, 17, 60
小島瓔禮(よしゆき)	146, 175, 179, 183
小松英雄	65, 66
河野六郎	14, 123
小山修三	5, 54, 70, 104, 219
Krämer, A.	181
工楽善通	218
日下部文夫	227
Labberton, V. van H.	12, 22, 25
ラウファー、B.	223
李壬癸 (Li, Paul J. K.)	147
Lynch, J.	18, 19, 31, 40
馬淵東一	138, 139, 144, 146, 184
槙島昭武	155
松木哲	91
松本克己	6, 7, 10, 21, 25, 30, 40, 84, 85, 136, 212, 213, 214, 220
松本信廣	91, 107, 175, 199
Matthews, S.	23, 69
メイエ、A.	17, 26, 29, 68, 224, 240
Menges, K. H.	45
ミラー、R. A.	22, 80, 94, 185, 205, 215
宮良当壮	181, 183, 191
宮岡伯人	3, 91, 194, 204
モムゼン、T.	17
盛永俊太郎	138, 146, 148
森嶋中良	34
茂在寅男	108
Mühlhäusler, P.	22
村山七郎	15, 22, 25, 27, 37, 45, 46, 48, 49, 51, 52, 53, 68, 74, 75, 76, 77, 78, 80, 81, 86, 94, 95, 99, 101, 102, 103, 105, 110, 111, 112, 113, 115, 119, 120, 123, 126, 131, 144, 146, 155, 162, 163, 168, 171, 185, 188, 205, 211, 215, 222, 234, 243
室山敏昭	153
長野泰彦	157
中尾佐助	145, 223
大林太良	27, 173, 175, 183, 225, 237
小田静夫	220
荻生徂徠	93
大野晋	9, 10, 37, 52, 66, 82, 94, 95, 106, 205, 211, 212, 240, 245
折口信夫	60
長田俊樹	148, 217
太田全斎	160
Pawley, A. K.	151, 212
Polinsky, M.	23
ポリワーノフ、E. D.	22, 25
Poppe, N.	51, 205
Ramstedt, G. J.	45, 205
Rassool, R.	60
Ray, S. H.	17
佐原真	222, 231
阪倉篤義	4, 42, 74, 127, 155, 161, 195, 228, 247
崎谷満	8, 9, 55, 194
崎山理 (Sakiyama, O.)	4, 22, 25, 28, 30, 40, 49, 70, 92, 117, 120, 134, 145, 180, 196, 235, 237
サピア、E.	34
佐々木高明	221
佐藤洋一郎	125, 142, 221, 222
ソシュール、F. de	135
セバ、M.	18

関礼子	232
司馬遼太郎	105
柴田武	81, 136, 143
申叔舟(しんすくちゅ)	237
新村出	25, 99, 162, 206
Snow, B. E.	218
Solheim, W. G. II	185
Starosta, S.	29
Stone, B. C.	140, 145
杉本憲司	185
鈴木孝夫	82
高橋太郎	241
高谷好一	220
高山純	36
田中耕司	221
谷川健一	166
Thomason, S. G.	15
時枝誠記	50
徳永宗雄	10
当山昌直	183
Tryon, D. T.	202, 238
土田滋 (Tsuchida, S.)	79, 95, 125, 135, 136, 138, 144, 148, 161, 181, 182, 200, 207, 238, 246
津曲敏郎	14, 52
筒井功	166, 167
梅棹忠夫	240
臼井洋輔	121, 221
ヴァヴィロフ、N. I.	38, 138, 146
ヴォヴィン、A. (Vovin, A.)	22, 143, 217
鷲尾圭司	80
渡部忠世	148, 217, 218, 221, 222
Wolff, J. U.	68, 83
Wurm, S. A.	68, 74, 79, 83, 127, 144, 145, 151, 234
山田秀三	8
山田孝子	187
山田孝雄(よしお)	51, 172, 205
山田幸広 (Yamada, Y.)	29, 87
柳田国男	79, 83, 135, 136, 142, 143, 146, 154, 160, 162, 167, 187, 220
安田尚道	94
安本美典	204
李基文 (Yi Kimun)	205
揚雄(ようゆう)	30
吉田金彦	162, 248
吉川幸次郎	13
吉川武時	244, 245, 246
吉崎昌一	137
湯浅浩史	186
鄭貽青 (Zheng Taiqing)	39
Zorc, R. D.	68

あとがき

　老骨の懐古談 'péché de vieillesse' として、個人的な話題から始めることをお許し願いたい。

　私の最初のオーストロネシア系言語との出会いは、中学生時代の『毎日中学生新聞』に連載されていた「南海の少年船長」（作者は忘れた）という連載小説で、そのなかに頻繁に出てくるカナ書きの現地語がマレー語であった。内容はポンポン船の船長である少年がインドネシアの島々を巡りながら現地の人々と交流するといったもので、島ごとの情報も子供なりに面白かった。中学校では無論、英語の授業があったわけだけれども、たまたま眼にした英語以外の外国語として、そして英語は世界語ではないのだということが、少年の心を刺激したのであろう。半年か1年続いた物語のなかからマレー語を拾い出してABC順にならべ、単語帳のようなものを作って悦に入っていた。しかし、今でも不思議なのは、それ以前から家で飼っていた雌の三毛猫をクチンと呼んでいたことである。その後、マレー語で猫を kucing と言うことを知るにいたるのだが、その偶然には一瞬絶句した。マレー語の知識もまったくないのになぜそう名付けたのか、かの単語帳にもその言葉はない。宮沢賢治ではないけれども、その猫の顔がクチンという感じだったから、そう呼んだとしか説明の仕様がない。

　しかし、マレー語との接触はそれだけのことで、それ以後、マレー語のことはすっかり忘れてしまい、大学はフランス語科を卒業し、大学院では言語学を専攻した。京都大学の大学院で主任教授であった泉井久之助先生が「マライ・ポリネシア語族」の研究者でもあることは知るよしもなく、純然たる「言語研究」の意欲に燃えていたのである。しかし、授業科目のなかに研究外国語という項目があって、私が大学院に進学した次年度からだったか、それにマレー語が加わった。マレー語と接するのは中学生以来で、そのことが興味の再燃につながった。私が研究テーマの言語を何にしようかと逡巡していたのを先生は読んでおられたのかもしれない。大学院在籍のまま、インドネシア政府の奨学金でインドネシアに留学する機会を得たことを、先生はことのほか喜ばれた。単に理論と方法を学ぶだけのために、欧米に留学することを潔しとしない雰囲気が先生にあったことも、その理由としてあっただろう。インドネシアは多言

語・多民族の本場である。現在もオーストロネシア諸語とパプア諸語を合わせて、700以上の言語が話されている。実に豊かな言語生活が行われているこうした環境のなかに2年間どっぷりと浸って帰国した。研究対象としてはっきりとオーストロネシア語族（当時は、マライ・ポリネシア語族とも言われていた）を意識したのは、その留学中においてであったろう。先生の授業にはマライ・ポリネシア諸語の講義はなかったが（昔の講義題目には挙がっている）、個人的に話をする際、かつての内南洋（ミクロネシア）や仏印（インドシナ半島）の調査行、現地生活のことを懐かしげに話された。航空機による現代のせわしない移動に比べ、当時のゆっくりした船旅ではキャビンでたっぷり予習と復習をされたことをうかがい、うらやましく思ったことであった。私がミクロネシアで調査をするようになったとき、かつて先生のインフォーマントをしたまだ元気な（しかし、すでに耄碌した）老人ともポーンペイで出会った。ミクロネシア（とくにチューク諸語の話者）で忘れられないのは、復帰前の沖縄の離島を調査で訪れて知り合っていた人々と、見た目や海洋民族的で大らかなパーソナリティーなどが、どこか非常に似ているという直感的印象であった。ミクロネシアでごく最近まで伝統的なカヌーの造船と操船の知識を持ち合わせ、「海上」を自由に行き来していたのは、ほかならぬチュークの人々である。チューク語については、琉球諸語における語彙面、音韻面と比較して注目すべき事柄を、5.6.および第10章に記した。

　オーストロネシア語研究者として忘れられないのは村山七郎氏で、懇意にさせていただく機会を得たのは九州大学から転任された京都産業大学であったと思う。もともと氏はアルタイ語学者であるが、オーストロネシア比較言語学にも十分深入りされ、その『日本語（国語学）の○○』というタイトルで次々に刊行される日本語とオーストロネシア語族との比較を試みた著書は、内容が重複する箇所はあるものの十数冊にもおよび、そのバイタリティーには頭が下がった。同じことを繰り返し述べないと世間にはなかなか通じない、というのが氏の持論であったようだ。そのとおりだと私も思うが、なかなか事情が許さない。夜、しばしば大変込み入った質問をしてこられ、長電話になることも多かった。しかし、意味変化の扱いでときどきオーバーランされるのが気になっていた。やはり、机上の論に起因するからであろうか。しかし、氏は京都を離任された後、1992年以降の著書ではオーストロネシア語族とアイヌ語との比較に研究の力点を移してしまわれた。私は大変残念に思った。オーストロネシ

ア語族・日本語・アイヌ語が大語族を構成するというような散漫な方向へ研究が拡散するのではないかと恐れたからである。

　オーストロネシア語族を俯瞰すれば、数千年をかけて広がった地域は、近代世界における支配言語と重なる状況を見ても、台湾（以前はオランダ語圏）の日本語圏、ミクロネシア（スペイン語圏・ドイツ語圏の後）の日本語圏、ミクロネシアとニューギニア東北部のドイツ語圏、ニューギニア東南部の英語圏、フィリピンとチリ国イースター島のスペイン語圏、インドネシアのオランダ語圏、東チモールのポルトガル語圏、マレーシア・ブルネイの英語圏、ミャンマーおよびタイのマレー半島西海岸の島嶼域（モーケン諸語）、タイ南部のパッターニー県（マレー語 petani「農民」が語源）、中国では海南省（回輝語）、そしてフランス語圏はポリネシアの海外県のほか、ヴァヌアトゥ（以前はイギリス・フランスの共同統治）、ニューカレドニア、インドシナ半島（チャム諸語）、マダガスカルに及び、いかに語族の分布域が広いかが分かる。また言語数でも、*Ethnologue*（Online version, 2015）は世界の 7,000 を超える言語のうち 1,257 言語がオーストロネシア語族に属すると計算している。このように広大な言語域が形成されたのは、ひとえにオーストロネシア系民族の海上を中心とした移動の原動力を証明するものに他ならない。ただし、近代に列強が行った植民地主義と領土拡張の野望から生まれた言語圏の拡大とは、形成の過程を異にする。例えば、ニューギニア島に至ったオーストロネシア系民族は、先住のパプア諸族の領地を侵すことなく海岸で杭上家屋に居住し、先住民とは沈黙交易 'silent trade' によって生計をはかるなど、いらぬ軋轢を回避していたかにみえる。しかし、中国海南省とポリネシアのトンガ王国を除いて、すべての国が列強に侵略され植民地化された。当然、話者集団の DNA も各地で微妙に（あるいは大きく）異なるはずである。また、言語にも宗主国言語からの借用語のほか、文法構造にまで影響を受けている場合があり、言語接触の格好の研究対象となっている。例えば、海南省において単音節声調言語に変化した回輝語は極端な例だが、マリアナ諸島のチャモロ語ではスペイン語の前置詞 para が動詞の未来マーカーに転用され、10.1. でふれたように、タガログ語でもスペイン語 poder「できる」の活用形（puede）が「動詞もどき」として借用されている。マダガスカル語の冠詞 ny ではフランス語の部分冠詞の影響による限定的用法の発生がみられる。パラオ語では日本語の動詞語尾 −シテイル（-シテル）が借用されたものの、結局はパラオ語の新しい接尾辞 -(s)tér として再興するにはいたらなかっ

た例を 1.3. で紹介した。
　本書でも何か所かで引用した、比較言語学の入門書としてのメイエの『史的言語学における比較の方法』(原著 1925) は、言語比較の基本的概念(比較とは何か、比較して何をするのか、言語の系統とは何か、など)、方法論、問題点がじつに簡潔に要領よく述べられた名著である。初版の刊行から 1 世紀近くになるが、いまだこれを上回る適当な概論があるとは思われない。泉井先生の名訳(初版 1934, 改訳 1977)があり、先生ご自身、何冊か読み潰すほど繰り返し読まれたようで、いまのは 4 冊目だという噂を耳にしたことがある。この書は印欧語を中心に書かれている内容なので、それ以外の言語を扱う際には、その方法論的理念を学びながら、各言語において柔軟に対応しなければならないことは言うまでもない。メイエは日本語版への序文において、比較の方法を極東の諸言語に適用するにあたっては方法の精神を把握すべき、と忠告している。心すべきは「逸脱」の許容範囲であろう。とくにこの点は音韻対応のように現実的、具体的に目に見える部分よりも、意味の対応とその変化に関する解釈に典型的に現れてくる。本書はこの点において、言語使用者の意識、民族固有の知識を慎重かつ深く読みこんで、できるだけ独り合点の判断に陥らないよう努めた。
　日本語が成立したのは比較言語学の適用が可能な数千年の範囲を超えると判断し、伝統的な比較言語学の手法は日本語の系統研究には通用しないという独自の見解(要するに、今までの研究はすべてにおいて無効とする判断)を述べる松本克己氏に対しては、はたしてそれは公明な事実かという素朴な疑問を抱かざるを得ない。「日本語のルーツは弥生時代を超えて縄文の過去にまで遡るとみなければならない」(松本克 2007:4)という言葉は、つまるところ、日本語は数千年前にすでに完成した姿で存在し、それが数千年を経過した現在では、その本来のルーツがそっくり曖昧不明になったと述べているに等しい。しかし、日本語の系統論に、従来の比較言語学の方法が十分に適用された、とはとうてい思えない。日本語の系統研究には、これまでいろいろな取り組みがなされてきた。今後もなお継続して、周辺の言語との比較を含め、日本語の内部においても細部にわたり精密かつ慎重に研究すべき事柄がまだ多々残されている。日本語の成立は日本列島における民族史とも深く関係しており、そのことは民族移動史の視点から見れば、日本列島における北方系民族、南方系民族の渡来と移住が、言語以外の文化的要素にも反映していることから明らかである。長く広く見るなら、日本列島では東西あるいは南北で対立する豊かで個性的な文化

を展開してきたのである。このような対立の構図のなかで時間をかけて形成されたきた日本語史を松本説は否定していることになる。また文化の問題を、言語の議論から切り離すことはできない。この点で、民族考古学の立場から縄文文化を、シベリア系の簡素な遊牧生活から南島系のヒョウタン、リョクトウ、アサ、イモ類などの南方系栽培植物をともなう定着的で人口の多い社会へと独自の発展をとげ変容した、いわゆるクレオール化現象としてとらえ、日本語の混合語形成と重ねて論じた小山（1998:312–313）は注目される。

「機械的」な音韻対応の研究だけで言語の系統研究が終わるわけではない。人間言語のもつ普遍的な共通性という枠のなかで、系統的に同じ言語の使用者の文化的背景や意識には、音韻対応以外の「特異な対応」（メイエ）があるはずである。しかし、これを比べるだけでは比較言語学にはならない。とはいえ、このような引き比べは単なる対照言語学というわけでもない。なぜなら、それは言語系統を念頭に置いているからである。そのような例として、以前に日本言語学会で発表した内容をもとに第10章を書いた。

本書は、日本語の系統問題をオーストロネシア比較言語学の成果に基づいて考えたものである。本書の内容と関連して身につまされるのは、村山氏の著書のタイトルから引用させていただく『国語学の限界』（1975）という主張である。本書は、音韻的には江戸前期の契沖によって定められた歴史的仮名遣いやハ行転呼音への素朴な疑問、上代日本語以前の甲類・乙類、長母音や歯擦音を含む音韻の推定、また文法的には「内在的」視点と言いつつ日本語内部だけで言語現象を処理しようとする試みに対する外部からのチェックを含んでおり、これまで日本語の内部的研究（外部的研究には、いわゆる小学、漢語音韻論への参照が含まれる）だけでは限界があって先へ進めなかった事柄が、オーストロネシア語族から光を当てることで問題点がより鮮明になったものと確信する。自己閉塞的になればなるほど、蠱の輪の中に幽閉され何の先見も光明も見えてこない。国語学の先学のみならず、オーストロネシア比較言語学の側から泉井、村山両先達が述べた論や説に対しても、その後の研究を踏まえて評価し、また忌憚なく対論を展開した。

本書のタイトル『日本語「形成」論』は、1990年、三省堂から刊行された崎山編著『日本語の形成』を踏襲するものの、より内容に即した副題を付けた。古代から上代にかけて行われた日本語の成立を、従来主張されてこなかった新しい概念でとらえた「日本語の形成」は、「日本語の系統／歴史／起源」などといっ

た世間で多く流通するタイトルとは異なる、新しい術語であった。その当時と学問上の基本的姿勢は何ら変わらないが、本書は単著であり、その内容は以後の研究を踏まえた温故知新と言ってよい。

　本書は完全に書き下ろしたものではないが、過去の論文をそのままのかたちで集成した論文集でもない。一応、各章の大本になっている原論文を下に掲げておく。とくに、本書の具体的中枢部となる第4章は新たに節を立てて詳論し、当初よりも大きく膨らんだ。注の多い文章は読解の流れが中断され、読みづらいものである。お気づきと思うが、本書では注をなくす工夫をしてみた。引用文献については、執筆当時の書誌データを再チェックし、また執筆以降のものも極力調べるようにしたが、諸事情により十全であったとは思われない。ご海容をお願いしたい。

[第1章]
　　2010「日本語の形成過程と言語接触」『日本語学』臨時増刊号 11:18–31.
　　(1.1.)：2006「日本語系統論の歩みと日本語形成論の現状」吉田金彦編『日本語の語源を学ぶ人のために』108–119、世界思想社。
　　(1.2.)：1985「マライ・ポリネシア諸語と日本語」日本語の系統を考える会編『日本語の系統基本論文集1』221–238、和泉書店。
　　(1.3.)：2012「オセアニアの言語の系統とその特徴」月刊「言語」編集部編『言語』セレクション第2巻、260–268、大修館書店。
　　(1.5.)：1993「オセアニアの言語的世界」大塚柳太郎・片山一通・印東道子編『オセアニア①島嶼に生きる』65–83、東京大学出版会。

[第2章]
　　1999「日本語の起源」佐原真・田中琢編『古代史の論点6 日本人の起源と地域性』179–196、小学館。

[第3章]
　　2001「オーストロネシア語族と日本語の系統関係」『国立民族学博物館研究報告』25 (4) 465–485.

[第4章]
　　(4.1., 4.2., 4.3., 4.5., 4.6.)：2012「日本語の混合的特徴―オーストロネシア祖語から古代日本語へ音法則と意味変化」『国立民族学博物館研究報告』36 (3) 353–393.

(4.4.)：2015-3-22「*R（ガンマ）の旅―稲作と関係したオーストロネシア語族の移動と意味変化」第1回『日本語語源研究会』配布資料、九州大学。

［第5章］

(5.1., 5.2., 5.3.)：2012「日本語の混合的特徴―オーストロネシア祖語から古代日本語へ音法則と意味変化」『国立民族学博物館研究報告』36 (3) 353-393.

(5.4.)：2008「古代日本語におけるオーストロネシア系言語由来の植物名称―村山七郎先生の研究を振り返りつつ」池田哲郎編『日本語の探求―限りなきことばの知恵（村山七郎先生生誕百年記念論文集）』193-198、北斗書房。

(5.5.)：1993「オセアニア・琉球・日本の国生み神話と不完全な子―アマンの起源」『国立民族学博物館研究報告』18 (1) 1-14.

(5.6.)：1994「琉球方言の新しい視点―南方諸語との関係」『日本語論』2 (9) 32-40.

［第6章］

2001「オーストロネシア語族と日本語の系統関係」『国立民族学博物館研究報告』25 (4) 465-485.

［第7章］

1990「古代日本語におけるオーストロネシア語族の要素―とくに指示詞の体系について」崎山理編『日本語の形成』99-122、三省堂。

［第8章］

書き下ろし。

［第9章］

1993「日本語の系統とオーストロネシア語起源の地名」埴原和郎編『日本人と日本文化の形成』73-86、朝倉書店。

［第10章］

2005「原オーストロネシア語における接尾辞 *-an の機能」『日本言語学会第130回大会予稿集』294-299.

本書が成るにあたって、全体の構成、記述、表記に至るまで細かくご指摘くださるなど、編集の労をとられた市原佳子さんをはじめとする三省堂編集部の方々、そして、コンピューター組版を担当してくださった白川俊さんに厚く御礼を申し上げる。この本が読みやすくなっているとすれば、ひとえにこれらの方々のご尽力のお陰である。畏友宮岡伯人氏からは、私の「形成論」を一書に仕上げるよう、つとに励ましをいただいていたが、ようやく実現の運びとなった。『日本語の形成』から四半世紀が過ぎたが、輓近の厳しい出版事情の折から、書肆三省堂に再びコミットしていただけたことは欣快の至りである。私事ではあるが、老妻里江の半世紀を超える縁の下の労もねぎらいたい。

2016 年 11 月
崎山 理

［著者］

崎山 理（さきやま・おさむ）

1937年、大阪市生まれ。
1962年、東京外国語大学外国語学部卒業。1967年、京都大学大学院文学研究科言語学専攻単位取得退学。1964–6年、インドネシア大学・ガジャマダ大学文学部給費留学。京都大学博士（文学）。
大阪外国語大学外国語学部・広島大学総合科学部助教授、国立民族学博物館助教授・教授を経て、2001年、定年退職。2006年、滋賀県立大学人間文化学部教授を定年退職。国立民族学博物館・滋賀県立大学名誉教授。
著書：『南島語研究の諸問題』弘文堂 1974、*Comparative and historical studies of Micronesian languages*. School of Human Cultures, University of Shiga Prefecture, 2004。
編著：『言語学要説・上』明治書院 1989、『日本語の形成』三省堂 1990、『消滅の危機に瀕した言語の研究の現状と課題』国立民族学博物館調査報告 39, 2003。
共編著：『言語人類学』至文堂 1984、『アジアの諸言語と一般言語学』三省堂 1990、*The vanishing languages of the Pacific Rim*. Oxford University Press, 2007。
E-mail : o_skym_a@ybb.ne.jp

日本語「形成」論　日本語史における系統と混合

2017年2月1日 第1刷発行
著　者　　崎山　理
発行者　　株式会社　三　省　堂　　代表者　北口　克彦
印刷者　　三省堂印刷株式会社
発行所　　株式会社　三　省　堂
　　　　　〒101-8371　東京都千代田区三崎町二丁目22番14号
　　　　　電話　編集 (03)3230-9411，営業 (03)3230-9412
　　　　　http://www.sanseido.co.jp/

Ⓒ O. Sakiyama 2017　　　Printed in Japan
ISBN978-4-385-35315-9

落丁本・乱丁本はお取り替えいたします。

> Ⓡ本書を無断で複写複製することは、著作権法上の例外を除き、禁じられています。
> 本書をコピーされる場合は、事前に日本複製権センター (03-3401-2382) の許諾を受けてください。また、本書を請負業者等の第三者に依頼してスキャン等によってデジタル化することは、たとえ個人や家庭内での利用であっても一切認められておりません。

〈日本語形成論・304pp.〉